고려시대 친위군 연구

고려시대 친위군 연구

송인주 지음

책을 내면서

이 책은 필자가 1995년부터 발표한 고려 군제에 관한 논문들을 엮어 1997년 박사학위 논문으로 제출했던 「고려시대 금군연구」를 부분적으로 수정하는 한편, 원래 본문에서 인용한 원 사료를 모두 풀어 쓴 것이다. 본래의 뜻을 훼손하지 않는 범위 내에서 최대한 의미를 더욱 잘 전달하려고 하였지만, 과연 제대로 이루어졌는지 못내 두려울 따름이다. 관련 분야 연구자들의 질책과 조언을 기대해 본다. 막상 책을 내려고 하니 아직도 보완할 점이 적지 않아 고민하기도 했다. 그러나 최근, 고려 군제사에서 금군이라는 주제의 중요성이 연구자들에 의해 부각되고 있는 상황이기에 필자는 기왕의 연구를 정리한다는 심정으로 책의 출판을 결심하게 되었다. 덧붙이자면 금군이라는 용어 자체가 일반인들에게는 다소 생소하게 들릴 가능성이 있어 이 책의 제목을 『고려시대 친위군 연구』로 변경하였다.

지금도 학부시절 민주화를 둘러싼 갈등과 대립이 연일 치열하게 전개되고 있는 상황 속에서 역사에 대한 막연한 관심과 흥미를 느끼면서도 정작 제자리를 찾지 못하고 이리 저리 주변을 서성이면서 무엇인가를 갈망하던 기억을 지울 수 없다. 마음 한구석에서 끊임없이 솟아오르는 정체 모를 공허함과 두려움을 극복하기 위해 이런저런 시도를 해보았지만, 별다른 진전을 보지 못한 채 잠시 학교생활을 뒤로 하고 입대하였다.

최근 일반인들에게 영화로도 널리 알려진 판문점 공동경비구역 JSA에 배속되어 보낸 그리 만만치 않은 병영생활은, 처음으로 사회적 존재로서 그동안 필자가 살아온 과정과 역할을 구체적으로 회고해 보는 계기가 되었다. 군이라는 특수한 타율적 무장집단 속에서 본인의 의사와는 상관없이 다양한 체험을 하면서 인간의 관계와 더불어 개인의 실존을 반추해 볼 수 있었다. 이때 가슴에 깊이 새긴 문제의식은 대학원에 진학하면서 필자가 역사와 역사가들이 학문과 사회에 불어넣는 역사의식의 중요성을 더욱 명확하게 자각할 수 있는 바탕이 되었다. 그러나 때로 이 같은 문제의식이 도리어 처음 제도사를 공부하는 필자에게 또 다른 형태의 갈등으로 다가오기도 했다.

처음 고려사에 관심을 가지고 공부를 시작할 시점에 주목한 것은 고려후기의 군제에 대한 문제였다. 고려전기 군제는 선학들의 연구성과가 상당 수준 축적되어 있었지만, 후기의 그것은 상대적으로 연구가 많지 않다고 보았기 때문이었다. 그러나 그때 이제는 고인이 되셨지만 고려군제사 연구의 바이블이라고 할 수 있는 이기백 선생님의 『고려병제사연구』를 반복해 탐독하던 중 그분의 자료 활용의 폭과 논지를 이끌어가는 방식, 서술스타일에 일방적으로 매료되어 초학자로서 견지해야 할 문제의식을 찾아내지 못하고 오히려 커다란 지적 충격을 받았다. 그래서 공부할 주제를 찾아 한동안 이곳저곳을 헤매다가 당시에 상대적으로 연구가 미흡했던 후기의 군제를 체계적으로 검토해 볼 필요성을 느끼게 되었던 것이다. 그 결과 「원 압제하 고려왕조의 군사조직과 그 성격」(『역사교육논집』 16, 1991)이라는 주제로 석사학위논문을 제출하게 되었다. 그러나 연구의 출발단계부터 필자 자신의 연구시각도 부족했고 기본적으로 사료에 대한 이해도 미숙했던 탓에 만족할 만한 성과를 거두지는 못하였다. 그렇지만 이 연구 과정에서 고려전기 군제를 둘러싸고 정치하게 구축된 논지에 후기와의 연결고리에 커다란 공백이 있음을 어렴풋이나마 감지하게 되었다. 이후 그것이 바로 국왕의 지근거리에서 밀착 경호를 펼치며 활약한 견룡군을 비롯한 몇몇 개별 친위군사조직이었음을 알게 되었다. 그리고 얼마 지나지 않아 이러한 단위부대들의 배후에 금군이라는 실체가 자리 잡고 있음을 확인할 수 있었다.

그런데 고려의 군사조직 가운데 이미 친위군으로서 널리 알려져 있던 응양군과 용호군 등 이른바 2군의 군사적 역할과 성격 및 그 지위에 관한 기왕의 논의와 문제점을 하나씩 짚어가며 이를 근거로 새로운 대안을 만들어간다는 것은 생각만큼 쉬운 작업이 아니었다. 재차 시기를 거슬러 올라가서 고려왕조의 성립을 전후한 시기의 군사상을 대상으로 축적된 종전의 연구성과를 면밀히 검토하는 한편 금석문에 남아 있는 극히 단편적인 자료들에 주목하여 작업을 진행해 나갔다. 이 과정에서 그동안 대다수 연구자들의 시계視界 너머에 방치되어 있던 금군이라는 군사조직의 제도적인 복원을 시도해 보았다.

하지만 금군을 대상으로 한 기본적인 자료 자체에는 엄연한 한계가 있어 전체적인 군사상을 제대로 그려내는 것이 쉽지 않았다. 이에 고려의 군사제도에 직·간접으로 커다란 영향을 미친 역대 중국의 병지兵志 가운데서 친위군에 관한 기록을 샅샅이 읽어나가는 한편, 중국 군제의 고려적 변용 사례라고 판단되는 자료들을 수집·정리하였다. 그리고 이를 우리 측 문헌에 산발적으로 서술되어 있는 각종 관련 자료와 종횡으로 짜 맞추는 작업을 병행하였다. 이로써 금군에 대한 전체적인 윤곽을 나름대로 잡을 수 있었다. 그리하여 그 첫 열매로서 금군을 구성한 대표적 부대인 견룡군의 성립과 시기별 행방 및 인적 구성과 군사적 성격을 검토한 「고려시대의 견룡군」(『대구사학』 49, 1995)을 비롯하여, 「고려시대의 금군」(『한국중세사연구』 3, 1996) 등을 발표하게 되었고, 어느 정도의 성과를 거두었다고 판단해 이를 토대로 박사학위논문을 묶어낼 수 있었다. 결국 이 역시 선학들이 이루어 놓은 길을 따라가면서 거두게 된 하나의 작은 결실에 지나지 않는 셈이다.

그러나 막상 출발단계에서 커다란 의욕을 가지고 시작할 때와는 달리 본래의 의도에 미치지 못하는 논지 전개로 말미암아 많은 아쉬움을 느낄 수밖에 없었다. 그래서 이 책의 출판에 대한 이야기가 나왔을 때 의욕을 갖고 그동안의 연구에서 미진한 부분들을 수정 · 보완해 보려고 작정하였지만, 노력도 부족한데다가 고민한 만큼의 문제점 해명도 제대로 이루어진 것 같지 않아 못내 안타까운 마음이 든다. 특히 이 책의 출판을 눈앞에 두고 가장 마음에 걸리는 것이 국초에 다각도로 단행된 체제정비의 와중 속에서 왕을 경호한 시위군과 내군이 어떠한 경위를 거치면서 금군으로 진화했는지 그 시기별 존재양상을 역동적으로 그려내지 못한 점이다.

비록 보잘것없지만 이 책의 출판을 앞두고 지난날을 돌이켜 보니 정말 크나큰 은혜를 입은 여러분들이 생각난다. 먼저 학부시절 가야 할 길을 찾지 못하고 방황하는 제자에게 정신적인 지팡이 역할을 하면서 자상한 도움을 주신 계명대학교의 노중국, 한충희 선생님을 비롯한 여러 교수님들께 감사를 드린다. 그리고 대학원 진학 이후 만나 아둔한 필자를 학문의 길로 이끌어 주면서 '치학지방治學之方' 뿐만 아니라 진로문제나 사회생활 하나하나에 이르기까지 섬세한 가르침을 주신 장동익 선생님의 은혜는 영원히 잊지 못할 것이다.

또한 어려웠던 지난날 가장 가까운 자리에서 군제사 연구의 중요성과 그에 내포된 다양한 문제를 토론하고 학문의 치밀함과 정확성을 강조하며 여러 차례 학문의 준엄함을 일깨워주는 한편, 무한한 격려를 해주신 경북대학교 이문기 선생님의 훈도는 앞으로도 커다란 사표로 남을 것이다. 이 자리를 빌려 이들 선생님에게 더욱 열심히 면학에 증진할 것을 다짐해 본다. 또 학위논문을 작성할 때 지도와 조언을 아끼지 않으셨던 경북대학교 이병휴, 최정환 교수님과 영남대학교 김윤곤 교수님, 부산대학교 채상식 교수님께도 인사를 드리고 싶다. 그리고 매번 번거로운 영문초록을 부탁할 때마다 주저 없이 맡아주신 경북대학교 김진웅 선생님을 비롯해서 필자의 추억 어린 사범대학 구관건물의 면학시절 연구실 생활을 통해 각별한 애정과 신뢰를 보여준 남인국, 우인수 선생님께도 깊은 감사의 말씀을 드리지 않을 수 없다. 뿐만 아니라 현재 필자가 재직하고 있는 대구교육대학교 사회과의 여러 선생님들과 매년 정기발표회를 하면서 몇 차례씩 모여 공부하고 있는 한국중세사학회의 선생님들에게도 고맙다는 말을 전하고 싶다.

아울러 이 책이 오랜 세월 못난 자식을 바라보면서 노심초사하신 부모님과 장래가 극히 불투명했던 시절 아무런 내색도 하지 않고 꿋꿋하게 지원을 아끼지 않은 장인, 장모님께도 하나의 기쁨이 되었으면 한다. 또한 공부한다는 것을 구실로 별다른 보탬이 되지도 못한 필자를 곁에서 격려하며 의연한 믿음과 우정으로 감싸 안은 의료법인 혜성병원의 정해훈 이사장님과 함께 자랄 때부터 지금까지 못난 형의 어쭙잖은 처신을 흔들림 없이 받아준 동생 인형이에게도 이 책의 출판이 자그마한 보답이 되기를 바란다. 그리고 물을 쏟아도 새지 않을 정도의 믿음으로 필자의 벗이 되어 준 친구 진동이에게 이 자리를 빌려 고마움을 전하고자 한다. 그 밖에 이 책의 출판을 흔쾌히 허락해 주신 일조각의 김시연 사장님과 번잡한 내용의 원고를 아담한 책자로 출간하는 데 많은 도움을 준 편집부 여러분에게도 고맙다는 인사를 드리고 싶다.

2007년 1월
송인주

차례

제1장 서론

1. 연구 현황

일반적으로 군사조직은 국가 형성과 유지를 위한 강제력을 지닌 합법적인 요소 중 하나이다. 그래서 대외적으로는 외침에 대비하여 국가의 존립을 보장하는 한편, 대내적으로는 핵심적인 권력 기구의 하나로서 지배체제를 유지하고 권력을 장악하는 데 실질적인 기반이 된다. 한국사에서, 특히 전근대사회에서 군사조직의 운영은 각 왕조의 역役 체계 범주 내에 있기 때문에 그 구성과 운용에는 당시의 사회구조가 집중적으로 반영되어 있다. 따라서 각 왕조의 군사조직에 대해 구조적으로 분석하는 작업은 국가지배체제는 물론이고, 사회구조의 성격을 올바르게 파악하기 위한 주요한 과제 중 하나라고 하겠다.[1]

이러한 중요성으로 말미암아 고려시대의 군사조직에 관한 연구는 비교

1 李基白,「高麗 京軍考」,『李丙燾博士 華甲紀念論叢』, 1956 ;『高麗兵制史研究』, 一潮閣, 1968 ;「韓國의 傳統社會와 兵制」,『韓國學報』 6, 1977 ; 閔賢九,『朝鮮初期의 軍事制度와 政治』, 韓國研究院, 1983.

적 이른 시기부터 선학들이 주목하였고, 그 성과 또한 괄목할 만한 정도로 축적되었다.[2] 물론 현재까지도 여전히 논란이 되고 있는 몇몇 주제들이 있기는 하지만,[3] 이제까지의 연구로 고려시대 군제의 대체적인 모습은 드러

---

2 이제까지 고려의 군사조직에 대한 논급은 그 수준 면에서 다양하게 전개되어 왔으나, 향후 더욱 밝혀야 할 부분도 적지 않게 남아 있다. 즉 고려 군사조직의 전모를 더 체계적으로 밝히기 위해서는 군사조직 자체에 내포되어 있는 크고 작은 문제점들이나 그와 관련되어 있는 외연적인 요소들에 대한 해명이 이루어져야 할 것이다. 군사조직의 편성과 구체적인 운용의 실태를 알기 위해서는 그 배후에 존재한 군정기구나 군령체계에 대한 검토가 필요한데, 아직까지 고려의 중앙관부이자 최고의 군정기구인 兵部와 兵部尙書의 성격에 대한 본격적인 연구가 거의 이뤄지지 않고 있다.

3 최근 고려 병제에 관한 연구는 비교적 활발한 편이다. 그러나 지금까지 그래 왔던 것처럼 논의의 핵심은 주로 府兵制說과 軍班氏族制說을 보강하는 견지에서의 논고만이 되풀이되어 왔다(兩說의 논쟁에 관해서는 金南奎, 「軍事制度」, 『韓國史論』 2(高麗編), 국사편찬위원회, 1978 ; 閔賢九, 「韓國 軍制史硏究의 回顧와 展望」, 『史叢』 26, 1982 ; 앞의 책 ; 朴龍雲, 「高麗期 政治史 硏究(1989~1993)」, 『韓國史論』 23, 국사편찬위원회, 1993 ; 洪承基, 「高麗初期 京軍의 二元的 構成論에 대하여」, 『李基白先生古稀紀念韓國史學論叢』 上, 일조각, 1994 ; 尹薰杓, 「高麗時代 軍制史 硏究의 現況과 課題」, 『軍史』 34, 1997 참조).

그런데 최근에 이르러 몇몇 연구자들이 새로운 시각에서 京軍의 인적 구성문제를 더욱 구체화하려는 모색이 이루어지고 있어 주목된다(張東翼, 「高麗前期의 選軍」, 『高麗史의 諸問題』, 삼영사, 1986 ; 洪元基, 「高麗 二軍·六衛制의 硏究」, 『韓國史硏究』 68, 1990 ; 鄭景鉉, 「高麗前期 二軍六衛制 硏究」, 서울대학교 박사학위논문, 1992 ; 「高麗前期의 保勝軍과 精勇軍」, 『韓國史硏究』 81, 1993a ; 吳英善, 「高麗前期 軍人層의 構成과 圍宿軍의 性格」, 『韓國史論』 28, 1992 ; 洪元基, 「高麗 京軍內 上層軍人의 檢討—二軍 및 六衛內 役領, 常領, 海領, 監門衛軍을 中心으로」, 『東方學志』 77·78·79합, 1993).

이 중 張東翼과 洪元基는 고려 군제사 연구의 최대 현안으로 치열한 논쟁이 된 군반씨족제설 및 부병제설을 넘어 현 단계 새로운 쟁점으로 부상한 이른바 이원적 구성론을 이끌어내고 있어 주목된다. 張東翼은 고려 전기 경군 구성을 이해하기 위한 한 시론으로써 기왕의 문헌사료에 금석문 자료들을 새롭게 발굴한 후 군인선발기구였던 選軍의 방식에 대해 분석하여 경군이 전업적 군인들과 농민들로 혼성되어 있었음을 밝혀냈다. 그리하여 종래 경군의 구성을 대립적으로 파악했던 논지를 극복할 수 있는 실마리를 처음으로 제공하였으며, 이후 洪元基는 이를 더욱 부각하면서 경군의 이원적 구성론을 본격적으로 주장하였다. 이에 대해 洪承基는 즉각적으로 비판을 제기하였다(洪承基, 위의 글).

이상 이들의 연구는 고려 군인의 신분 해명을 위한 연구라는 점에서 이 시기 사회의 성격을 이해하는 데 의미 있는 시사점을 던져준 것으로 생각된다. 다만 고려 부병제의 典範으로 거론되고 있는 역대 중국의 병제에서 보이는 부병제와의 비교 검토가 행해지지 않은 점은 큰 아쉬움으로 남는다. 그렇지만 이러한 논조는 후일 鄭景鉉, 吳英善 등이 확대 재생산함으로써 고려 군제사 연구의 더욱 진전된 논의를 촉발하는 활력소로 작용했다.

난 것으로 생각된다. 더구나 근래에 이르러서는 다양한 문제의식에 입각해서 군사조직과 관련한 여러 주제들을 더욱 세분해서 세밀히 접근하는 방식도 검토되고 있어,[4] 고려 군제사 연구는 점차 새로운 국면으로 접어들고 있다.

그러나 지금까지의 연구성과를 개관하면 여전히 미흡한 부분이 없지 않다. 그중 대표적인 예는 대부분의 연구가 비교적 군제가 잘 유지된 전기의 중앙군인 2군二軍 6위六衛 문제에 집중되어 있는 데서 찾을 수 있다.[5] 이처럼 연구대상의 편향성 때문에 고려의 군제 가운데 아직까지도 제대로 해명되지 않은 부분이 남아 있다. 그 가운데 하나가 국왕 측근에 포진하여 왕을 시위한 군사력인 금군禁軍이다. 그런데 금군이라는 군사조직은 고려 군제사 연구의 핵심사료인 『고려사高麗史』 병지兵志에는 거의 누락되어 있고, 오히려 항목이 다른 여복지輿服志, 예지禮志 등에 단편적인 기록이 남아 있다.[6] 이 밖에 『고려사』 세가世家와 열전列傳, 『고려사절요高麗史節要』, 금

---

4 鄭景鉉, 「高麗 太祖의 一利川 戰役」, 『韓國史硏究』 68, 1990a ; 「高麗前期 京軍의 軍營」, 『韓國史論』 23, 1990b ; 앞의 글, 1993a ; 吳英善, 앞의 글 ; 洪元基, 앞의 글, 1993.

5 이로 말미암아 鄭景鉉은 고려 전기 군제사 연구가 한계에 도달한 느낌마저 든다고 지적한 바 있다(鄭景鉉, 「韓國 軍事史 硏究의 方法論的 反省—高麗前期 中央軍制를 中心으로」, 『軍史』 23, 1991, 11쪽).

이러한 견해는 1968년 이기백의 『高麗兵制史硏究』의 간행 이후 지금까지 진행된 대표적인 연구성과를 살펴보면 수긍할 수밖에 없다.

周藤吉之, 「高麗前期の鈐轄・巡檢と牽龍」, 『高麗朝官僚制の硏究』, 東京 : 法政大學出版局, 1980 ; 洪承基, 「高麗초기 中央軍의 組織과 役割—京軍의 性格」, 『高麗軍制史』, 陸軍本部, 1983 ; 金塘澤, 「武臣政權時代의 軍制」, 『高麗軍制史』, 陸軍本部, 1983 ; 張東翼, 「高麗前期의 選軍」, 『高麗史의 諸問題』, 삼영사, 1986 ; 洪元基, 앞의 글, 1990 ; 鄭景鉉, 위의 글, 1990b ; 「高麗初期 京軍의 統帥體系—巡軍府의 兵權에 대한 再解釋을 겸하여」, 『韓國學報』 62, 1991 ; 「韓國 軍事史 硏究의 方法論的 反省—高麗前期 中央軍制를 中心으로」, 『軍史』 23, 1991 ; 吳英善, 앞의 글 ; 洪元基, 「高麗 軍班氏族制說의 學說的 意義와 限界」, 『軍史』 24, 1992 ; 鄭景鉉, 앞의 논문, 1992 ; 이혜옥, 「고려전기의 軍役制—保勝・精勇을 중심으로」, 『國史館論叢』 46, 1993 ; 鄭龍範, 「高麗前期 選軍制의 運營과 變質」, 『釜大史學』 17, 1993 ; 鄭景鉉, 위의 글, 1993a ; 洪元基, 앞의 글, 1993.

6 왜 이러한 문제가 발생했는지는 단언하기 어려우나, 『고려사』 병지의 사료적 성격, 예컨대

석문, 각종의 문집 등에 서술된 극히 산발적인 기사에서 그 모습을 어렴풋하게 엿볼 수 있다.

한편, 『고려사』 병지를 위시한 여타의 자료를 좀더 면밀히 살펴보면 금군에 소속된 것으로 파악되는 구성부대들이 2군 6위체제 소속의 부대들과는 별개로 기록된 흔적도 일부 확인할 수 있다. 게다가 『고려사』 병지2, 숙위宿衛 조에는 태조 이후 공양왕대에 이르기까지 국왕 측근에서 시위를 담당한 부대들이 서술되어 있다. 이러한 숙위 조의 기록은 고려 군제에서 금군이 차지하는 특이한 위상을 강력히 시사한다.

이처럼 사료 자체가 단편적이기 때문에 종래의 연구에서 금군은 크게 주목받지 못했다. 그러나 금군은 국왕을 지근거리에서 밀착경호한 최측근의 군사력으로서 적지 않은 비중을 차지한 군사조직이 분명하였으리라 판단된다. 따라서 이에 대한 분석이 고려 군제사를 복원하는 데 중요한 역할을 할 것으로 생각된다. 그러므로 이 책에서는 현 단계까지 진행된 기왕의 연구들의 추이와 동향을 토대로 그 성과와 문제점을 개관해 보고자 한다.

일찍이 금군에 관한 선구적인 관심은 인종 원년(1122) 송宋의 사행단使行團의 일원으로 고려 개경에 파견된 서긍徐兢으로부터 시작되었다. 서긍은 이때 직접 보고 들은 견문에 입각해 『고려도경高麗圖經』을 작성하였는데, 이는 당시 고려 중앙군의 대체적인 편성과 규모를 비롯하여 이들이 착용한 복식과 다양한 병장기 등을 비교적 구체적으로 서술해 눈길을 끈다.[7] 그런데 『고려도경』에는 응양군鷹揚軍과 좌우위左右衛는 보이지 않고 공학군控鶴軍이 이례적으로 6군을 구성한 부대로 특기되어 있어 『고려사』 병지와 백관지百官志에 명시된 중앙군단의 편제와 현격한 대조를 보인다.

저본 자료의 성격, 찬술 방식, 서술 시기 등과 관련하여 세심하게 검토할 필요성이 크다.

7 이에 대한 자세한 검토로는 宋寅州, 「『高麗圖經』에 서술된 군제관련 記事의 검토」(『한국중세사연구』 12, 2002)가 참고된다.

그 후 조선 후기의 일부 실학자들은 당대의 현실적 모순의 하나로 인식되었던 병제를 개혁하기 위해 역대의 군제를 참조하는 과정에서 고려의 중앙 군사조직에 대해서 몇몇 주목할 만한 내용을 언급하였다. 『해동역사海東繹史』, 『반계수록磻溪隨錄』 등에는 6군의 성립 시기와 그에 소속된 개별 군사조직의 편제 실태를 보여주는 내용들이 수록되어 있다. 『해동역사』 권23 병지 병제 조항에는 고려의 군제를 6군 3위로 파악하면서 특히 6군에 서긍이 지적한 대로 용호군龍虎軍, 신호군神虎軍, 홍위군興威軍, 금오군金吾軍, 천우군千牛軍, 공학군拱鶴軍 등이 포함되어 있는 것으로 기록되어 있다.

이에 반해 『반계수록』 권23 병제고설兵制攷說 조항에는 6위에 좌우위, 신호위, 홍위위, 금오위, 천우위, 감문위監門衛 등이 편성된 것으로 기록되어 있다. 이 두 사서는 6군(6위)이 성립된 시기를 구체적으로 명기하지 않고 태조대로 비정한 점과 고려의 군제가 당의 부병제府兵制를 모방하였다고 본 점에서 동일한 인식을 보여준다. 그러나 6위에 포함된 부대의 편제에 대해서는 서로 다른 서술을 하고 있다.

그래서 필자는 이들 사료들이 고려 군제에 대해 체계적인 정리를 시도하기는 하였지만 『고려사』나 『고려사절요』 등에 기록된 군제 관련 내용을 거의 그대로 분류 · 편집한 것에 지나지 않은 것으로 본다. 게다가 『고려도경』의 기사가 그대로 채록된 사례도 있어 정작 사료로서의 활용 측면에서 볼 때 그 효용성과 가치는 그리 높지 않다. 물론 실학자들의 저술에 투영된 고려의 군사조직에 대한 견해 중 눈길을 끄는 부분이 없는 것은 아니지만, 대부분 피상적인 수준을 넘지 못하고 있다.

한편, 해방 이후 이제까지의 연구는 양적으로는 물론이고 질적으로도 비약적인 성장을 이루어냈다. 먼저 연구의 초기단계 2군 6위제설에 입각해서 중앙군의 성격을 지적한 견해를 들 수 있다. 고려의 중앙 군제를 2군 6위로 규정하면서 2군을 친위군으로 본 이기백李基白의 업적이 대표적이다.[8] 그는 2군의 상 · 대장군을 '근장近仗 상 · 대장군'이라 하고, 그 예하의 장군을 '친종장군親從將軍', 중낭장 이하를 '근장'이라고 한 『고려사』 백관지 서반西班 조의 세주기사細註記事에 따라 2군을 친위부대로 파악하였다.[9]

그러나 '근장'과 '친종'이 과연 2군을 의미하는 것인가 하는 점에 대해서는 백관지에 서술된 세주細註 이외의 사료가 없는데, 이는 『고려사』 편찬자의 자의적인 견해일 수밖에 없으므로 더욱 세심하게 검토해야 할 것이다. 곧 위의 세주기사가 고려전기의 상황을 그대로 반영하고 있다기보다는 『고려사』 찬자들의 고려후기 정황에 대한 인식이 강하게 투영되어 있다는 점을 염두에 두어야 한다. 이는 실제 내용과는 다른 흔적들이 백관지의 곳곳에서 발견된다는 점에서도 알 수 있다.

예를 들면, 백관지의 세주기사에서는 "공민왕이 장군을 고쳐 호군으로 삼았고 여러 위衛도 동일하다〔恭愍王 改將軍爲護軍 諸衛同〕"라고 하여 공민왕대에 장군이 호군으로 개칭되었다고 하였으나, 그보다 이른 시기에도 호군은 물론이고 상호군上護軍의 명칭을 찾아볼 수 있다는 점,[10] 6위에 편제되어 있는 여섯 개별부대들의 군관의 품계와 인원을 서술하는 과정에서 중낭장 이하의 하급 군관만 섭직攝職할 수 있다고 하였으나 실제로는 상급 군관인 장군 · 대장군 · 상장군에도 섭직이 존재한 점[11] 그리고 "중낭장 이하 역시 근장이라고 칭한다〔中郎將以下 亦稱近仗〕"라고 하였으나, 중낭장과

8 李基白, 앞의 책, 1968.

9 『高麗史』 권77 百官志2 西班. "鷹揚軍一領 軍置上將軍一人 正三品 大將軍一人 從三品 領 置將軍一人 正四品(恭愍王 改將軍爲護軍 諸衛同) 中郎將二人 正五品 郎將二人 正六品 別將二人 正七品 散員三人 正八品 尉二十人 正九品 隊正四十人(鷹揚 · 龍虎二軍上大將軍 稱近仗上大將軍 將軍 稱親從將軍 中郎將以下 亦稱近仗 又鷹揚軍上將軍兼軍簿典書者 稱班主)."

10 李基白은 『고려사』 권81 兵志1 兵制, 靖宗 11년 5월의 揭榜記事부터 호군이 보인다고 하였으나(李基白, 앞의 글, 1956, 73쪽), 호군 이외에 상호군도 고려전기에 나타나고 있음이 지적되었다(朴龍雲, 「高麗前期 文班과 武班의 身分 問題」, 『韓國史研究』 21 · 22합, 1978, 59쪽).

11 朴龍雲, 「고려시대의 官職—試 · 攝 · 借 · 權職에 대한 검토」, 『震檀學報』 79, 1995, 61~64쪽.

낭장의 경우에는 근장이 아닌 친종중낭장과 친종낭장으로도 적시된 실례를 찾을 수 있다는 점[12] 등이 있다.

또한 백관지와 병지에 응양군과 공민왕대 처음 조직된 친위군단인 충용사위忠勇四衛 소속의 군관 수를 열거하면서 두찬杜撰을 범한 사례도 발견된다.[13] 또한 공양왕 원년 조준趙浚의 상소문에 고려초기의 병제를 언급하는 과정에서 나온 군부軍簿라는 명칭은 충렬왕 원년 이후 거듭된 병부兵部의 다른 칭호였을 뿐 초기의 이름이 아니라는 지적,[14] 그리고 공양왕대에 2군과 6위를 8위라고 칭한다고 하였으나[15] 공민왕대 이미 8위라고 지칭되고 있었던 점,[16] 군정업무를 수행한 것으로 보이는 병부가 존재했는데도 실제 군사적 측면에서 그 기능이 아직까지 명확히 드러나지 않은 군부가 8위를 장악한 것으로 본 조준의 인식[17] 등 제법 많은 사례를 들 수 있다. 이는 앞서 지적하였듯이 세주의 사료가 『고려사』 편찬자의 자의적 견해일 가능성이 매우 높음을 우회적으로 시사한다.[18]

그러므로 이기백의 연구 및 이후의 연구자들이 대개 '근장'과 '친종'이라는 명칭이 지닌 말뜻에만 국한해서 2군의 성격을 추정한 주요한 이유

---

12 『고려사』 권94 列傳 智蔡文 및 河拱辰.

13 백관지 西班 鷹揚軍 조에는 그 소속 군관이 낭장 2명 · 별장 2명 · 산원 3명 등으로 서술되어 있으나, 兵志 靖宗 揭榜記事의 경우에는 낭장 5명 · 별장 5명 · 산원 5명 등으로(『고려사』 권81 병지1 五軍, 靖宗 11년 5월) 나타나 있다. 그리고 네 개의 衛로 구성된 충용사위 역시 백관지에는 衛마다 중낭장 · 낭장이 각 3명인 데 비해 병지에는 중낭장 · 낭장이 각 2명으로 서술되어 있다.

14 李基白, 「高麗 初期 兵制에 관한 後代 諸說의 檢討」, 『亞細亞硏究』 1-2, 1958 ; 앞의 책, 1968, 14~15쪽. 이기백은 이에 대해 조준이 서술하는 과정에서 시대를 착각해 생긴 오류로 보고 『고려사』가 정확한 역사적 사실을 충실히 기록한 것만은 아니라고 지적한 바 있다.

15 『고려사』 권77 백관지2 西班. "至恭讓王時 二軍六衛並稱八衛."

16 『고려사』 권125 열전 金元命.

17 『고려사』 권81 병지1 兵制, 공양왕 원년 12월. "府兵領於八衛 八衛統於軍簿."

18 이런 측면에서 종전 『고려사』 各志의 序文이 비록 믿을 만한 사료에 근거한 것이라 하더라도 결국은 찬자의 취사선택을 거쳐서 정리된 견해에 지나지 않음을 생각해야 한다는 지적은 시사하는 바가 크다(李基白, 앞의 글, 1958 ; 앞의 책, 1968, 4~5쪽).

가[19] 바로 이 때문이었을 것으로 생각된다. 나아가 이기백은 경군京軍의 연구 과정에서 견룡군牽龍軍과 공학군 등의 개별부대들을 군반씨족제의 붕괴가 진행되는 시기에 나타난 특수한 군제의 하나로 파악한 바 있다.[20] 그리고 후일 응양군과 용호군이 궁성을 시위한 군대였다는 점과 『고려도경』 권11 장위仗衛에 응양군 대신 공학군이 보이는 점을 근거로 이들 부대들이 공학군과 견룡군을 가리키는 것으로 추정하였다.[21]

이러한 그의 연구는 고려 군사조직의 제도사적인 이해를 증진시키는 데 커다란 공헌을 하였다. 또한 이후 군제를 바라보는 연구자의 시각을 터놓은 업적이라는 점에서도 매우 주목된다. 그렇지만 개척적인 연구가 보통 그러하듯이 여전히 몇몇 주요한 논점을 빠뜨린 아쉬움이 남는다.[22]

한편 스토 요시유키周藤吉之는 고려전기 순검군巡檢軍과 견룡군이 수행한 시위군으로서의 역할을 면밀히 논증하는 과정에서, 특히 견룡군이 국왕과 태자 및 제비부諸妃府에 소속되어 그 측근에서 호종을 담당하였음을 지적하였다.[23] 스토 요시유키의 이러한 견해에는 몇 가지 주목할 만한 점이 있다. 첫째, 이들 부대들을 2군 6위와는 다르게 금군 또는 금위禁衛라고 칭하면서 그 존재에 처음으로 주목했다는 점, 둘째, 사료 활용 면에서 많은

19 예를 들면, 근장이라는 용어에서 그 친위군 · 시위군으로서의 성격을 뚜렷이 찾아볼 수 있다는 지적(李基白, 앞의 글, 1956 ; 앞의 책, 1968, 69쪽)이나 친종을 국왕에 대한 호위시종이라는 의미로 파악한 경우는(鄭景鉉, 「Ⅲ. 군사조직」, 국사편찬위원회 편, 『한국사』 권13, 1993b, 285쪽) 이를 잘 보여준다.

20 李基白, 「高麗 軍班制下의 軍人」, 앞의 책, 1968, 296쪽.

21 李基白, 「軍事組織」, 『한국사』 권5, 국사편찬위원회, 1983, 98쪽. 이러한 지적은 극히 자의적인 것으로서 수긍하기 어렵다. 공학군과 견룡군 외에도 궁성의 시위를 담당한 부대들을 다수 찾아볼 수 있으며, 응양군을 공학군이라고 볼 수 있는 근거는 어디에서도 확인할 수 없기 때문이다. 그러나 이러한 추측은 이후의 연구에서 별다른 비판 없이 그대로 수용되고 있다(李仁哲, 「高麗前期 軍人의 構成과 軍人田의 支給對象」, 『精神文化硏究』 58, 1995). 특히 李仁哲은 내순검군 역시 용호군과 응양군을 지칭하는 것으로 보았다.

22 이 점에 대해서는 후술하겠다.

23 周藤吉之, 「高麗前期の鈐轄 · 巡檢と牽龍—宋の鈐轄 · 巡檢 · 牽攏官との關連において」, 『東洋大學大學院紀要』 13, 1976 ; 『高麗朝官僚制の硏究』, 東京 : 法政大學出版局, 1980.

자료를 수집·제시하였을 뿐만 아니라, 역대 중국의 오대五代와 송대宋代에 보이는 견룡관牽攏官과 순검군의 성격을 관련지어 검토했다는 점이다. 이는 후일 이들 부대들의 실상을 파악할 때 더욱 진전된 인식 시각을 제공함으로써 금군 연구의 진전을 가져왔다.

또한 김당택金塘澤은 무신정권기라는 특정 시기에 사료에 빈번하게 나타난 견룡·중금中禁·도지都知·백갑白甲·순검·공학 등 개별부대들의 활약상을 정리하는 한편, 이를 토대로 금군의 구성과 성격을 실증적으로 논증하였다.[24] 그러나 이는 금군에 대한 구체적인 관심을 제고했다는 점에서는 유의할 만하지만 연구의 대상 시기를 무신정권기에 한정한 점과 이 시기에 보이는 개별부대들의 계통을 '거경시위군居京侍衛軍', 즉 6위 소속의 보승保勝과 정용精勇을 제외한 2군 6위에 편제된 병원兵員에 포함시킴으로써 중앙군의 계통과 범주를 모호하게 처리한 점, 그리고 중국 제도를 고려의 제도에 맞게 변용한 사례로 보이는 견룡군·공학군·순검군·도지군 등의 사례가 확인되는 데도 중국 문헌에 나타난 금군 관련 자료를 활용하지 않았다는 점에서 정태적인 분석이라는 느낌을 준다. 게다가 친위군의 내부구조를 고려왕조의 성립 이후 변모를 거듭한, 이른바 전기 친위군과의 계기적인 연관관계를 기저에 깔고 검토하지 않았다는 점에서 많은 아쉬움이 있다.

최근 이기백의 연구 이후 고려전기의 경군을 재검토한 정경현鄭景鉉 역시 별다른 증거를 제시하지도 않은 채 막연히 추측해서 2군에 공학·견룡·중금·도지·백갑 등 금군의 개별부대들이 포함되어 있는 것처럼 파악하였다.[25] 그는 공학 이하 백갑의 역할이 왕을 측근에서 수행·경호하는 것이었으므로 2군과 동일하다는 점, 견룡군 소속의 군관인 이의방李義方이

24 金塘澤, 앞의 글.

25 鄭景鉉, 앞의 논문, 1992, 100~105쪽 ; 앞의 글, 1993b, 288쪽.

무신의 난 직후 응양군과 용호군의 중낭장으로 빠르게 승진한 점, 고려전기 서반西班의 직제職制가 2군 6위 · 도부외都府外 · 의장부儀仗府 · 견예부堅銳府 등에만 설치되어 있고 견룡군과 공학군에 대한 별도의 군사조직 명칭은 보이지 않는다는 점 등의 몇몇 추정에 따라 견룡군을 위시한 금군 내의 여타 개별부대들을 세분된 임무별로 다른 명칭이 부여된 2군 소속의 군사들이었을 것이라 추측하였다.[26]

그리고 홍원기洪元基는 종래 군적軍籍에 등재된 인물이 군반씨족軍班氏族이라는 종전의 선행연구를[27] 적극적으로 받아들여, 성종 7년 군적자軍籍者의 방환조치放還措置를 최승로崔承老의 시위군 축소 건의를 수용한 시위군의 향리鄕里로의 방환을 의미하는 것으로 추측하였다. 그럼으로써 2군＝친위군＝시위군＝군반씨족이라는 주장을 강하게 피력하였다.[28] 그러나 이러한 견해는 해당 명칭에 대한 엄밀한 용례 분석이 전제되어 있지 않아 오해의 여지가 크다. 예컨대 막연히 시위군이라고 하면 고려의 중앙군 전체를 두루 포함하는 것으로 볼 수 있으므로 주의해야 한다. 금군의 개별부대인 도지는 도지시위군都知侍衛軍으로, 견룡군은 시봉군侍奉軍으로 일컬은 사례가 있기 때문이다. 따라서 친위군이라는 군사조직의 명칭과 기능을 비롯하여 그 소속 군사들을 지칭할 때는 이 점에 각별히 유의할 필요가 있다. 결국 홍원기의 견해는 기왕에 논급된 친위군으로서 2군의 군사적 성격에 입각해 논지를 전개한 것이므로 대체로 정곡을 짚지 못했다.

한편 고려에 대한 원의 간섭이 이루어지는 시기에 이르러 새로이 출현

---

26 정경현의 이러한 지적에 대해 2군 6위와는 다른 별도의 군사조직을 인정한 김락진의 비판이 제시되었다(金洛珍, 「牽龍軍과 武臣亂」, 『高麗武人政權硏究』, 서강대학교 출판부, 1995, 13쪽).

27 李基白, 앞의 책, 1968, 106～107쪽.

28 洪元基, 앞의 글, 1990, 51～54쪽 ; 앞의 글, 1993. 그러나 그는 이 책에 실린 여타 부대들의 존재에 대해서는 언급하지 않았다.

한 군사조직의 성격을 살펴본 연구도 있다. 권영국權寧國은 대원관계對元關係의 전개 이후 원의 군제를 본떠 조직된 친위군의 변화를 '숙위군宿衛軍'이라는 관점에서 정리하였다.[29] 그러나 이 역시 원대元代의 친위군인 '겁설怯薛'의 실상을 이해하는 데는 도움이 되지만, 막상 친위군에 관한 지적에서는 실제와 크게 다른 점이 발견된다.

사실 숙위군은 궁궐 내에서 숙직宿直하며 경계근무를 서는 부대의 역할에 따른 명칭이므로 온전한 군호軍號로 보기는 어렵다. 더구나 권영국은 숙위군 가운데 핵심적인 위치에 있는 견룡군이 탄핵과 파면의 대상이 된 점을 들어 견룡군이 대정隊正 이상의 장교층으로 구성되었다고 보았다. 그리고 이를 근거로 숙위군이 2군 6위 내의 보승 및 정용 이외의 장교층을 중심으로 한 '군관백성軍官百姓'이라 불리는 직업군인들로 구성되었음은 물론, 이들이 흔히 부병으로 일컬어졌다고 하였다. 그러나 견룡군의 일반 병졸집단을 의미하는 '반사班士' 또는 '군사軍士'라는 용어가 있었다는 점에서 견룡군이 장교층으로 이루어졌다는 그의 견해는 뚜렷한 결함을 드러낸다. 나아가 2군 6위에 차출된 인적 구성분자의 사회적 성격 및 그 운용방식을 둘러싼 논쟁의 실태에 비추어볼 때, 금군의 개별부대들을 2군에 포함된 것으로 파악하면서도 이를 부병으로 속단한 점 역시 현재의 연구성과를 제대로 고려하지 않은 결과로 보인다. 즉 권영국은 견룡 이하 여러 금군의 단위부대들에 대한 구체적인 검토 없이 정경현의 추측을 그대로 추종하여 이들 부대들이 2군에 포함된 것으로 파악하였다.

이 밖에 원 압제하에서 '뚤루게〔禿魯花〕' 출신들을 중심으로 조직된 '홀치〔忽赤〕' 및 '성중애마成衆愛馬', 그리고 공민왕대 신설된 '충용사위忠勇四衛'·'자제위子弟衛' 등이 국왕 측근의 군사력으로 활동하였음을 지적한

29 權寧國, 「원간섭기 고려군제의 변화」, 『14세기 고려의 정치와 사회』, 민음사, 1994, 139쪽 ; 「高麗後期 軍事制度 硏究」, 서울대학교 박사학위논문, 1995.

연구[30]도 보인다. 하지만 이들 연구는 대부분 2군 6위의 변질이라는 관점에서 고려후기 신설된 친위군의 출현과 몰락 현상을 언급한 것으로, 정작 금군에 관한 뚜렷한 문제의식은 찾아보기 어렵다.

그리고 하급군관직인 교위校尉와 대정의 진출과 그 충원방식을 검토하면서 2군 6위와는 다른 금군의 존재를 조심스럽게 언급한 견해,[31] 무신의 난을 일으킨 주체세력으로 인정되는 견룡군의 역할을 면밀히 분석하면서 2군과는 성격을 달리한 금군을 지적한 논고[32] 등도 보인다. 이들 연구는 금군 자체를 직접적인 연구대상으로 다루지는 않았지만 종래 스토 요시유키의 연구의 연장선상에서 금군이라는 군사조직 연구의 중요성을 다시 한번 환기해 주었다는 점에서 상당한 의미를 지닌 것으로 평가된다.

한편 이러한 연구가 이루어지고 있던 과정에서 그 주제의 중요성에도 불구하고 그동안 단편적으로만 언급되었을 뿐 본격적인 관심을 끌지 못했던 군사조직 중 하나인 견룡군을 집중적으로 검토한 논고가 발표되었다.[33] 여기서는 금군 가운데 국왕의 최측근에 배치되어 1선 경호를 펼친 최정예 군사조직인 견룡군의 성립 시기와 시기별 추이에 따른 행방, 군관조직과 일반병졸집단의 구성, 군사적 기능과 정치적 성격 등에 대해 논급하였다. 이를 통해 견룡군의 대체적인 틀이 밝혀져 그 군사상이 어느 정도 복원되었다.

이를 발판으로 중국의 역대 병제에 나타난 금군 관련 사료를 추출한 후 비교사적 시각을 견지하며 이들 자료를 고려의 금군 및 소속부대들의 용

---

30 金昌洙, 「成衆愛馬考」, 『東國史學』 9 · 10합, 1966 ; 李永東, 「忠勇衛考」, 『제3사관학교논문집』 13, 1981 ; 李用柱, 「恭愍王代의 子弟衛에 대한 小研究」, 『南都泳華甲紀念史學論叢』, 1984 ; 梁義淑, 「高麗 禿魯花에 대한 硏究」, 『素軒南都泳博士古稀紀念歷史學論叢』, 1993 ; 權寧國, 「고려말 中央軍制의 변화」, 『史學硏究』 48, 1994.

31 陳元英, 「高麗前期 校尉 · 隊正에 관한 一考察」, 『史學志』 27, 1994, 60~61쪽.

32 金洛珍, 앞의 글, 1995.

33 宋寅州, 「高麗時代의 牽龍軍」, 『大丘史學』 49, 1995.

례를 검토하는 데에 적극 원용하여 개별부대들의 유래와 의미를 밝힘으로써, 금군 전체의 편제와 성격을 분석한 논고가 제시되었다.[34] 이에 덧붙여 2군 자체의 성격과 위상에 관해 재검토함으로써 친위군설 여부를 비판적으로 살펴본 연구도 제출되었다.[35] 그리고 군령·군정기구로서 복합적인 성격을 띤 추밀원이 금군의 출동에 직접 관여한 단서에 근거해 금군에 관한 군령권 집행의 일단에 처음으로 접근한 논고도 발표되었다.[36] 일반적으로 군령체계는 군의 용병用兵과 작전作戰에 관한 권한으로서 실질적인 군대의 운용 및 통솔과 직결되는 지휘·명령·감독권을 의미한다. 그러므로 군의 계통적인 상하위계질서 및 병권의 소재를 정확히 포착하기 위해서는 그에 대한 검토가 필수적이다. 그러나 고려의 군령체계에 관해서는 국초의 순군부를 제외하면 지금까지 그리 많은 연구가 이루어졌다고 할 수 없다. 이러한 문제의식하에 이 논고는 친위군인 금군의 출병 경로인 이른바 '발명권發命權'과 '발병권發兵權'의 집행 출처와 관련해 추밀원이 담당한 군사적 업무를 사안별로 검토한 후 추밀원의 군정·군령기구로서의 위상과 성격을 강조하였다. 또한 이를 토대로 금군을 국왕의 군령권을 위임받은 추밀원이 동원한 것으로 파악하였다. 그러나 이러한 주장이 추밀원의 군사적 성격을 환기하는 계기는 되었지만, 금군의 운용방식에서 그 특수성을 찾기 어렵다는 지적이[37] 제기되어 앞으로 더욱 실증적인 연구가 요망된다.

이 밖에도 친위군으로서 금군이 실재했음을 확인하기 위해 견룡군을 재검토한 후속연구도 이루어졌다.[38] 이 연구는 국왕을 축으로 주변에 포치한

34 宋寅州, 「高麗時代의 禁軍」, 『한국중세사연구』 3, 1996.

35 宋寅州, 「高麗 二軍의 成立時期와 性格에 대한 再檢討」, 『한국중세사연구』 4, 1997.

36 宋寅州, 「高麗時代의 禁軍과 樞密院—禁軍 運用의 理解를 위한 一試論」, 『한국중세사연구』 7, 1999.

37 박종진, 「회고와 전망(고려편)」, 『歷史學報』 167, 2000, 68~69쪽.

38 金洛珍, 「高麗時代 牽龍軍의 設置와 任務」, 『歷史學報』 165, 2000.

친위부대들의 호위 양상을 동심원적으로 이해한 점은 돋보이지만, 앞서 견룡군을 집중적으로 검토한 논고와 비교할 때 사실상 논지에서의 차이는 거의 찾아볼 수 없다. 또한 국초에 활약한 3군과 내군內軍 관련 자료를 연계해 금군이 어떠한 사회 변화에 따라 출현하게 되었는지를 살펴본 김락진의 논고도 있다.[39] 여기서는 국초의 친위군이었던 내군이 성종대에 이르러 단행된 군제 전반에 대한 개편 결과로서, 축소되어 목종대에 2군으로 나타났으며 이것이 약화됨에 따라 금군이 대두하였다고 보았다.

하지만 친위군의 연혁을 해명하기 위해 제시한 논거나 논지전개상의 이례적인 부연설명, 2군을 비롯한 친위군이 성립하는 시간적 편차의 간과 등은 이미 제시된 특정 논자의 견해를 되풀이하거나 이에 기초해 일방적인 해석과 설명을 하는 수준에 머물고 있어 그의 주장에 수긍하기 어렵다.[40]

이상에서 살펴보았듯이 금군의 실체는 전반에 걸쳐 연구되면서 상당한 윤곽을 드러내고 있다.[41]

2. 연구의 목적과 방향

이상에서 살펴본 것처럼 금군의 실체는 최근에 와서야 주목받고 있다. 그러므로 본격적인 연구에 앞서 이에 관한 종합적인 인식체계를 수립하는 것이 무엇보다도 필요하다. 지금까지 금군에 관한 기왕의 연구동향을 살펴보면서 그 과정에서 나타난 문제들을 짚어보았다. 이제 이 책의 목적과

39 金洛珍, 「高麗初期의 內軍과 禁軍」, 『歷史學報』 176, 2002.

40 이에 관한 자세한 비판은 뒤에서 언급할 것이다.

41 이에 대해 최근 친위군 연구로 말미암아 중앙군의 구조와 구성원을 전면적으로 재검토할 필요성이 커졌다는 지적이 제시되었다(尹薰杓, 앞의 글, 34~35쪽).

방향에 대해 언급하고자 한다.

이 책은 고려시대 중앙군의 역할, 특히 국왕 측근의 시위임무인 친위기능을 비롯해서 출정出征, 방수防戍, 역역力役 등의 다양한 업무를 수행했다는 종래의 견해 중에서 친위군으로서 2군의 성격에 내포된 여러 가지 문제점을 제기하고, 그에 대한 대안으로 금군의 존재를 살펴봄으로써 중앙 군사조직의 구조와 성격을 재정립할 목적으로 쓰였다.

이를 위해 필자는 앞에서 논급한 기왕의 연구성과와 현존하는 자료를 최대한 활용하는 한편, 중국 정사에 나타난 병제 관련 사료를 토대로 개별 군사조직에 대해 비교 · 검토하여 금군조직의 범주를 설정하고자 한다. 물론 이러한 접근은 고려시대, 그중에서도 특히 군사조직을 연구 분야로 설정할 때 활용할 수 있는 자료가 한국사에서는 여타의 시기나 분야에 비해 대단히 제한적이라는 데서 비롯하였다.

그래서 이 책에서는 『고려사』 세가 · 열전 · 지(병지兵志 · 여복지輿服志 · 예지禮志), 『고려사절요』, 금석문, 개인문집 등을 주된 자료로 활용하는 한편, 고려의 군제에 적지 않은 영향을 미친 역대 중국왕조의 연대기인 『신당서新唐書』, 『구당서舊唐書』, 『송사宋史』, 『요사遼史』, 『금사金史』, 『원사元史』 등에 실린 각종의 지(병지 · 여복지)와 의위儀衛를 참조하려고 한다. 왜냐하면 이들 각종 중국의 문헌에 나타난 중국의 왕조들은 고려에 비해 금군이 잘 정비되어 있었고 그 흔적 또한 문헌에 체계적으로 서술되어 있어 이 글에 시사하는 바가 크기 때문이다.

또한 우리 측 자료인 여복지와 예지는 국가의 의례에 동원된 승물乘物과 관복冠服의 제도적인 면을 그대로 보여주는 자료로서 고려의 전체 군사조직이 총망라되어 있다. 지금까지 그리 주목받지 못했던 이들 자료에서 『고려사』 병지에는 거의 기록되어 있지 않은 금군의 구성부대들을 집중적으로 찾아볼 수 있어 크게 유의할 만하다. 더욱이 여기에서는 금군의 개별부대들이 국왕 및 왕실세력이 행차할 때 시위 및 의장儀仗 임무를 수행했음이 확인된다. 물론 이들 자료들이 무편년체로 쓰였다는 점에서 명백한 한계가 있으나, 현재 고려전기의 군제를 추적할 수 있는 자료가 절대 부족하다는 점을 감안한다면, 그 효용성은 매우 높다.

요컨대 여기에 보이는 개별 부대명칭들을 엄밀히 사료비판해서 금군으로 비정할 수 있는 것들을 추출한 후 그 토대 위에 세가나 열전에 나타난 기사들을 관련지어 금군에 관한 연구가 이루어지면, 어느 정도 금군 내의 개별부대들의 편성과 성격을 드러낼 수 있을 것으로 생각된다.

이 책에서는 이상에서 제시한 목적과 방법에 따라 다음과 같이 논지를 전개하고자 한다. 제2장에서는 국초 고려왕조의 전반적인 제도적 정비와 짝하여 다각도로 추진된 국왕 측근 군사력인 시위군의 존재 양상을 살펴보면서 금군의 성립 문제를 추적하고, 그 부대들이 어떻게 편제되어 있었는지에 관해서 알아보겠다. 그리고 그 과정에서 고려시대에 비해 금군의 조직이 비교적 자세하게 체계적으로 정리되어 있는 중국 정사에 나타난 금군과 비교함으로써 중국제도를 고려제도에 변용한 실태에 대해서도 부분적으로 살펴보고자 한다.

제3장에서는 금군의 중핵적인 군사력으로 활약한 개별부대들의 군관조직과 일반 병졸집단의 구성문제를 검토하고자 한다. 금군의 군관 및 병졸집단에 선발되는 인물들의 진출 경위를 면밀히 살펴보면, 종래 고려의 경군이 군반씨족만으로 이루어져 있었다는 견해와 배치되는 사례들을 더러 찾아볼 수 있다. 그래서 금군으로 선발되는 인물들의 성격을 알아보며 경군의 구성분자와 성격을 재검토하는 작업도 아울러 시도하고자 한다.

제4장에서는 금군의 동원과 관련하여 군령권의 행방과 운용 방식에 대해서 알아보고자 한다. 먼저 금군의 실질적인 발병 주체가 국왕임을 입증하기 위해 금군이 최고 통수권자인 국왕의 군령권에 근거하여 출동했는지

를 실증적으로 살펴보겠다. 또한 금군의 동원에 추밀원이 관여한 흔적을 찾을 수 있으므로 그에 대한 검토도 필요하다고 본다. 따라서 관련 사료를 토대로 군정기구로서 추밀원의 군사적 역할을 사안에 따라 구분해 살펴본 후, 이에 입각하여 추밀원이 금군에 대한 발병권을 국왕에게서 위임받아 이를 집행한 관부였는지의 여부에 대해서도 알아보겠다.

마지막으로 제5장에서는 금군이 수행한 정치 · 군사적 기능과 고려의 군사조직 내에서 금군이 차지한 위상과 변화상에 관해서 살펴보겠다. 특히 금군이라는 군사조직의 명칭이 사료에 자주 나타난 시기가 대부분 왕권의 위상 정립이라는 정치적 목적과 맞물려 있다는 점에 근거하여, 금군의 위상 변화에 대해서는 시기를 양분한 후 두 가지 관점에서 접근해 살펴보고자 한다. 먼저 금군이 성립된 이후 정국의 주도권을 둘러싸고 전개되는 국왕과 정치세력들 사이의 반목과 대립 과정에서 금군의 강화를 위한 조치들이 어떻게 이루어졌는지를 살펴봄으로써 금군의 위상 변화를 추적할 것이다. 그리고 무신집권기 이후 초래된 군제변화의 연장선상에서 고려전기의 금군이 유명무실해지면서 그 역할을 대행하기 위해 나타난 각종의 군사조직 및 군사력을 군사조직상의 위상 변화라는 관점에서 살펴볼 것이다. 이러한 작업은 금군이 조직된 이후의 고려왕조의 전 기간에 걸쳐 변화를 거듭한 국왕 측근의 군사조직들에 대한 계기적인 인식을 제공한다는 점에서 필요하다고 본다. 그러나 이 책은 금군 전체의 병력 규모, 금군 또는 그 개별부대들의 성립시기를 비정하는 문제, 중앙 군사조직 내에서 2군과의 역할 차이에 따른 군사적 관계와 위상, 금군의 명확한 지휘체계와 명령 전달 방식, 금군에 대한 대우 방식, 병지3에 열거된 군호들을 과연 금군에 포함할 수 있는지의 여부 등 여전히 해명되지 않고 남아 있는 몇몇 과제를 제대로 검토하지 못한 한계도 있다. 이러한 문제점들은 후일 지속적으로 연구함으로써 점진적으로 해소해 나갈 것이다.

제2장 금군의 성립과 구성부대

1. 국초 시위군의 양상과 금군의 성립

현존하는 고려 병제에 관한 자료 가운데서 금군禁軍의 실체를 명확하게 서술하고 있는 것은 찾아보기 어렵다. 고려왕조의 일반적 군사조직을 기술하고 있는 『고려사高麗史』 병지兵志1에서조차도 금군에 관한 자료는 거의 없다. 그러나 체계적으로 정리된 명확한 사료가 남아 있지 않다고 해서 고려시대에 국왕의 시위와 호종을 담당하며, 궁성을 숙위한 금군이 존재하지 않았다고 단정할 수는 없다.

고려 이전이기는 하지만 신라에는 국왕 측근의 군사력인 시위부侍衛府가 설치되어 있었고, 고려 이후 시기인 조선에도 별시위別侍衛를 비롯한 국왕의 금군조직이 존재했음을 확인할 수 있다.[1] 비록 간접적이고 산발적이기는 하지만 고려시대에도 국왕의 지근에서 시위·호종했던 군사력을 찾

1 신라와 조선의 국왕 측근 군사조직을 다룬 연구로는 다음의 논고들이 있다.
李文基, 「新羅 侍衛府의 成立과 性格」, 『歷史教育論集』 9, 1986 ; 『新羅兵制史研究』, 一潮閣, 1997 ; 車文燮, 『朝鮮時代軍制研究』, 단국대학교 출판부, 1973 ; 尹薰杓, 「朝鮮初期 別侍衛 研究」, 『國史館論叢』 43, 1993.

아볼 수 있다.

이때, 『고려사』 병지2 숙위宿衛 조에 각별히 주목할 필요가 있다. 여기에서 국왕 측근 군사조직으로 생각되는 몇몇 단위부대에 관한 산발적인 기사記事들을 볼 수 있고, 그 군사조직의 구체적인 임무를 시사해 주는 단편적인 기사도 간혹 포함되어 있기 때문이다. 또한 이례적이지만, 의종毅宗 21년에 신설된 금군의 구성부대였던 내순검군內巡檢軍의 성립 배경과 역할도 명시되어 있다. 이는 접근방식에 따라서 『고려사』 숙위 조가 고려 금군 문제에 접근할 수 있는 기초사료가 될 가능성이 있음을 강하게 암시한다.

더구나 여기에 기록된 개별 군사조직들은 지금까지 제대로 검토되지 않아 군사적 성격이나 기능이 뚜렷하게 밝혀져 있지는 않지만, 이들 부대가 고려시대의 금군과 직접적인 관련이 있을 가능성이 크다고 생각된다. 그래서 필자는 『고려사』의 찬자들이 찬술 과정에서 이들 부대가 수행한 역할이나 성격이 고려왕조의 일반적인 군사조직에 관한 서술인 병지1과는 달랐다는 점에 근거해 그 편차를 달리하여 병지2 숙위 조로 구별해서 기록한 것으로 파악했다.

이와 관련하여 최해崔瀣가 찬술한 『졸고천백拙藁千百』의 군부사중신청사기軍簿司重新廳事記에 나타난 '3군三軍 6위六衛 42도부四十二都府' 의 존재는 특히 주목할 만하다.[2] 최해는 최치원崔致遠의 후손으로 문과에 급제한 후 성균관학을 거쳐 예문춘추검열藝文春秋檢閱을 비롯한 중앙의 여러 핵심 관직을 두루 역임한 고려후기의 고급관료로서 당시의 제도 전반에 관해 체계적인 인식을 갖추고 있었다. 그런 그가 중앙군과 지방군을 망라한 모든 군제를 언급했다는 점은 유념할 만하다. 최해가 기록한 내용을 최대한 존중한다면, 42도부가 양계兩界(평안도와 함경도) 지역을 제외한 전국에 걸쳐

2 崔瀣, 『拙藁千百』 권1, 軍簿司重新廳事記. " …… 凡軍校名籍兵衛器仗命將出師之事皆隷 而三軍六衛四十二都府日趨而聽命焉 則其公衙且非宏壯 ……."

주둔한 지방의 군사조직망을 의미한다는 데는 이론의 여지가 없다.

다만 여기서 필자는 최해가 지방군과 주현군을 제외한 중앙군의 전체적인 편성을 3군 6위로 파악한 사실을 눈여겨볼 필요가 있다고 생각한다. 알려진 것처럼 경군이 2군 6위로 편성되어 있음을 감안한다면, 과연 3군 가운데 하나로 남아 있는 1군의 정체는 무엇인가 하는 점이 궁금해지기 때문이다. 최해의 학식과 관력, 그리고 조정 내에서의 위상을 두루 고려할 때 이 기록을 정확한 것으로 본다면 그 나머지 1군이 바로 금군이라는 군사조직을 의미하는 것으로 추측할 수 있다.

사실 금군은 국왕의 시위군에 대한 포괄적인 명칭으로 볼 수 있다. 즉 중앙군은 물론 지방군과 주현군 또한 외견상 병마권을 장악한 최고의 군사통수권자로서 보편적 위상을 지닌 국왕의 친군親軍이라는 대단히 넓은 범주 속에 모두 포함될 수 있다. 그러나 해당 군사조직이 맡은 고유한 임무와 성격을 토대로 동심원적인 시각에서 볼 때 금군은 이들 부대들과 확연히 구별되는 군사조직, 즉 '친군 중의 친군' 이라는 점에서 군사적 차별성을 찾을 수 있다.

그러나 후술하겠지만, 모든 사료에서 이 특별한 군사조직이 금군이라는 단일 칭호로만 표기된 것은 아니며, 하나의 단위부대로 형성된 것도 아니었다. 단, 금군이 국왕의 지근거리에서 시위 · 호종 등의 임무를 수행하며 여타 군사조직보다는 특히 왕권과 매우 강하게 밀착되어 있었던 군사조직이었음은 틀림없다. 이에 관한 근거로 금군과 관련된 자료들이 많이 보이는 시기는 물론이고 금군의 정비조치가 단행된 때가 대체로 왕권강화를 시도하는 시기와 맞물려 있다는 점을 들 수 있다.[3]

---

3 이러한 관점은 고려사회에서 왕권강화의 정도나 국가적인 성장도를 고려할 때, 쉽게 수긍하기 어려운 점도 없지 않다. 그러나 어느 시대를 막론하고 모든 군사조직 내에서 국왕 친위부대가 차지하고 있는 일반적인 성격에 비추어볼 때 이러한 인식의 개연성은 인정될 수 있으리라 생각된다.

그러면 금군의 제도적인 성립 경위는 어떠했을까? 먼저 본격적인 검토에 앞서 금군이 성립하기 이전의 기원 문제를 둘러싸고 논자들 사이에 대립하고 있는 시각 문제를 지적하고자 한다. 종전 필자 또한 몇몇 의문은 있었으나 금군이 성립한 시기를 성종대로 비정한 바 있다. 그러나 목종 12년(1009)의 중금군中禁軍, 현종 원년(1010)의 금군, 인종 원년(1123)의 공학군을 비롯하여 숙종 7년(1102)에 최초로 모습을 드러낸 견룡군과 금군 등이 확인되는 것을 볼 때, 금군 또는 그 소속부대들이 동일한 시기에 일거에 조직되었는지, 아니면 시기를 달리하며 출현하였는지에 관해서는 현재로서는 단언할 수 없다.

다만 앞서 지적한 몇몇 사료에 근거해서 볼 때 분명한 사실은 2군과 금군 또는 그 개별부대가 동일한 시점에 존재하는 정황이 포착되기 때문에 2군 약화의 연장선상에서 금군의 성립 문제에 접근하는 것은 옳지 않다는 점이다. 따라서 친위군의 내력을 추적하고 그 변화 과정을 올바르게 그려내기 위해서는 시대를 달리하는 이들 군사조직들을 개별적으로 치밀하게 검토하여 언제, 어떠한 배경 속에서 성립되었는지를 구분해 내야 한다.

필자는 우선 금군이 복수의 개별부대로 구성되어 있으며, 의종 21년(1167)에 이르러 구성부대 중 하나인 내순검군이 설치되었다는 점에서 대체로 점진적인 정비 과정을 밟았던 것으로 추측한다. 그리고 새로운 부대가 후일 추가로 조직된 점을 미루어 보아, 원래는 하나의 단일부대였던 것이 점진적인 증치 과정을 거쳐 다양한 개별부대들로서 금군 조직에 포함되었을 것이라 생각한다.

따라서 이 장에서는 금군이라 부를 수 있는 하나의 독자성을 지닌 군사조직이 국초 이후 어떠한 과정을 거쳐 성립되었는지를 알아보기 위해 먼저 친위군의 존재 양상을 살핀 다음 금군의 성립 문제를 추적해 보고자 한다.[4]

4 금군의 제도적 정비 과정이나 성립 시기를 구명하는 작업은 관련 자료가 절대적으로 부족하

단, 이러한 검토는 무엇보다 금군이라는 제도화된 군사조직의 존재가 알려지기 이전에 친위군으로 자주 거론된 국초의 내군內軍과 시위군이 고려왕조의 성립을 전후한 시기에 국가의 공공업무를 담당한 공적 기구와 군주권을 지탱하는 제도적 장치인 여러 관직과 관부에 대한 증치와 분화 현상이 끊임없이 되풀이되는 정치·사회적 상황 속에서도 왕권의 군사적 기반에 입각하여 국왕의 권력 기반의 토대로서 작용하고 있었을 것이라는 점을 배경에 두어야 할 것이다.[5]

예컨대 이 같은 배경은 태조 왕건王建의 즉위 이후 단행된 제도적 조치, 이른바 국가권력이 이동하는 과정에서 나타난 권력기구상의 연속적인 변화의 결과로서 기왕에 유지된 정부조직과 관료의 기능이 변모하였다는 데서 찾을 수 있다. 그리고 이런 과정 속에서 군사통수권의 최고 책임자인 군주 또한 군주권을 정점으로 한 직접적인 국가권력을 관철할 수 있는 수단의 하나로 종전 국왕의 친위군 역할을 수행하던 군사력이 지닌 사적인 또는 비제도적인 속성을 공적 군사조직으로 흡수·재편성하려는 모종의 군사적 시도가 있었을 것으로 여겨진다.

후삼국의 통합 이후 고려는 왕권의 신장과 더불어 국가체제의 정비를 다각적으로 모색하면서 중앙집권화를 착실히 구축하고자 하였다. 이러한

기에 어려움이 적지 않다. 이런 어려움은 활발한 연구가 진행된 경군 역시도 견해가 다양해 정확한 성립 시기를 구명하기 어렵다는 점에서도 짐작이 가능하다. 2군의 경우 현전 사료에 따르면 6위보다 나중에 설치되었으나 그보다 상위의 부대였다는 기록만이 전해지고 있을 뿐(『고려사』 권77 백관지2 西班) 그 설치 시기를 명백하게 보여주는 자료가 없어 성종대설, 목종대설, 현종대설 등의 여러 학설이 대립하고 있는 실정이다. 2군의 설치 시기에 대한 연구사적 정리는 宋寅州, 「高麗 二軍의 成立時期와 性格에 대한 再檢討」(『한국중세사연구』 4, 1997a)가 참고된다.

5 이처럼 중요한 과제가 그동안 연구자들에게 간과되었던 주된 이유는 금군이 매우 중핵적인 군사조직 가운데 하나였음에도 불구하고 병지·백관지 등에 총체적인 형태로 기록되어 있지 않고 단편적이고 분산적인 형태로 여러 자료들에 서술되어 있다는 점 때문이었다. 따라서 관련 자료들을 통합하여 체계적으로 정리하는 작업이 필요하다.

작업 과정에서 특히 군주권을 지탱하는 물리적 장치의 하나인 시위군에 대한 일련의 개편이 이루어졌음은 두말할 나위가 없다. 이는 일찍이 태조 왕건이 후삼국을 통합하고 고려를 건국하면서 왕위에 오르기 이전 궁예정권 때부터 내군과 시위군졸, 즉 후일 금군으로 통칭할 수 있는 시위와 호종 등의 임무를 수행한 국왕 측근의 군사력이 지속적으로 존재했다는 데서 알 수 있다. 즉 내군, 복갑伏甲, 시위군, 시위군졸 등의 명칭이 극히 한정적이기는 하지만 『고려사』에 등장한다. 이미 기왕의 연구에서 지적되었듯이 이들 명칭은 그 용어 자체로 보아 국왕의 친위부대 또는 그에 소속된 병졸들을 지칭한 것으로 추측된다.[6]

하지만 그것이 반드시 제도적으로 정비되어 있었던 군사조직이었는지의 여부에 관해서는 좀더 세밀한 검토가 필요하다. 그래서 이에 대한 해명을 위해 내군과 시위군졸 등의 관련 자료를 살펴봄으로써 시위군의 시기별 존재 양상을 알아보기로 하겠다. 이와 관련해 김락진金洛珍은 국초의 3군과 내군의 활약에 입각하여 금군의 출현 문제를 검토한 논고를 발표했다.[7] 이 장의 논지전개의 편의를 위해 일단 그의 글에 나타난 문제점들을 지적하고자 한다.

그는 논고에서 제도화되기 이전에 활약한 친위군의 기점을 태조 19년(936) 일리천一利川 전투를 위해 편성된 3군에서 찾고 여기에 내군이 포함된 것으로 보면서 그에 따라 논의를 전개했다. 그러나 그는 논고에 자신의

---

6 이러한 용어 가운데 특히 내군은 그 명칭으로 미루어 보아 시위를 하는 부대, 즉 친위군이었을 것으로 추측한 견해가 제시된 바 있다(李基白, 「高麗 京軍考」, 『李丙燾博士華甲紀念論叢』, 1956 ; 『高麗兵制史研究』, 一潮閣, 1968, 56쪽). 그리고 都知 역시 시위군으로 표현되고 있다(宋寅州, 「高麗時代 禁軍研究」, 경북대학교 박사학위논문, 1997b, 47쪽).

하지만 막상 그동안의 연구에서는 이들 자료를 경군의 대표적 상급부대인 2군 성립의 연장선상에서 파악하는 데 초점을 맞추었기 때문에 금군이라는 친위군의 등장 과정을 올바르게 그려내는 데는 명백한 한계를 수반할 수밖에 없었다.

7 金洛珍, 「高麗初期의 內軍과 禁軍」, 『歷史學報』 176, 2002.

논지와 직접적인 관련이 있는 기존의 연구성과를 전혀 반영하지 않았다.[8] 기존의 연구성과 중 대표적으로 일찍이 이기백李基白은 일리천 전투 당시 고려의 중앙군이 3개의 마군馬軍과 5개의 보군步軍으로 편제된 것으로 파악하면서, 특히 좌강左綱과 우강右綱이 6위로 발전하고 우천군祐天軍, 천무군天武軍, 간천군杆天軍 등의 중군中軍[9]이 2군으로 개편되는 등 이때 보이는 부대들이 후일 경군의 제도화된 군사조직의 기반이었을 것으로 이해하였다.[10] 이에 대해 정경현鄭景鉉은 이기백의 견해가 문헌상에 나타난 군사력을 전제로 한 추정에서 비롯한 것이라는 데 문제가 있음을 지적하며 지천군支天軍, 보천군補天軍, 우천군, 천무군, 간천군 등은 기왕의 제도화된 군사조직을 가리키는 것이 아니라, 이 시기에 국한하여 사용된 일시적인 군사적 칭호라는 견해를 제시하였다.[11] 이처럼 양자의 견해는 완전히 상반된 인식을 보여준다.

또한 이 무렵 편제된 부대조직을 2군 6위의 형성과 직접적으로 연결하는 것은 타당하지 않다고 지적하며 정경현의 견해를 지지한 견해도 제시되었다.[12]

이상의 연구성과 중 현재 필자가 주목하는 견해는 정경현의 시각이다. 이기백이 위에 언급한 명칭들을 온전히 하나의 부대명칭으로 파악한 데 반해 정경현은 이를 출정하는 지휘관들에게 부여한 임시적인 성격의 직함으로 그 의미를 풀이하고 있어 시사하는 바가 크기 때문이다. 요컨대 정경현의 지적대로 지천군 이하 간천군 등이 일리천 전투에 임박하여 편제된

8 김락진은 종전의 연구에서 제시된 견해(洪承基, 『高麗政治史研究』, 一潮閣, 2001)를 대부분 받아들여 이를 근거로 해서 일방적으로 자의적인 부연설명을 덧붙였다.

9 김락진은 이를 3군이라고 하였다.

10 李基白, 앞의 글, 1956 ; 앞의 책, 1968, 51쪽.

11 鄭景鉉, 「高麗前期 二軍六衛制 研究」, 서울대학교 박사학위논문, 1992, 37~38쪽.

12 吳英善, 「高麗前期 軍人層의 構成과 圍宿軍의 성격」, 『韓國史論』 28, 1992, 65쪽.

특정부대를 가리키는 것이 아니라, 후백제와의 최종적 사활을 눈앞에 둔 시점에 출전하는 장수들에게 부여한 칭호 또는 직함이라면, 김락진의 주장에 따라 친위군 성립의 연혁을 3군을 통해 파악하는 것은 또 다른 논의를 촉발할 수 있다는 점에서 세심한 주의가 요구된다.

먼저 중군에는 2만의 마군 외에 다른 병종兵種들이 포함되어 있고 좌강과 우강에도 각각 1만의 마군이 편성되어 있는데도 유독 중군 소속의 마군만을 태조의 친위군으로 이해하면서 마군이 국왕의 시위, 궁성의 수비, 수도의 치안유지 등의 임무를 담당한 데 비해 3군은 지근거리에서 태조의 신변 호위를 맡았다고 언급한 점, 3군을 내전이 있는 내궁에 포진한 내군과 외군으로 나누어 파악한 점, 병원兵員인 위사衛士와 갑사甲士를 3군 및 숙위부대라는 군사조직으로 인식한 점, 태조 시해를 시도한 마군장군 환선길桓宣吉의 직책을 근거로 이를 친위군으로 본 점 등은 군사조직이 보편적으로 기능에 따라 편제된다는 사실을 고려할 때 지나친 논리적 비약이라는 혐의를 면하기 어렵다. 요컨대 일리천 전투에 즈음하여 나타난 마군과 3군을 통해 친위군의 연혁과 변화상을 풀어나갈 명백한 근거는 없는 셈이다.[13]

더욱이 국초의 친위군인 내군이 성종대에 추진된 시위군의 개편 결과로서 목종대에 와서 2군으로 성립되었다고 한 점은 현실적이지 못하다. 종전 2군의 제도적 성립 시기를 둘러싸고 목종대설, 현종대설, 성종대설 등 다양한 견해가 제시되어 있는데,[14] 대체로 현종대설을 지지하는 논자들의 견해가 지배적이다.[15] 그러나 앞서 지적했듯이 목종 12년에 이미 금군의

13 일리천 전투 당시의 중군과 3군은 실제의 유동적 전투상황에 직면한 고려의 전형적인 군사동원체제 방식인 左軍, 右軍, 前軍, 後軍, 中軍 등 5군 중심의 전투부대 편성체제로 이해해야 한다. 5군을 중심으로 한 이러한 출정군 편성 방식은 고려의 전 시기 동안 관련 자료에 일관되게 나타난다. 이런 점에서 좌강, 우강은 5군 편제의 또 다른 명칭으로 볼 수 있다.

14 宋寅州, 앞의 글, 1997a.

15 김상기, 이기백, 정경현, 마종락 등이 해당된다. 이 외에도 홍승기, 홍원기의 견해가 있다.

한 계열부대인 중금군이 나타났다는 점, 현종 원년 거란이 침공해 국왕을 비롯한 왕실세력이 남하하는 과정에서 이를 호종한 금군이 활약한 점 등의 명백한 정황으로 볼 때 2군의 약화를 통해 금군의 성립 문제를 파악할 만한 직접적인 연계성은 찾기 어렵다.

더구나 자료상의 신뢰도에 문제는 있지만, 성종대 시위군을 정예화하고 체계를 갖추어야 한다는 뜻을 골자로 한 최승로의 '시위군 감축 건의'를 성종이 즉각적으로 수용하였음을 자료에서 확인할 수 있다.[16] 게다가 군사상 친위군이 차지하는 역할의 중요성에서 볼 때 성종 원년(981)의 이러한 감축 주장이 목종대에 가서야 2군의 제도적인 성립으로 그 최종적인 실현을 보았다고 하기에는 시간적인 편차를 간과한 오류가 있다. 따라서 친위군으로서 2군의 군사적 성격과 위상을 거론하며 그 약화에 따른 후속조치의 결과로 금군의 출현 문제를 바라보는 것은 논리적으로 정합하지 않다.[17]

그리고 김락진은 『고려사』 권76 백관지百官志에 서술된 기사[18]를 근거로 내군의 기능을 논하면서 의물儀物을 군대의 시위용으로, 기계器械를 병기兵器로 파악하고 후자를 내군인 친위군이 사용한 병기라고 하였다. 그런데 『고려도경高麗圖經』에 따르면 의물은 시위용 도구뿐만 아니라 국왕의 순행巡行 시에 사용되는 의장용 장비인 반리선盤螭扇을 비롯한 다양한 부채, 곡개曲蓋, 청개青蓋, 화개華蓋, 황번黃幡, 표미豹尾, 금월金鉞, 구장毬杖, 기패旂旆 등 다양한 도구를 가리키는 것임을 알 수 있다.[19] 더구나 기계는 군악軍樂에 활용되는 대각大角을 비롯한 예기류禮器類와 무구武具, 예컨대 후대의

---

16 『增補文獻備考』 권111 兵考3 宿衛. "高麗 成宗元年 遵太祖舊法 減定侍衛數."

17 2군과 금군을 국초부터 성격을 달리한 별개의 군사조직이라고 보는 입장에서 이러한 문제의 실마리를 풀기 위해서는 군정 · 군령기구와 연관해 군사조직 상호 간의 역학관계를 더 세밀하게 살펴보아야 한다.

18 "衛尉寺 掌儀物器械 太祖 元年 置內軍卿 光宗 十一年 改內軍 ……."

19 『고려도경』 권9 · 10 儀物1 · 2.

자료이지만 덕종 원년(1031)에 보이는 혁차革車, 수질노繡質弩, 뇌등석포雷騰石砲, 팔우노八牛弩, 천균노千鈞弩 등의 각종 병장기 일체 및 국가의 공적인 역에 동원된 노동부대인 일품군一品軍의 임무수행에 필요한 장비 일체를 두루 일컫는 것으로 보는 것이 마땅하다. 왜냐하면 병제에 관해서 서술된 내용을 보면 군에서 활용하는 구체적인 살상용 무기를 가리킬 때는 대부분 군기軍器와 병기라는 용어를 사용하고 있기 때문이다. 따라서 기계를 친위군이 휴대한 병기로 한정하는 것은 옳지 않다.[20]

이상의 지적된 문제점을 고려하면서 국초 국왕의 친위 군사력으로 활동한 부대와 관련해서 주목되는 것으로는 궁예弓裔의 태봉정권泰封政權과 태조 즉위 직후에 나타난 내군 관련 사료가 있다. 먼저 내군에 관한 최초의 기사는 궁예의 태봉정권 시기에 찾아볼 수 있다. 널리 알려져 있듯이 궁예는 904년 왕권을 강화하기 위해 중앙정치조직에 대한 대대적인 정비를 단행하였는데 이때 출현한 것이 이른바 광평성체제廣評省體制이다.

그런데 광평성체제의 성립은 근본적으로는 전제왕권을 더욱 공고히 다지려는 정치적 시도였지만, 다른 한편으로는 호족들과의 미묘한 정치적 역학관계 속에서 그들에게 일정한 지위를 양보한 조치와[21] 맞물려 있다는 점에서 내군 등장의 배경을 이해하는 데 시사하는 바가 크다. 즉 후일 광평성체제를 재정비할 때 여러 관부들의 서열 변화와 더불어 새로운 기구들이 설치되었는데 이 가운데 순군부徇軍部와 내군이 존재했으며 이점이 특히 우리가 주목해야 할 부분이다.[22]

---

20 이상 본 장과 배치되는 최근의 논고를 중심으로 논의의 실태를 짚어보았다. 따라서 이후 논지를 진행할 때 저자와 견해를 달리하는 부분에 관해서는 별도로 언급하지 않겠다.

21 趙仁成, 「泰封의 弓裔政權 硏究」, 서강대학교 박사학위논문, 1991.

22 기왕의 순군부에 관한 중요한 성과로는 다음의 논고들이 참고된다.
이기백, 앞의 글, 1956 ; 앞의 책, 1968 ; 이태진, 「高麗 宰府의 成立」, 『歷史學報』 56, 1972 ; 변태섭, 「고려초기의 정치제도」, 『한우근박사 정년기념사학논총』, 1981 ; 정경현, 「고려 태조

이 두 기구는 효율적인 군사권 집행을 도모한 궁예의 의도에 따라 조직되었음이 분명하다. 이 가운데 내군에 대해서는 전모를 알려주는 구체적인 기록이 보이지 않아 현재로서는 그 실체를 무어라 단정하기 어렵다. 하지만 이는 앞서 살펴보았듯이 그 명칭상 궁예 휘하의 직속친위군으로 보아도 무방할 것이다. 그러면 이제 내군이 조직된 배경에 대한 의문이 남는데, 이 역시 결정적인 자료가 없어 현재로서는 명확하게 밝히는 것이 쉽지 않다. 다만, 기왕의 한 연구에 따르면 궁예가 군부에 대해 효과적이고 강력한 통제를 행사할 목적에서 조직한 것으로 알려지고 있어[23] 이와 관련해서 검토해 보면 어느 정도 접근할 수 있을 것으로 판단된다. 즉 태봉정권의 군사업무가 병렬적으로 조직 · 운용된 이유를 병권의 일방적인 행사를 제도적으로 차단하면서 왕권의 실질적인 집행을 견지하고자 한 데서 찾는다면, 내군은 외견상 군부 내에서 차지하는 궁예의 군사적 지위와 권위를 상징적으로 과시하는 한편 국왕권의 독자적인 무력적 토대를 확립하려는 의도에서 설치되었다고 할 수 있을 것이다.

내군이 조직된 배경이 이와 같다면, 과연 내군이 수행한 구체적인 군사적 기능은 무엇이었을까? 그러나 현재로서는 이에 대한 직접적인 자료 또

대의 순군부에 대하여」, 『한국학보』 48, 1987 ; 「고려초기 京軍의 통수체계—순군부의 병권에 대한 재해석을 겸하여」, 『한국학보』 62, 1991 ; 최규성, 「순군부고」, 『상명사학』 1, 1993 ; 전경숙, 「고려초의 순군부」, 『한국중세사연구』 12, 2002.

이상에서 보듯이 순군부의 군사적 성격을 둘러싼 다양한 이견이 제시되었는데, 여전히 합의된 견해를 도출하지 못하고 있다. 이 중 몇몇 주목되는 견해들을 보면 이기백은 순군부가 병부보다 우위에 있던 기관으로 병권을 장악한 호족연합회의체로서 후일의 重房으로 이어진다고 파악했다. 이에 반해 변태섭은 순군부를 국왕직속기구로 보았다. 그리고 정경현은 군령권 중에서도 발병권, 즉 군사징발권을 가진 기구로 이해했는데 이후 다시 자신의 견해를 수정해서 순군부의 임무가 전란으로 비대해진 중앙의 여러 병력들의 동태를 왕권 보위 차원에서 순찰 · 감시하는 것이라 하였다. 한편 최규성은 시각을 완전히 달리하여 순군부를 지방통치를 전담하기 위해 설치된 기관으로 보았으며, 전경숙은 순군부가 군정기구로서 지방세력에 대한 견제와 더불어 왕권강화와 연관이 있다는 견해를 제시하였다.

23 趙仁成, 앞의 논문.

한 찾아볼 수 없어 제대로 밝힐 수 없다. 그러나 궁예정권의 핵심인물이었던 은부狄鈇가 궁예의 절대적인 신임을 받으면서 내군장군으로 활약한 사실이 유일한 자료로 남아 있어 참고할 만하다. 은부는 내군의 통솔을 책임지는 장군으로서 궁예의 측근에서 무고한 사람들을 중상모략하고 헐뜯어 죄인으로 만들었다고 한다.[24]

최근, 이 자료를 은부가 군 내부의 반역 움직임을 적발하는 것으로 보고 그에 근거해서 내군을 군에 대한 감찰의 임무를 담당한 관부로 파악한 견해가 제시되었다.[25] 물론 이러한 지적은 유의할 만하다. 그런데 이를 좀더 깊이 있게 살펴보면 군의 동향과 관련한 이른바 감찰기능을 흔히 국왕의 친위군이 수행한 고유한 임무의 한 갈래로 볼 수 있다는 점에서 내군인 친위군의 역할을 미루어 짐작할 수 있다.

내군에 관한 또 다른 자료로 태조 왕건이 즉위한 직후 실시한 전면적인 인사개편에서 능혜能惠와 희필曦弼이 내군경內軍卿이라는 관직에, 그리고 순군낭중徇軍郎中 민강閔剛이 내군장군으로 임명된 사실을 찾을 수 있다.[26] 내군경과 내군장군은 병부령兵部令과 병부경兵部卿, 순군부령徇軍部令과 순군낭중 등과 더불어 군사력의 운영이나 그 통제와 관련이 있는 관직임이 분명하다고 할 수 있다. 특히 앞서 지적한 내용에 따라 명칭만을 중시한다면 그것은 외군外軍, 즉 적군과의 전투를 주목적으로 한 야전군과 구별되는 '내內의 군대軍隊'와 관련된 관직일 것이다.[27]

---

24 『고려사』 권1 세가, 태조 원년 6월 壬戌.

25 趙仁成, 앞의 논문, 92쪽.

26 『고려사』 권1 세가, 태조 원년 6월 丁巳 · 壬戌 · 戊辰, 9월 乙未. 이 기간에는 狄鈇, 閔剛 등 내군장군의 직함을 가진 인물들도 보인다.

27 李基白은 분명하지는 않지만 내군이 그 명칭상 시위군으로 추측된다고 하였다(李基白, 앞의 글, 1956 ; 앞의 책, 1968, 56쪽). 한편 내군이 친위군이었을 것이라는 李基白의 추측에 입각한 후 한 걸음 더 나아가 내군이 군 내부에 대한 감찰임무를 담당하였다고 본 견해도 있다(趙仁成, 앞의 논문, 91~92쪽).

그러면 내군의 실체는 무엇일까? 이에 대한 실마리는 다음 사료에서 어느 정도 풀 수 있다. 태조의 심복이었던 마군장군 환선길의 모반사건과 관련한 아래의 자료는 태조 측근의 군사력의 존재와 관련한 중요한 단서를 제공한다.

> 환선길은 그의 아우 향식과 함께 태조를 받들어 왕으로 추대한 공로가 있어 태조가 마군장군에 임명하고 믿을 만한 사람으로 여겨 항상 정예군을 거느리고 숙위하게 하였다. 어느 날 그의 부인이 "당신 재주와 힘이 다른 사람보다 우월하여 병졸들이 복종합니다. 또 큰 공로도 있는데 권력은 다른 사람에게 있으니 어찌 한탄하지 않을 수 있겠습니까?" 라고 말했다. 이에 선길이 내심 그렇게 여기고 마침내 은밀히 병사를 결집하여 틈을 보아 변란을 일으키고자 하였다. 마군장(군) 복지겸이 이 사실을 알고 태조에게 밀고하였으나 (태조는) 그러한 흔적이 나타나지 않는다 하여 이 말을 듣지 않았다. 어느 날 태조가 어전에 앉아 학사 여러 사람과 더불어 국정을 논의하는데 선길이 무리 50여 명과 함께 병기를 지니고 동상으로부터 내정에 돌입해서 (태조를) 시해하고자 했다. 이에 태조가 지팡이를 짚고 서서 목소리를 높여 꾸짖기를 "짐이 비록 너희들의 도움으로 이 자리에 이르렀으나 어찌 하늘이 아니랴. 천명이 이미 정해져 있거늘 네가 감히 이같이 하리오" 라고 하였다. 선길은 태조의 말과 얼굴빛이 태연함을 보고 복갑(태조의 측근에 배치된 군사)이 있는가 의심하여 무리들과 더불어 달아났다. 위사가 구정에까지 추격해서 그들을 모두 잡아 죽였다. 향식이 뒤에 이르러 일이 실패했음을 알고 역시 도망하니 병사들이 추격해서 죽였다 …….[28]

---

28 『고려사』 권127 열전 桓宣吉. "桓宣吉 與其弟香寔 俱事太祖 有翊戴功 太祖拜宣吉馬軍將軍 委以腹心 常令率精銳宿衛 其妻謂曰 子才力過人 士卒服從 又有大功而政柄在人 可不懊乎 宣吉心然之 遂陰結兵士 欲伺隙爲變 馬軍將卜智謙知之 密告太祖 以跡未形 不納 一日 太祖坐殿 與學士數人 商略國政 宣吉與其徒五十餘人持兵 自東廂 突入內庭 直欲犯之 太祖策杖立厲聲叱之曰 朕雖以汝輩之力至此 豈非天乎 天命已定 汝敢爾耶 宣吉見太祖辭色自若 疑有伏甲 與衆走出 衛士追及毬庭 盡擒殺之 香寔 後至 知事敗 亦亡 追兵殺之 ……."

위의 자료는 후삼국 시기 태조 휘하에서 적지 않은 군사적 공을 세운 장수인 환선길이 군사 50여 명을 모집한 후 왕을 시해하려고 했음을 보여준다. 이때 동원된 50여 명의 병졸은 물론 환선길의 직접적인 휘하에 있는 군사력이었을 것이다. 그런데 환선길 주도하에 추진된 태조 시해의 움직임은 마군장군馬軍將軍 복지겸卜智謙에게 사전에 발각되어 태조에게 즉각 보고되었다. 그러나 태조는 막상 이 같은 소식을 전해 듣고 나서도 그러한 조짐이 구체적으로 발견되지 않는다는 이유를 들어 복지겸의 변란 보고를 물리쳤다. 태조의 이러한 태도는 후삼국이라는 전란 시기에 크고 작은 전투를 거치는 과정에서 각별히 교분을 나눈 환선길에 대한 태조의 절대적인 신임을 보여준다.

환선길이 군사를 이끌고 어전에 침입한 직후에도 놀라는 기색을 드러내 보이지 않고 오히려 의연한 자세로 침착하게 대응한 태조의 자세는 이례적이다. 이러한 태조의 예기치 못한 당당한 태도에 크게 당황한 환선길은 태조의 주변에 '복갑伏甲' 이 포진된 것이 아닌가 하는 의혹 때문에 막상 계획했던 정변을 결행하지도 못하고 달아나 버리고 말았다. 이후 위사衛士들이 즉각적으로 구정에 들어와 반역의 무리들을 완전히 진압하였다.[29]

자료에는 분명히 드러나 있지 않지만 이러한 군사적 돌발행위에 직면해서 태조가 담대하게 대처할 수 있었던 이유로는 두 가지 경우를 떠올릴 수 있다. 먼저 태조는 후삼국 시기를 거치며 야전군의 총사령관으로서 수많은 전쟁을 치르는 과정에서 풍부한 군사적 경험을 축적했을 뿐만 아니라

29 洪承基는 환선길이 거느리고 있던 마군과 이들을 물리친 위사가 기본적으로 동일한 궁성 내에서 국왕시위의 임무를 담당하고 있었으며, 전자는 外庭, 후자는 內庭에서 각기 역할을 수행한 차이가 있다고 했다(洪承基, 「高麗 太祖 王建의 執權」, 『震檀學報』 71 · 72합, 1991, 28쪽). 그런데 이는 국왕 측근 군사력의 지근거리 정도를 통해 친위군의 차이를 변별하려고 했다는 점에서 주목된다. 이런 점에서 위사를 내군 계통의 부대와 연결시키는 것은 문제라고 하겠다(金洛珍, 앞의 글, 2002). 왜냐하면 『고려사』에 실린 환선길의 거사에 보이는 위사는 '복갑' 과는 다른 별개의 군사력이기 때문이다.

타고난 인품이 그러하기 때문이다. 그러나 이러한 그의 태도는 무엇보다 환선길의 의혹에서 알 수 있는 것처럼 최측근에 항상 포치布置하고 있던 '복갑' 이라는 병력을 염두에 둔 강한 믿음과 자신감이 있었기 때문이다.

따라서 '복갑' 은 태조의 가장 가까운 주변에서 시위임무를 전담한 시위군으로 이것이 바로 친위군사력, 즉 내군에 소속된 군사들을 지칭한 것으로 추측된다. 이는 호족들이 거느리고 있던 사병과는 엄연히 구분된다. 이상 궁예정권 시기에서 태조의 즉위 직후 몇몇 관련 자료에 나타난 기사에 입각해서 친위군의 활약에 대해 살펴보았다.

한편 태조의 즉위 이후부터는 사료에서 친위군사력으로서 내군의 존재는 더 이상 찾아볼 수 없고 그 대신 시위군 또는 시위군졸이라는 표현이 등장한다.[30] 따라서 이제부터 이의 실체를 밝히기 위해 그동안 연구자들이 자주 인용해 왔던 태조에서 성종대에 이르는 시기의 국왕 측근 군사력에 대한 개괄적인 기록인 다음의 자료에 입각해서 친위군의 양상에 대해 좀 더 자세히 알아보고자 한다.

> 성종 원년 6월 최승로가 정광행선관어사상주국에 임명되었을 때 왕이 자문을 요청하자, 글을 올려 " …… 우리 조정을 시위하는 군졸은 태조 때에는 다만 궁성을 시위하는 데 충당하고 있어 그 수가 많지 않았지만 광종이 참언을 믿고 장상(장수와 재상)들을 죽이고 책망하며 의혹이 생긴 후부터 군인의 수를 늘렸습니다. 주와 군에서 풍채가 있는 자를 선발해 (왕궁에) 불러들여 모두 내주(부엌)에서 식사를 하게 하였습니다. 당시의 여론이 (광종의 조치를) 번거롭고 무익하다고 하여 경종조에 이르러 그 수를 점차 감축하였는데, 지금에 이르러서는 오히려 그 수가 많아졌습니다. 엎드려 바라건대 태조의 법에 따라 군세고 용맹한

30 태조의 즉위 직후 사료에서 내군이 완전히 보이지 않는다는 점을 통해 이 시기를 분기점으로 친위군에 큰 변화가 일어난 것으로 추측할 수 있다.

자들만 남겨 두고 나머지는 모두 시위임무를 중지시키고 돌려보내면 사람들의 탄식과 원망이 없어지고 국가에는 저축이 있을 것입니다"라고 하였다.[31]

위의 사료는 태조에서 성종에 이르기까지 중앙의 고급관료로서 복무한 바 있는 최승로가 고려초기 국왕 측근 군사력의 양상과 그 변화에 대해 자신의 견해를 밝힌 것으로 대략 세 가지의 중요한 사실을 시사한다.

첫째, 고려왕조의 창업자인 태조 왕건의 시대에 이미 궁성의 숙위를 담당하고 있던 시위군졸이 존재하고 있었다는 점이다. 숙위라는 용어는 한국사에서 다양한 용례로 나타나지만, 위 예문에서는 내주內廚라는 용어에서 확인할 수 있듯이 국왕이 거처하는 궁궐 내에서 숙식宿食한 친위군의 성격을 말해준다. 이는 앞서의 지적처럼 고려 금군의 연원이 왕조의 성립 시기까지도 소급될 수 있음을 명백히 보여준다.

그런데 최승로는 태조대의 시위군졸이 군사력의 규모 면에서 그리 많은 숫자가 아니었다고 하였다. 말하자면 고려 왕조는 개국 직후에는 궁성의 숙위 임무를 담당하는 그리 많지 않은 시위군졸을 두고 있었던 것이다. 그런데 여기서 주목할 점은 국왕이 거주하는 궁성의 경비임무가 막중한데도 시위군의 수가 많지 않았다는 점이다. 따라서 이때의 시위군을 도성 외곽 지역을 지키던 군사력과 편제규모나 기능 면에서 비교해 볼 때 그와는 다른 성격을 가진 부대로 볼 수 있는 여지가 매우 높다고 판단된다. 따라서 이들 시위군이 후일 금군으로 전환했을 개연성이 매우 높다.

둘째, 호족에 대한 전면적인 탄압과 숙청을 강하게 시도했던 광종 치세 후반기에 시위군의 숫자가 크게 확대되었던 사실이 보인다는 점이다. 최

31 『고려사』 권93 열전 崔承老. "成宗元年 爲正匡行選官御事上柱國 時王求言 承老上書曰 …… 我朝侍衛軍卒 在太祖時 但充宿衛宮城 其數不多 及光宗信讒 誅責將相 自生疑惑 增益軍數 簡選州郡有風彩者入侍 皆食內廚 時議以爲繁而無益 至景宗朝 雖稍減削 洎于今時 其數尙多 伏望遵太祖之法 但留驍勇者 餘悉罷遣則人無嗟怨 國有儲積."

승로는 광종이 전국의 주군州郡에서 풍채가 있는 자를 골라 뽑아 시위군의 규모를 확대했으며, 이에 대해서는 이미 비판적인 의견이 제기되기도 했다고 밝혔다. 요컨대 강력한 왕권을 토대로 그동안 고식적인 병폐로 작용한 호족세력에 대한 전면적인 숙청을 시도했던 광종이 어떠한 연고에도 얽매이지 않는 각 주와 군의 신체 강건한 자들을 선발한 후 자신의 지지기반으로 활용하고자 친위군사력인 시위군을 크게 확대했던 것이다.

셋째, 경종대에 이르러 광종 후반기에 크게 확대된 시위군의 규모를 점진적으로 감축하는 작업이 추진되었지만 여전히 성종 즉위 이후에도 그 숫자가 상당한 규모에 달했다는 점이다. 이 때문에 최승로는 태조대의 법을 좇아 시위군에 대한 대대적인 정비를 건의한 것이다.

최승로의 상서문에서 확인할 수 있는 것은 고려초기 시위군졸의 존재 양태와 변화 과정, 즉 광종대에 크게 확대된 시위군이 경종대부터 점진적으로 감축되는 등 시위군에 대한 모종의 제도적인 정비가 이루어지고 있었다는 사실이다. 특히 최승로의 시위군졸 정비에 관한 의견은 중앙정치제도를 비롯한 성종대의 문물제도를 정비함에 있어 최승로의 건의가 큰 영향을 미쳤다는 기왕의 견해를 고려할 때 후일 나타나는 금군의 제도적 정비와 관련하여 유의할 필요가 있다.

지금까지 내군과 시위군졸 관련 자료를 통해 국초 친위군의 양상에 대해 살펴보았다. 그러면 이상의 논급된 내용을 염두에 두면서 이제부터는 태조대 이후 성종대에 이르기까지의 정국 동향 속에서 국왕 측근 군사력의 존재 양상에 관해 알아보고자 한다.

널리 알려져 있듯이 태조는 신라 말 송악松嶽 지방과 예성강禮成江 유역을 근거지로 성장한 호족 출신이다. 그러므로 후삼국기에 전국 곳곳에서 할거하고 있는 여러 호족들이 자신들의 독자적인 군사력을 보유했던 것처럼 그 역시 휘하에 일정한 규모의 독자적인 군사력을 거느리고 있었다.[32]

당연히 이들은 후삼국이 치열하게 쟁패를 되풀이하는 과정에서 태조의 직접적인 지휘하에서 핵심적인 군사력으로 기능하였다. 따라서 이들은 호족들의 휘하에 있었던 군사력[33]과 비교해 볼 때 상대적으로 태조에 대한 충성심이 강하였을 것이며, 태조의 직접적인 지휘-명령체계 속에 소속되어 있었다는 점에서 태조의 친위군이라고 할 수 있다.

다만 이러한 친위군으로 통칭되는 군사력도 그 임무나 위상이 반드시 전적으로 동일했던 것은 아니었다. 그 가운데 대부분은 태조의 친솔親率하에, 또는 군령권을 위임받은 지휘권자의 인솔하에 출전하여 적군을 상대로 직접 전투에 참여하는 야전군野戰軍적 성격을 지녔을 것이다.[34] 그러나 그중의 일부, 특히 효용한 군졸들을 주축으로 한 일부는 야전군으로서 전

---

32 태조대 중앙군의 규모에 대해서는 대개 『고려사』 권2 세가, 태조 19년 9월 갑오 조에 서술되어 있는 다음의 기사에 근거해서 파악하고 있다.

"秋九月 王率三軍 至天安府合 兵進次一善郡 神劒以兵逆之 甲午隔一利川而陣 王與甄萱觀兵 以萱及大相堅權 · 述希 · 皇甫金山 · 元尹康柔英等 領馬軍一萬 支天軍大將軍元尹能達 · 奇言 · 韓順明 · 昕岳 · 正朝英直 · 廣世等 領步軍一萬 爲左綱 大相金鐵 …… 元尹萱良等 領馬軍一萬 補天軍大將軍元尹三順 …… 昕繼等 領步軍一萬 爲右綱 溟州大匡王順式 …… 元甫仁一等 領馬軍二萬 …… 祐天軍大將軍元尹貞順 · 正朝哀珍等 領步軍一千 天武軍大將軍元尹宗熙 · 正朝見萱等 領步軍一千 杆天軍大將軍金克宗 · 元甫助杆等 領步軍一千 爲中軍 ……."

李基白과 洪承基는 위의 사료에 보이는 支天軍, 補天軍, 祐天軍, 天武軍, 杆天軍 등 5개의 군단명을 태조대 편성된 중앙군으로 추측하였다(李基白, 앞의 글, 1956 ; 앞의 책, 1968, 51쪽 ; 洪承基, 「高麗 초기 中央軍의 組織과 役割」, 『高麗軍制史』, 육군본부, 1983, 28~31쪽). 특히 李基白은 5군 가운데 중군을 구성한 祐天軍, 天武軍, 杆天軍 등이 친위군으로 이것이 후일 응양군, 용호군의 2군을 형성하는 機緣이 되는 것이 아닌가 짐작한 바 있다. 이에 반해 鄭景鉉은 앞서 지적하였듯이 이들 5군을 태조 19년 후백제와의 전쟁을 앞두고 한시적으로 등장한 상징적인 명칭들로 보았다(정경현, 앞의 논문, 38쪽).

33 호족 휘하의 군사력도 반드시 그 성격이나 위상이 동일한 것은 아니었다. 예컨대 溟州 호족인 王順式의 경우를 보면, 아들인 長命과 小將인 官景이 인솔해서 개경에 와서 숙위한 600명과 왕순식이 인솔하여 神劍과의 전투에 참전했던 3,000명은 서로 다른 성격으로 보아야 한다. 후자가 왕순식의 독자적인 지휘하에 놓인 것이라면, 전자는 그러한 독자성이 희석된 것으로 보아야 하기 때문이다. 그래서 사료에는 전자를 '숙위'한 존재로 기록하였던 것이다. 그렇더라도 이들은 태조의 직접적인 지휘하에 놓인 군사력과는 엄연히 구별되어야 한다.

34 물론 태조의 직접 지휘하에 있는 장군들이 군령권을 위임 받아 지휘하는 경우가 많았을 것이다.

투를 주목적으로 하기보다는 태조를 지근거리에서 시위·호종하는 역할을 수행했을 것으로 생각된다. 이같이 태조의 지근거리에서 시위·호종을 맡았던 후자가 바로 최승로가 말한 태조대의 시위군졸일 것이며, 이들이 금군의 인적 성분이 되었을 것이다.

그런데 호족들의 광범위한 지지 아래 권력을 장악한 태조의 정치적 지위는 권력구조상 그가 차지하는 외형상의 위치에도 불구하고 실제로는 그다지 확고하지 못했다. 고려가 건국된 이후에도 여전히 호족 휘하에 사병 성격을 지닌 군사력이 존재했던 점이나, 앞서 언급한 환선길의 사례처럼 건국 이후 반란사건이 빈번하게 발생한 점 등은 이런 사실을 잘 보여준다. 이에 태조는 왕권에 대한 호족세력의 도전을 원천적으로 봉쇄하는 한편, 상호 간의 영속적인 결속관계를 맺기 위한 방편의 하나로 정략적인 혼인정책을 적극적으로 추진하였다. 그리고 각 호족들의 지위에 상응하는 경제적인 혜택을 제공함으로써 그들과의 유대관계를 확고히 하는 등 다양한 정책을 폈다. 이러한 시대적 상황은 태조로 하여금 직접적인 지휘 아래에 놓인 군사력을 강화하는 한편 궁극적으로 자신의 안전을 보장하고, 국왕의 권위를 담보해 주는 시위군졸의 확대에도 깊은 관심을 갖게 했을 것이다.[35]

한편 태조가 사망한 직후 왕권강화를 위해 광종이 실시한 일련의 정치적 시도들이 단행될 때까지도 고려전기의 정국은 여전히 왕위계승을 둘러싸고 격렬하게 전개되는 권력투쟁으로 말미암아 정변이 수차례 되풀이되었다. 그 결과 태조대 이래로 한동안 이어져왔던 정국질서의 보합적 균형은 여지없이 붕괴되고 말았다. 그리하여 그동안 자신들의 영향력을 간헐

---

35 洪元基의 연구는 고려전기 정국의 변화 속에 나타나는 친위군의 성격을 시기별 추이에 따라 비교적 자세하게 정리하고 있어 크게 참조된다(洪元基, 「高麗 二軍·六衛制의 性格」, 『韓國史研究』 68, 1990). 그러나 친위군을 일괄적으로 묶어 검토하였기 때문에 그 가운데서 특히 시위와 호종을 담당한 '시위군'을 나누어 보려는 뚜렷한 문제의식은 발견되지 않는다.

적으로 드러내고 있던 몇몇 호족들은 혜종, 정종으로 이어지는 왕위계승 과정에서 그들이 가지고 있는 군사력을 토대로 왕권에 대해 끊임없는 공세적 위협을 감행하여 정권의 향배에 지대한 영향력을 행사했다.

사실 태조는 이미 재위 기간 중에 자신이 사망한 후에 발생할지도 모를 정국의 동요를 예상하고 이를 미연에 막기 위해 호족세력 중 자신의 심복이었던 박술희朴述熙에게 혜종의 정치적 후견인이 되어 줄 것을 요청하기도 했다. 그러나 혜종은 근본적으로 왕실 내에서 차지하는 위상이 열약하고 세력기반이 취약했으며 정치적 경륜도 부족했기[36] 때문에 왕규王規를 비롯한 외척세력과 호족들의 광범위한 지지를 받고 있던 이복동생인 요堯·소昭의 도전이라는 큰 벽을 뛰어넘을 수가 없었다.[37] 특히 혜종은 왕규의 직접적인 지시하에 광주원군廣州院君을 왕으로 추대할 목적으로 이루어진 2차례의 암살미수사건을 겪으면서도 그에 대한 책임추궁을 하지 못하고 갑사甲士에게 자신을 호위하게 하는 정도로만 그친 사실[38]은 이 시기 친위군의 성격을 엿볼 수 있게 해준다.

이때 혜종의 신변 경호를 맡은 갑사는 그 편제나 병력 규모가 분명히 드러나지는 않지만, 적어도 왕규의 위협에 대해 혜종이 자위自衛하기 위해 측근에 배치한 친위군임이 분명하다. 그리고 왕규의 역모행위를 강하게 추궁하지 않은 점이나 지근에서 혜종을 시위한 갑사가 주로 외가인 나주羅州 오씨吳氏 출신과 연결된 박술희세력과 진천鎭州(지금의 충청북도 진천) 출신의 임희林曦세력 등에서 차출된 것으로 미루어 볼 때[39] 국왕의 경호를 담

36 洪元基, 앞의 글, 45~46쪽.

37 혜종대의 정국 동향에 관해서는 다음의 글이 참고된다.
瀨野馬態, 「高麗惠宗朝の內亂」, 『史學雜誌』, 1926 ; 河炫綱, 「高麗 惠宗代의 政變」, 『史學硏究』 20, 1968 ; 姜喜雄, 「高麗 惠宗朝 王位繼承亂의 新解釋」, 『韓國學報』 7, 1977 ; 黃善榮, 「高麗 惠宗代의 政變과 定宗의 王位繼承」, 『高麗初期王權硏究』, 동아대학교 출판부, 1988.

38 『고려사』 권2 세가 혜종 2년 ; 『高麗史節要』 권2, 혜종 2년.

39 이기백 외, 『崔承老上書文硏究』, 일조각, 1993, 39쪽.

당한 친위군이 얼마나 열악했는지를 알 수 있다.

혜종대 왕위계승을 둘러싸고 발생한 권력투쟁은 왕규가 제거된 이후 정종이 왕위에 등극함으로써 일단락되었다. 그러나 정종 역시 재위 4년이라는 비교적 이른 시기 그의 절대적 정치 후원자였던 대광大匡 왕식렴王式廉이 죽고 난 직후 병사病死하고 말았다. 특히 정종의 죽음은 군사적 기반을 잃어 더 이상 정권을 온전하게 유지할 수 없는 한계상황에서 발생한 것으로서 친위군사력이 매우 열악했음을 보여주는 것이라 하겠다.[40]

이상에서 살펴보았듯이 태조의 왕위를 승계한 혜종, 정종대는 호족들의 끊이지 않는 발호 속에서 왕권이 수세에 몰리면서 왕권을 강화해 정국을 재편하려는 새로운 국면의 전환을 시도해 보지도 못한 시기였다. 그럼으로써 고려전기 정국의 동요는 더욱 가속화되었다. 혜종, 정종대의 왕위계승을 둘러싸고 나타난 정치적 갈등에서 주목되는 점은 이 시기 정국주도의 외형적 주체였던 혜종과 정종이 왕권직속의 군사력을 충분히 확보하지 못하고 있었다는 것이다. 이에 따라 국왕의 친위군은 태조대와는 달리 왕권의 실질적인 무력적 기반으로 작용할 수 없었다.[41]

고려전기의 정국질서가 획기적으로 수립된 때는 광종대였다. 그는 앞서 혜종과 정종대에 드러난 정변을 통해서 왕권을 위협하는 호족세력들을 척결하지 않고서는 진정한 의미의 왕권 확립을 할 수 없다는 사실을 절감했다. 그래서 그는 호족세력을 제거함으로써 왕권을 정립하기 위해 먼저 광종 7년 이후 노비안검법奴婢按檢法을 비롯한 과거제도, 백관百官의 공복제도公服制度 실시 등 일련의 제도적인 정책을 지속적으로 추진해 나갔다. 그리고 대대적인 시위군 확충 작업도 전개하였다.

그리하여 광종은 전국의 주군에서 풍채가 뛰어난 인물들을 간선簡選하

---

40 洪元基, 앞의 글, 47쪽.

41 洪元基, 앞의 글, 46~47쪽.

여 그들로 하여금 궁궐에 주둔하면서 국왕을 시위하게 하였다. 이때 단행된 시위군 확충작업의 실태는 구체적으로 전모를 파악할 수 없지만, 무엇보다 선발대상의 범위가 전국적이었다는 점에서 상당한 정도의 친위군이 정비 · 강화된 것으로 추측된다. 이렇게 확대된 시위군은 경종조에 이르러 점차 축소되기는 하지만, 경종 5년 발생한 한 차례의 모반에도 불구하고 광종이 수립한 왕권강화정책은 이 시기까지 어느 정도 돈독하게 유지되었던 것으로 파악된다.

한편 금군에 대한 본격적인 제도적 조치는 고려의 문물제도와 군사제도가 전반적으로 정비된 성종대에 이르러서야 실현된 것으로 추측된다. 그러나 유감스럽게도 성종대를 전후한 시기의 사료 가운데 금군의 성립을 명백하게 보여주는 직접적인 자료는 확인할 수 없다. 그래서 필자는 금군을 구성하고 있던 몇몇 개별부대의 흔적을 통해 성립 경위를 역추적해 보고자 한다.

후술하겠지만, 그동안 금군 내의 개별부대 가운데 중금군의 존재를 간과함에 따라 처음 주목된 부대로는 견룡군을 꼽을 수 있다. 사료에서 견룡군의 존재가 최초로 발견되는 시기는 숙종대이다. 다음의 자료를 보자.

A-1. 무자에 관풍전에 행차하였다가 회복루로 돌아와 견룡관에게 활을 쏘라고 명령하였다.[42]

A-2. 임오 삭에 왕이 우타(라는) 하천 들판에 이르렀을 때 호랑이가 갑자기 나타나자 시봉군(왕의 측근에서 경계를 담당한 군사)에게 이를 물리치라고 명하였다. 견룡교위 송종소가 쫓아가 잡아 죽여 종소에게 옷 한 벌을 하사하였다.[43]

---

42 『고려사』 권11 세가, 숙종 7년 9월. "戊子 幸觀風殿 還御會福樓 命牽龍官射."

43 『고려사』 권11 세가, 숙종 7년 11월. "壬午朔 王次牛陁川野 有虎突出 命侍奉軍 逐之牽龍校尉

A-3. 경신에 왕이 제연(이라는) 언덕에 이르러 헤엄을 잘 치는 금군 5명에게 명령하여 옛날 사다리 터를 찾게 하니…….[44]

먼저 사료 A-1은 숙종이 회복루會福樓로 돌아와 견룡관에게 활을 쏘게 지시했다는 것인데, 여기서 보이는 견룡관은 '견룡군의 군관牽龍軍 軍官'으로 생각된다. 여기서는 우선 견룡관이 국왕을 최측근에서 수종했음을 알 수 있는데, 이는 견룡군의 성격이 국왕 측근의 군사력이라는 점과 상통한다. 그리고 국왕이 활을 쏘도록 명하고 있는 것은 견룡관이 군관이었음을 시사한다. 그리고 사료 A-2에서는 국왕의 시봉군으로 표현된 측근 군사조직 속에 견룡교위가 포함되어 있었음을 알 수 있다.

이러한 사례들은 숙종 7년(1102) 당시에 국왕의 측근 군사조직으로 이미 견룡군이 설치되어 있었음을 의미하는 것이다. 그런데 사료 A-3에서는 왕을 따른 군사들을 금군으로 표현하였다. 이 금군이 구체적으로 어떤 군사조직을 의미하는지는 분명하지 않지만, 이 가운데 견룡군도 포함됨은 사료 A-1 · A-2에서 쉽게 짐작할 수 있다.

그러나 견룡군이 사료에서 처음으로 보이는 것이 숙종대임을 근거로 일부 논자는 견룡군의 제도적 성립 시기를 숙종대로 파악하기도 하였다.[45] 그러나 견룡군이 금군의 한 개별부대였다는 점에서 이러한 견해는 금군의 성립 문제를 둘러싸고 또 다른 논의를 불러일으킬 수 있는 여지가 있어 세심한 주의가 필요하다. 비록 직접적인 사료는 아니지만, 아래의 사료를 보면 금군의 제도적 성립 시기가 좀더 소급되어야 옳을 것으로 생각된다.

宋宗紹 搏殺之 賜宗紹衣一襲."

44 『고려사』 권11 세가, 숙종 7년 8월. "庚辰 王至梯淵岸 命善泅禁軍五人 尋舊梯基 ……."

45 金洛珍, 「牽龍軍과 武臣亂」, 『高麗武人政權硏究』, 서강대학교출판부, 1995, 13~15쪽.

목종이 최항을 시켜 강조에게 말을 요청하니 1필을 보냈다. 또 민가에서 (말) 1필을 취하여 목종과 태후가 말을 타고 선인문으로부터 나와 충주로 향하다 적성현에 도착하니 강조가 상약직장 김광보를 보내 독을 올렸다. 그러나 목종이 마시기를 거부하였다. 김광보가 왕을 따르는 중금 안패 등에게 "강조가 말하기를 만약 독을 올리지 못하면 중금군사를 시켜 큰일을 행하게 하고, 자결하였다고 보고하라고 했다. 그렇게 하지 않으면 나와 너희들이 모두 죽는다"라고 하였다.[46]

위의 사료는 목종 12년(1009)[47] 왕의 적성현積城縣 행차 때 강조康兆가 왕의 살해를 기도했던 내용을 보여주고 있다. 이에 따르면 강조는 일차로 상약직장尙藥直長 김광보金光甫를 시켜 왕의 독살을 시도하게 하고, 실패할 경우 재차 중금군사中禁軍士에게 국왕을 시해하게 하고 스스로 자결했다고 보고하게 하였음을 알 수 있다.

그런데 위의 사료에 나타나는 이러한 일련의 사건 전개 과정에서 주목되는 것이 왕을 곁에서 시종한 중금 안패安覇와 중금군사의 존재이다. 물론 당시의 중금 안패의 군관직은 알 수 없지만, 고려의 금군 조직 가운데 중금군이 하나의 계열부대로 존재하고 있었던 점에[48] 비추어 볼 때 그가 중금군을 지휘한 군관이었으며 중금군사는 여기에 소속된 병졸집단을 가

46 『高麗史』 권127 열전 康兆. "穆宗 使沆請馬於兆 送一匹 又於人家 取一匹 穆宗及太后 乘之 出自宣仁門 向忠州 行至積城縣 兆遣尙藥直長金光甫進毒 穆宗不肯飮 光甫謂隨從中禁安覇等曰 兆言若不能進毒 可令中禁軍士 行大事 報以自刃 不爾吾與若等俱族矣……."

47 위의 사료에는 사건이 발생한 정확한 시기가 기록되어 있지 않으나, 『고려사절요』에서 목종 12년임이 확인된다(『고려사절요』 권2, 목종 12년 2월).

48 중금군이 금군의 한 계열부대라는 점은 기왕에 지적되었다(金塘澤, 「武臣政權時代의 軍制」, 『高麗軍制史』, 陸軍本部, 1983, 275쪽). 그는 견룡군, 중금, 도지, 백갑, 공학군, 순검군, 내순검군 또한 금군을 구성한 부대로 보았다. 반면 周藤吉之는 『詳定禮文』의 儀仗 가운데 견룡군과 순검군이 백갑대, 중금반, 도지반과 함께 빈번하게 발견된다고 하면서 그 가운데 후자들은 일반 금군과는 다른 형태로 편성되어 있다고 하였다(周藤吉之, 「高麗前期の鈴轄・巡檢と牽龍」, 『高麗朝官僚制の研究』, 東京 : 法政大學出版局, 1980, 535쪽).

리키는 것임이 분명하다.

이로써 적어도 목종 12년 당시에 이미 중금군이 존재했음을 확인할 수 있다. 그리고 목종 12년 당시에 중금군이 금군조직의 한 계열부대로 존재했다면, 이 시기 견룡군 역시 존재했을 가능성이 크다. 왜냐하면 견룡군과 중금군은 각각 그 임무를 달리하는 금군조직의 구성부대이기 때문이다.[49]

더구나 12개월 뒤에 있었던 현종의 남행南行에 관한 사료에서도 금군의 존재를 확인할 수 있다.

> 지채문은 봉주 사람으로 현종 원년(1010)에 중랑장에 임명되었다. 왕이 거란군이 이르렀다는 소식을 듣고 채문을 보내 군사를 데리고 화주에 주둔하여 동북을 방비하도록 하였다가 강조가 패함에 …… 이날 밤에 왕이 후비 및 이부시랑 채충순 등과 함께 금군 50여 명을 인솔하고 도성을 빠져 나와 적성현에 위치한 단조역에 이르렀다. 이때 병졸 견영이 역인(역에서 일하는 사람)과 더불어 활을 겨누며 왕의 행렬을 침범하고자 하였다. 채문이 달려가 이들을 향해 활을 쏘자 적들이 달아나며 흩어졌다 …….[50]

위의 사료에서 현종 원년 거란이 침입해 국왕을 비롯한 왕실세력이 남행하는 과정에서 그를 호종한 금군의 존재를 확인할 수 있다.[51] 물론 전란으로 인한 황망 중의 행차였으므로 금군의 수가 50인에 불과하고 지휘체계도 확연하게 드러나지는 않지만, 이 시기에 이미 국왕을 호종하는 측근 군사력인 금군이 조직되어 있었음은 알 수 있다. 다만 이 금군이 금군의

---

49 宋寅州, 「高麗時代의 禁軍」, 『한국중세사연구』 3, 1996.

50 『고려사』 권94 열전 智蔡文. "智蔡文 鳳州人 顯宗元年 補中郎將 王聞契丹兵至 遣蔡文 將兵鎭和州 以備東北 及康兆敗 …… 是夜 王與后妃及吏部侍郎蔡忠順等 率禁軍五十餘人 出都 行至積城縣丹棗驛 武卒堅英與驛人 張弓矢 將犯行宮 蔡文馳射之賊徒奔潰……."

51 위의 사료에는 정확한 시기가 드러나 있지 않지만, 『고려사절요』를 통해 원년 12월임을 알 수 있다(『고려사절요』 권3, 현종 원년 12월 辛未).

구성부대 가운데 무엇이었는지는 구체적으로 알 수 없다.

그러나 이러한 금군의 존재는 견룡군을 비롯한 금군의 구성부대들이 제도적으로 이미 성립되어 있었음을 시사해 주는 것이라고 판단된다.[52] 더욱이 이와 관련하여 앞의 사료 A에서 숙종대에 견룡군이 분명히 설치되어 있었고 이를 금군으로 표현하기도 했던 사례를 참조할 수 있다.

결국 견룡군이 사료에서 처음 보이는 시기가 숙종대라고는 하지만 몇몇 자료에서 나타난 목종대 중금군과 현종 원년 금군의 존재 등을 통해 금군이 제도적으로 정비된 시기를 그보다 소급하여 살펴볼 필요가 있음을 알 수 있다. 이때 필자가 제일 주목하는 시기는 성종대이다. 기왕의 지적처럼 고려초기의 독특한 정치체제인 3성 6부제가 성종대에 이르러 왕권이 강화되고 왕조 기반이 확립됨에 따라 그에 적합한 정치기구로의 개편이 요구되었고 이에 당제唐制를 본따 만들어진 것으로 파악되고 있기 때문이다.[53] 이는 결국 고려의 문물제도, 특히 관제정비의 측면에서 볼 때 이 시기에 집권체제를 확립하기 위한 일환으로 중앙행정체제의 정비가 대대적으로 단행되었음을 말해주는 것이라 하겠다.

이처럼 성종의 유교적 질서에 입각한 왕권강화는 군사조직의 설치 및 강화와 맞물리면서 구축되었다.[54]

성종대의 유신儒臣 최승로는 성종 원년 당시에도 시위군의 수가 많아 번

52 물론 금군을 구성한 개별 군사조직들이 일시에 조직되었음을 입증할 만한 자료는 없다. 내순검군이 의종 21년 왕권강화책의 하나로 신설된 점으로 미루어 보아 여타의 개별 단위부대들 역시 금군 정비 과정의 연장선상에서 시기를 달리하며 개별적으로 분화·성립된 것으로 이해할 만한 개연성도 없지는 않다. 그러나 여복지, 예지 등의 자료에 목종대 중금군이 견룡군, 도지 등과 더불어 內外儀仗의 역할을 수행한 흔적이 다수 보이므로 필자는 일단 금군에 소속된 여러 부대들이 성종대의 정비 과정에서 대대적으로 조직된 것으로 보고 논지를 전개하고자 한다.

53 『고려사』 권76 백관지1 序文.

54 李基白, 『한국사』 5, 국사편찬위원회, 1983.

잡하고 무익하다는 여론에 근거하여 시위군에 대한 일대 개편을 주장하였다. 그리고 성종은 최승로의 이러한 건의를 즉각적으로 수용했던 것으로 보인다.[55] 그리하여 날쌔고 용감한 자를 제외한 나머지 시위군은 향리鄕里로 방환放還되었다. 또한 이러한 점은 성종 3년의 군인의 복색제정[56] 및 9년경의 좌우군영左右軍營 설치[57] 등이 최승로의 시위군 감축 건의를 받아들여 성종 원년 단행된 금군조직의 제도정비를 위한 정책이 구체적으로 실현되는 과정에서 비롯된 추가 조치라는 데서도 어느 정도 엿볼 수 있다.

그러면 성종대의 시위군 개혁은 과연 수적 감축에만 한정되는 것이었을까? 일반적으로 국왕 측근의 군사력이 왕권의 안정을 위해 어느 시대에나 필요한 것이었음을 감안하면, 위의 시위군 감축 주장은 시위군을 정예화하고 체계를 갖추어야 한다는, 즉 제도적인 정비작업을 건의한 것으로 이해하는 것이 옳다. 그리고 이를 성종이 수용했다는 것은 금군조직을 대상으로 한 제도적 정비작업이 대대적으로 전개되었음을 의미하는 것이라고 생각된다. 이상에 논급한 사실들을 고려할 때 금군은 성종대에 이르러 온전한 제도적인 모습을 갖추면서 새로운 형태의 진화된 친위군 부대로 변

---

55 이 문제에 대해서 李基白은 시위군의 감축조치가 성종 7년에 이루어진 것으로 보았고(李基白, 앞의 글, 1956, 64~65쪽), 洪元基는 성종 7년 군적자의 향리로의 방환조치를 최승로의 시위군 축소 건의를 받아들인 성종의 정책결정으로 파악했다(洪元基, 앞의 글). 그런데 『증보문헌비고』에는 최승로의 건의가 성종 원년에 수용되었음이 명기되어 있다(『증보문헌비고』 권111 兵考3 宿衛. "高麗 成宗元年 遵太祖舊法 減定侍衛數"). 물론 이 책이 2차 자료라는 사료상의 약점이 지적될 수 있지만 시위군의 정비시기를 구명하는 데 있어 열악한 사료의 현실적 어려움을 고려한다면 이를 더욱 적극적으로 활용해야 할 필요성이 있다.

56 李基白은 군인복색 제정의 의미를 군대를 규격화하여 부대 내부의 개별적인 통수권을 부인하는 한편 각 부대의 복색을 달리함으로써 그들의 임무를 표시하고자 한 것으로 파악하였다. 그리고 결과적으로 이 조치가 후일에 있을 새로운 부대 편성을 위한 기초 공작이라고 하였다(李基白, 앞의 글, 1956, 64쪽). 이에 반해 洪元基는 군인복색의 구별조치가 왕실 직속에 있던 시위군과 호족들의 영향 아래에 있다가 새로이 국가권력의 통제하에 편입된 종래의 사병들에 대한 구별과 임무분담을 위한 것이라고 하였다(洪元基, 앞의 글, 52쪽).

57 『고려사』 권81 병지1 五軍, 성종 9년 10월.

모한 것으로 파악할 수 있다.

2. 금군의 구성부대

수도지역 내·외곽에 대한 방어와 치안 및 궁궐의 숙위를 수행하며 황제의 명령을 받는 군사조직을 의미하는 금군이라는 명칭은 역대 중국의 군사조직 가운데에서 명확히 찾을 수 있다. 황제의 직접적인 명령을 받는 금군의 존재는 한대漢代에 그 용례가 처음으로 확인된다.[58] 일반적으로 금군은 황제의 측근에서 경호하는 근위부대近衛部隊로서 금위군禁衛軍, 근위군近衛軍, 또는 천자天子의 친병親兵과 위병衛兵이라는 의미에서의 친군親軍, 금군禁軍, 금위禁衛 그리고 숙위 업무를 장악하고 있다는 점에서 친위군親衛軍 등으로 다양하게 일컬어졌고,[59] 그 성격이나 소속부대의 범주 등도 시대적 변천에 따라 상당한 변모를 거듭하였다.

예컨대 당唐나라의 부병제府兵制 아래에서 금군은 중앙군과 지방군의 구별 없이 황제에 직속된 포괄적인 군사조직을 의미한다.[60] 또한 오대五代에는 금군이 지방군에 대칭되는 경군京軍, 즉 중앙군만을 의미한다.[61] 특히 오대의 금군은 중앙군 내에서도 계열이 구분되어 6군六軍과 시위친군侍衛

---

58 安俊光, 「北宋軍事制度硏究」, 경북대학교 박사학위논문, 1990, 9쪽.

59 孫金銘, 『中國兵制史』, 臺北 : 國防硏究院出版部, 1960 ; 張其凡, 『五代禁軍初探』, 廣州 : 暨南大學 出版社, 1993.

중국사에서 금군이라는 명칭은 주로 황실 수비대 또는 황실 친위부대로 잘 알려져 있다. 이들 금군의 발전은 황제권의 권위와 전제화를 위한 조치와 궤를 같이하고 있으나 그 규모만으로는 皇家의 안전에 대한 확실한 보장을 약속받지는 못하였다. 때로는 금군이 잘 통제되지 않아 반란주도세력의 근위부대로 작용하여 황제의 교체를 초래하기도 했다.

60 日野開三郎, 「五代史の基調」, 『東洋史學論集』 권2, 1980, 275쪽.

61 菊池英夫, 「五代禁軍に於ける侍衛親軍の成立」, 『史淵』 권70, 1956, 5쪽.

親軍의 이원적으로 구성되었고, 그 가운데 금군의 주력부대로서 성장한 시위친군의 예하에는 여러 개별 군사조직들이 편제되어 있었다.[62]

이후 송대宋代에 이르러 군주독재체제를 확립하는 과정에서 금군 역시 체계적으로 정비되었고 이는 곧 전체 국군國軍을 대표하게 되었다. 또한 금군을 구성한 다양한 개별부대들은 송대의 양대兩大 군정기관인 전전사殿前司와 시위사侍衛司 예하에 나뉘어 편제되어 있었으며, 군제의 변혁조치가 이루어진 시기마다 소속된 계열부대들의 증감 현상이 두드러지게 나타났다.[63]

지금까지 고려 금군의 구성부대를 파악하기 위한 예비 단계로서 금군이 보편화되어 있었던 중국의 사례에서 그와 관련된 일반적인 용례를 살펴보았다. 그 결과 금군이 지방군을 포함한 국가의 모든 정규적 군사조직을 총망라하는 의미로 쓰였다는 설과 중앙군만을 의미하는 하나의 군사조직이었다는 설 그리고 중앙군 내에서도 계통을 달리하면서 황제 측근의 시종숙위侍從宿衛를 전담한 개별군단을 지칭한다는 설 등 금군이라는 용어가 다양한 의미를 띠고 있음을 파악하게 되었다.

한편 고려왕조의 금군이라는 군사조직 내부에는 다양한 개별부대들이 편제되어 있었다. 그런데 이들 각 구성부대들을 파악하기 위해서는 무엇보다 금군으로 분류될 수 있는 부대들의 용례를 검토하는 작업이 필요하다. 다만 이때 먼저 유의해야 할 점은 관련 사료들이 무신집권기를 제외하면 시기적으로 거의 고려후기에 편중되어 있다는 사실이다. 더욱이 각종

---

62 張其凡, 「軍號篇」, 『五代禁軍初探』, 廣州 : 暨南大學 出版社, 1993 1~40쪽 ; 菊池英夫, 「五代禁軍に於ける侍衛親軍の成立」, 『史淵』 권70, 1956, 5쪽.

五代의 금군은 지방에 주둔한 금군과 근시숙위부대인 금군, 즉 시위친군의 두 유형이 있었는데 이 가운데 특히 시위친군은 정규 금군인 6군과는 별도의 부대로서 황제의 측근에서 시종숙위를 전담한 금군이었다(菊池英夫, 위의 글, 65쪽).

63 安俊光, 앞의 논문, 105~108쪽.

지志에 서술되어 있는 기사들은 대개 무편년체이기 때문에 다른 일반군사 조직은 물론이고 금군과 관련된 내용들은 더욱 그 실태를 파악하기가 어렵다.

중국 역대 정사正史의 병지兵志에는 금군이 하나의 항목으로 구분되어 있으며 그 임무에 따른 기능과 시대적 변천 과정이 비교적 구체적으로 서술되어 있다. 그에 비해 고려의 금군은 그 존재는 인정되지만,[64] 『고려사』 병지에조차 하나의 체계적으로 묶인 일괄사료로 정리되어 있지 않다.

고려시대 금군의 용례를 확인할 수 있는 자료로는 『고려사』 세가世家·열전列傳, 병지·여복지輿服志·예지禮志 및 『고려사절요高麗史節要』, 『졸고천백』, 금석문, 『증보문헌비고增補文獻備考』, 『조선왕조실록朝鮮王朝實錄』 등이 있다. 그런데 이들 여러 사료에서 금군의 용례는 극히 편린적인 형태를 띠면서 복잡·다양하게 나타난다. 특히 문헌상에는 금군의 개별부대들이 2군과 6위 소속의 부대들과 뒤섞여 서술된 경우도 있다.[65]

따라서 앞서 지적하였듯이 이들 자료에 나타나는 용례들을 면밀히 종합해서 검토한 것을 토대로 금군의 성격을 유추하여 중국의 정사인 『신당서

---

64 주) 44, 50의 사료 참조.

65 ① 『고려사』 권81 병지1 五軍, 숙종 원년 8월. "御東池射亭 召左僕射黃仲寶等及近仗六衛上大將軍 侍臣·中禁·都知 賜弓矢令射侯 御史中丞金景庸 先中鵠心 賜銀楪五事·廏馬一匹 其餘中者 皆有賜." ② 『고려사』 권129 열전 崔忠獻. "明宗二十六年 使碩崇 持首馳入京 梟于市 觀者驚譟 聲振都下 …… 忠獻·忠粹率兵 詣宮門 奏曰 賊臣義旼 曾負弑逆之罪 虐害生民 窺覘大寶 臣等 疾視久矣 今爲國家討之 但恐事泄 不敢請命 王慰諭之 仍請與大將軍李景儒·崔文淸等 討餘黨 遂與之坐市街 召募壯士響應 於是 諸衛將卒 亦皆畢集 膝行聽命 莫敢仰視 …… 時吉仁在壽昌宮 聞變急卽與將軍兪光朴公襲等 擅出武庫兵仗 以授禁軍宦官奴隷 凡千餘人 …… ." ③ 『고려사』 권129 열전 崔忠獻. "忠粹 明朝欲作亂 …… 王大驚卽命開門納之 使屯於毬庭 又發武庫兵仗 授禁軍以備 諸衛將軍亦率兵爭赴." ④ 『世宗實錄』 권49, 세종 12년 7월 壬子. " …… 左議政黃喜等 以爲中禁之任 御前通喝 其任匪輕 前此 必以容貌端正 聲音淸亮者 差定 非近仗比也 且其數止二十餘人 故去官最速 因此人多爭入 …… ." ⑤ 『고려사』 권69 예지11 嘉禮雜儀, 仲冬八關會儀, 坐殿受賀群臣獻壽. "…… 次左執禮官 承旨在上階 向殿揖 西向傳 兩部樂官 宣許上階 次傳近仗十人 宣許上階 兩部樂官 及衛仗壯士並山呼再拜 以次各升階 分左右 俱北上重行立 都知班升中階 白甲仗 升下階 分左右立 ……."

新唐書』, 『구당서舊唐書』, 『송사宋史』, 『요사遼史』, 『금사金史』, 『원사元史』 등의 병지 · 여복지 · 의위儀衛 등에 나타난 것과 비교하면 어느 정도 금군의 구성부대를 파악하는 작업이 가능할 것이다.

그러면 이상의 지적에 유념하면서 금군의 구성부대에 관해서 구체적으로 살펴보도록 하자. 금군의 명칭은 매우 다양하기 때문에 이에 관한 검토는 금군의 실체를 파악하기 위한 전제로서 매우 중요한 의미를 지닌다. 이는 금군이라는 용어가 고려시대의 관찬사서에 매우 포괄적이고 추상적인 의미로 표현되어 있어 그 실체를 파악하는 데 어려움이 많기 때문에 그들의 임무나 기능을 통하여 그 속에 내재된 개별 부대들을 파악해야 한다는 것을 의미하기도 한다.

고려시대 금군이라는 군사조직은 다양한 이름으로 일컬어지고 있었다. 이는 다음의 사료에서 살펴볼 수 있다.

B-1. 수창궁 북쪽 담에서 날아온 돌이 왕이 잠을 자는 북쪽 창에 떨어진 것이 3, 4회가 되었다. 이에 숙위가 모두 놀라며 출입이 통제된 담벼락 주변을 수색하였지만 끝내 (범인을) 잡지 못했다. 중방에서 "매일 밤 1명의 장군이 그 수하 군관을 데리고 궁성 문밖과 여러 요충지에 병사들을 (은밀히) 배치해 급박한 변고에 대비해야 합니다"라고 주청하여 이에 따랐다.[66]

B-2. 왕이 대관전에 나아가 여러 신하들의 축하를 받은 다음 의봉루로 (자리를) 옮겨 구정(대궐 내에 있는 마당)의 숙위군을 직접 위로하는 한편, 경비를 그만두고 돌아가라고 명령하였다.[67]

B-3. 왕이 건성사에 행차하자, 최우가 그 집 다락 위에서 왕의 가마 앞에 있는

66 『고려사』 권82 병지2 숙위, 명종 11년 7월. "自壽昌宮北垣 投石 抵御寢北牖者 三四 宿衛皆驚 巡索禁垣竟不得 重房奏請 每夜一將軍 領手下軍校 伏兵宮門外及諸要害處 以備警急 從之."

67 『고려사』 권21 세가, 신종 즉위년 9월 乙丑. "御大觀殿 受群臣賀 移御儀鳳樓 親勞毬庭宿衛軍 仍命罷歸."

공학군(금군 소속으로 의장군 역할을 한 부대)이 검은 모자를 쓴 것을 보고서는 "공학군 또한 근위인데 검은 모자를 쓰는 것은 마땅하지 않다"라고 하였다. 그로 인하여 아뢰어 요청하기를 "(왕을 곁에서) 수행한 공학군도 견룡(군)과 마찬가지로 금화 모자를 쓰게 합시다"라고 하니 이를 허락하였다. 법가행차가 아닌데도 금화 모자를 착용한 것은 이때부터이다.[68]

B-4. 김부윤의 처음 이름은 용성으로, 토산군 사람이다. 좌도지시위군에 소속되어 교위로 임명되었다. 충렬왕이 세자로서 원 나라로 갔을 때 부윤이 (세자를) 따랐다 …….[69]

B-5. 달달인(몽고인)을 3교대로 근무하는 홀치(고려에서 인질로 원나라에 보낸 고급 관료들의 자제들이 귀국 후 국왕의 최측근에서 경계근무를 담당하는 역할을 수행한 조직)에 나누어 배속하고 중국의 규례에 의거하여 각각의 근무를 3일 밤씩 번갈아가며 교대하게 하였다. 견룡 등의 여러 숙위도 이와 같이 하였다.[70]

먼저 위의 사료에는 금군의 역할 가운데 하나인 숙위가 있다. 그런데 숙위라는 용어는 역사적으로 매우 다양하게 사용되어 왔다. 먼저 자의적字義的으로는 "밤에 숙직해서 수호한다"라는 의미를 띠고 있다.[71] 그러나 일반적으로 숙위는 역사적 의미를 함축하고 있다. 한국사에서의 용례를 보면, 남북국시대에는 신라, 발해와 당의 국제관계 속에서 조공외교의 일환으로 전개된 다양한 기능을 수행한 존재에 대한 칭호로 사용된 바 있고,[72] 여·

68 『고려사』 권72 여복지1 儀衛, 凡法駕衛仗, 고종 12년 9월. "王幸乾聖寺 崔瑀 在其家樓上 望見駕前拱鶴軍着黑帽曰 此亦近衛 不宜着黑帽 因奏請盖陪拱鶴軍 依牽龍例 着金畵帽 從之 非法駕 着金畵帽 始此."

69 『고려사』 권107 열전 金富允. "金富允 初名用成 兎山郡人 隷左都知侍衛軍 補校尉 忠烈以世子如元 富允 從之……."

70 『고려사』 권82 병지2 숙위, 충렬왕 8년 5월. "以達達人 分屬忽赤三番 依中朝體例 令各番 三宿而代 牽龍等諸宿衛 亦然."

71 『大漢和辭典』 권3, 1039쪽.

72 申瀅植, 「新羅의 對唐交涉史에 나타난 宿衛에 대한 一考察」, 『歷史教育』 9, 1964 ; 「宿衛 學

원 외교에서는 뚤루게〔禿魯花〕라는 인질의 파견을 숙위라는 용어로 표현하였다.[73]

그렇지만 숙위는 대개 군사적 의미를 가진 용어로 사용되었다.[74] 『고려사』 병지 숙위 조를 검토한 이기백 역시 이를 숙직하며 궁성을 수호하는 것으로 이해하였다.[75] 필자 역시 이 책에서 숙위를 이와 같은 의미로 사용하고자 한다.

먼저 앞의 사료 A-2를 보면, 숙종 7년(1102) 국왕의 시봉군으로 표현된 측근 군사조직 속에 견룡교위牽龍校尉가 포함되어 있었음을 알 수 있다. 그런데 이 시기에는 왕을 따르는 군사들을 금군으로 표현하고 있다. 후술하겠지만, 이 금군이 구체적으로 어떤 군사조직을 의미하는지는 분명하지 않으나 이 가운데에는 견룡군도 포함되어 있었다.[76] 또한 위의 사료 B-1 · B-2는 금군이 담당한 임무 가운데 숙위의 성격을 잘 보여준다.

이뿐만 아니라 사료 B-2의 신종神宗이 궁궐 내에 위치한 의봉루儀鳳樓에 행차하여 구정毬庭에서 활동하는 숙위군宿衛軍을 직접 위로한 후 이어 숙위임무를 혁파하고 돌아가게 지시한 사실에서 숙위군에 대한 국왕의 관심이 각별하였던 것을 알 수 있다. 이들 숙위군은 정체가 명확하게 드러나지 않지만, 사료 B-5의 "견룡 등 여러 숙위〔牽龍等諸宿衛〕"라는 데서 확인할

生考」, 『歷史教育』 11 · 12합, 1969.

73 梁義淑, 「麗 · 元宿衛考」, 『東國史學』 27, 1992 ; 「高麗 禿魯花에 대한 硏究」, 『素軒南都泳博士古稀紀念歷史學論叢』, 1993 ; 張東翼, 『高麗後期外交史硏究』, 一潮閣, 1994, 169~172쪽.

74 다음의 사료들에서 이 점은 잘 드러난다.

①『三國史記』 권24 百濟本紀2, 古爾王 27년 정월. "衛士佐平 掌宿衛兵事." ②『고려사』 권76 백관지1. "密直司掌出納宿衛軍機之政 成宗十年 兵官侍郎韓彦恭使宋還奏 宋樞密院 卽我朝直宿員吏之職 於是 始置中樞院." ③『太祖實錄』 권7, 4년 5월 庚戌. "俾甲士專委宿衛以嚴 宮禁." ④『舊唐書』 권44 志24 職官3 武官. "凡宿衛 內廊閤門外 分爲五仗 皆坐于 東西廊下." ⑤『元史』 권99 兵志 宿衛. "宿衛者 天子之禁兵也 元制宿衛諸軍在內 而鎭戍諸軍在外 內外相維 以制輕重之勢 亦一代之良法哉."

75 李基白, 앞의 책, 35쪽.

76 宋寅州, 「高麗時代의 牽龍軍」, 『大丘史學』 49, 1995.

수 있듯이 견룡을 위시한 금군의 개별부대임이 분명하다고 보인다.

그런데 금군은 그와 유관한 다른 명칭으로도 일컬어졌다. 그 예로 앞서 인용한 사료 A-2에서 금군인 견룡을 시봉군이라 지칭한 점, 사료 B-3에서 공학군拱鶴軍을 '근위近衛'라고 일컬은 점, 그리고 사료 B-4에서 '좌도지시위군左都知侍衛軍'이라 하여 금군의 한 갈래인 도지都知를 시위군으로 일컬은 점 등의 몇몇 사례가 있다.

따라서 숙위가 금군이 수행한 가장 중요한 기능 중의 하나였으며(B-5),[77] 일반적으로 금군은 그 기능과 임무에 따라 시봉군(A-2), 숙위군(B-2), 근위(B-3), 시위군(B-4) 등 다양한 명칭으로 지칭되기도 하였음이 저절로 드러난다.

다음으로 금군을 구성한 각 개별부대들의 용례를 검토하여 여기에 포함되는 군사조직들의 편제 실태에 관해서 알아보자.

금군에 포함되는 대표적인 군사조직으로는 먼저 견룡군을 들 수 있다. 견룡 혹은 견룡군이라는 칭호는 기왕의 연구에 따르면 중국의 오대와 송대의 관료조직 가운데서 처음 나타났음이 제시된 바 있다. 즉 후진後晋의 견룡관牽攏官은 산종散從·승부承符·보탐관步探官 등과 함께 각 주현州縣에 파견되어 절도사節度使에 속해 공적인 업무를 감독하였고, 후량後梁의 견룡관은 절도사 소속의 십장十將이라고 하는 하급장교로서 사원영내寺院領內에서 산림山林을 돌아다니며 감시하는 임무를 담당하였다. 특히 송대의 견룡관은 친종관親從官의 사행使行 때 충원된 관원을 의미한다.[78]

한편 고려의 견룡군은 견룡, 견룡관, 견롱관, 견룡군牽攏軍, 견룡반牽龍班 등으로 기록되어 있으며, 그 임무에 따라 어견룡반御牽龍班, 호련견룡반護輦牽龍班 등의 다양한 명칭으로도 나타나 있다.

---

77 숙위는 금군인 견룡군의 주요한 임무 중 하나였다.

78 周藤吉之, 앞의 글, 521~522쪽.

C-1. 기탁성은 행주 사람이다. 용모와 거동이 아름답고 활을 잘 쏘고 말타기를 잘하였다. 처음 교위에 임명되었다가 의종이 말 달리는 것과 격구를 좋아해 견룡으로 발탁하여 항상 곁에 두었다. 권력자들을 잘 모셔 이른 시일 안에 위장군에 올랐다.[79]

C-2. (의종) 21년 (김)돈중을 좌승선에 임명하였다. 연등회 저녁에 왕이 봉은사로 갔다가 밤에 관풍루로 돌아오는데 돈중의 말이 평소 조련되지 못한 탓에 징과 북을 치는 소리를 듣고 더욱 놀라 날뛰었다. 그러던 중 갑자기 어느 기사(말을 타고 있는 병졸)의 화살통과 부딪혀 화살이 쏟아져 나와 왕의 수레 옆에 떨어졌다. 돈중이 미처 자백할 틈도 없이 왕은 경악하며 (이는 자신을 살해하기 위해) 어디에서인지 모르게 날아온 화살이라고 여겨 의위에게 산선(왕이 거동할 때 왕 앞에 세운 부채)으로 수레를 가리게 한 후 말을 급히 몰아 궁궐로 돌아와 궁성의 경계를 엄격히 하게 했다. …… 그리고 왕의 신변 경호를 철저히 하지 못한 이유를 들어 견룡 · 순검의 지유 14명을 유배보냈다.[80]

C-3. (의종) 24년 왕이 화평재로 행차하였는데 그곳에서 가까이 행차한 문신들과 함께 술을 마시고 시를 읊으며 돌아갈 것을 잊었다. (이 와중에 이들을) 곁에서 수행한 장사들은 매우 굶주려 있었다. (이때) (정)중부가 소변을 보려고 나가니 견룡행수인 산원 이의방과 이고가 뒤따라 와서 비밀리에 중부에게 "문신은 의기양양하게 술에 취하고 배불리 먹고 있는데 무신들은 모두 굶주려 피곤해하니 이를 어찌 참을 수 있겠습니까?"라고 했다. 그러자 중부도 일찍이 수염을 태운 감정이 있는지라 "그렇다"라고 말한 이후에 드디어 흉악한 계획을 꾸몄다.[81]

---

79 『고려사』 권100 열전 奇卓誠. "奇卓誠 幸州人 美容儀善射御 初補校尉 毅宗好馳馬擊毬 擢爲牽龍 常在王側 善事權貴 驟遷衛將軍 ……."

80 『고려사』 권98 열전 金富軾 附 敦中. "(毅宗) 二十一年 敦中拜左承宣 燈夕 王如奉恩寺 夜還至觀風樓 敦中馬素不調 聞鉦鼓聲益驚 突觸一騎士矢房 矢躍出落輦傍 敦中 不遑自首 王驚愕 以爲流矢 以儀衛繖扇擁輦 疾馳還宮 宮城戒嚴 …… 又以禁衛不謹 流牽龍 · 巡檢指諭十四人."

81 『고려사』 권128 열전 鄭仲夫. "(毅宗) 二十四年 王 幸和平齋 又與近幸文臣 觴詠忘返 扈從壯士 飢甚 仲夫出旋 牽龍行首散員李義方 · 李高 從之 密語仲夫曰 文臣得意醉飽 武臣皆飢困 是可

C-4. (고종이) 묘통사에 행차하였다. 가마가 절의 문 밖에 이르렀을 때 말이 놀라자 왕이 땅에 떨어졌다. 지어사대사 왕유는 견룡행수가 왕의 수레를 제대로 뒤따르지 못했다 하여 옥에 가두었고 어사대부 차주는 다만 견룡 2명을 탄핵하거나 파직하였다.[82]

먼저 견룡군의 성격을 이해하기 위한 논의의 편의상 앞 절의 금군의 성립문제에서 검토한 사료 A-1 · A-2 · A-3에 관해 재론하고자 한다. 앞서 언급한 자료 A-1은 숙종이 회복루에서 견룡관에게 명령하여 활을 쏘게 했음을 보여준다. 그리고 이 견룡관은 '견룡군 소속의 군관'으로 생각된다. 우선 견룡관이 국왕을 측근에서 수종했음을 알 수 있는데, 이는 견룡군의 성격이 국왕 측근의 군사력이라는 점과 상통하며, 또 국왕이 활을 쏘도록 명하고 있는 것은 견룡관이 군관이었음을 시사한다. 그리고 사료 A-2에서는 국왕의 시봉군으로 표현된 측근 군사조직 속에 견룡교위가 포함되어 있음을 알 수 있다.

이러한 사례들은 숙종 7년(1102) 당시에 국왕의 측근 군사조직으로서 금군 내의 개별부대였던 견룡군이 활약하고 있었음을 말해준다. 더욱이 사료 A-3에서는 왕을 따른 군사들을 금군으로 표현하였는데, 이 금군이 구체적으로 어떤 군사조직을 의미하는지는 분명하지 않지만, 이 가운데 견룡군이 포함되어 있음은 사료 A-1 · A-2에서 쉽게 확인할 수 있다. 또한 사료 C-1 · C-2에 나온 "항상 왕의 곁에 있으면서〔常在王側〕"나, "왕을 호위하는 임무에 태만하여〔禁衛不謹〕"라는 표현은 견룡군이 국왕의 지근에 존재하면서 실질적인 무력을 보유한 부대임을 말해 준다.

忍乎 仲夫曾有燃鬚之憾 乃曰然 遂構兇謀."

82 『고려사』 권22 세가, 고종 17년 9월. "戊申幸妙通寺 駕至寺門外 馬驚墮地 知御史臺事王猷 以牽龍行首扈駕不謹 下獄 御史大夫車倜 但劾罷牽龍二人."

더구나 사료 C-3은 의종의 화평재和平齋 행차 때 호종한 장사들이 극심히 배고픈 상태에 직면했을 때 이들을 직접 통솔한 견룡행수 이의방李義方과 이고李高가 정중부鄭仲夫와 함께 이를 빌미로 쿠데타를 도모한 점을, 사료 C-4는 지어사대사知御史臺事 왕유王猷가 묘통사妙通寺에 행차하던 고종이 말에서 떨어지는 불상사가 발생하자 "왕의 수레를 따르면서 경계근무를 신중히 하지 못한(扈駕不謹)" 책임을 물어 견룡군의 지휘자인 행수를 하옥하는 조치를 취했음을 보여준다. 이러한 견룡행수의 구속은 국왕행차 시의 '호가扈駕'라는 막중한 임무수행을 전담하고 있던 견룡군에 대한 통렬한 책임추궁일 것이다. 결국 이상의 몇몇 사례들은 견룡군이 국왕 측근에서 활약한 금군의 개별부대였음을 알려주는 것이다.

금군을 구성한 또 다른 개별부대로는 공학군控鶴軍을 들 수 있다.[83] 그런데 공학군은 『고려사』 병지와 백관지에 명시된 2군 6위의 편제상에는 전혀 그 모습이 보이지 않고, 서긍徐兢의 『고려도경』에만 흔적이 나타나 있어 이에 대한 위상 정립이 필요하다고 본다.[84] 물론 서긍이 『고려도경』에서 고려왕조의 구조나 문물제도 전반에 대해 상당히 중요한 기사를 제공하기도 했지만, 군사조직의 경우에는 명확히 인식하지 못한 예가 보인다. 이러한 점은 2군의 군사력을 서술한 대목에 명백히 나타난다. 즉 『고려사』 백관지

83 『고려사』 권72 여복지 의위 조에 서술되어 있는 군인들의 배치 현황을 검토하면 控軍士, 拱鶴軍士 등 공학군 소속의 병졸집단임을 나타내는 명칭들을 확인할 수 있다. 이는 일반 군인들과는 성격을 달리하는 존재로서 공학군의 위상을 말해 준다. 공학군이 6위를 구성한 부대로 서술된 경우도 발견되나(徐兢, 『高麗圖經』 권11 仗衛1), 이는 『고려사』 병지와 백관지에 나타나는 2군 6위의 조직체계와 일치하지 않을 뿐만 아니라, 『고려사』 권128 정중부전에서 정중부가 공학금군에 임명된 사실 등을 통해서 보더라도 서긍의 杜撰일 개연성이 매우 높다. 이혜옥이 이를 지적한 바 있다(이혜옥, 「고려전기의 軍役制—保勝·精勇을 중심으로」, 『國史館論叢』 46, 1993, 7쪽).

84 공학군은 奉輦拱鶴軍, 御輦拱鶴, 控鶴軍, 拱鶴軍 등으로 다양하게 지칭되었는데, 고려의 병제를 6군으로 본 서긍은 공학을 6군을 구성한 주력부대 중의 하나로 파악하였다(徐兢, 『高麗圖經』 권11 仗衛1).

서반 조에는 2군 6위의 총 병력이 45령領인 45,000명이고, 그중 2군의 수는 응양군 1령과 용호군 2령 등 모두 3,000명인 것으로 서술되어 있다. 이에 반해 『고려도경』에는 병력의 전체 수가 3만 명이고 이 중 수만 명 이상의 군인들이 2군에 포함된 것으로 기술되어 있어 큰 차이를 보인다.[85]

한편 조선초기의 군사조직에도 공학군이 보인다. 세조 10년(1465) 동지중추원사同知中樞院事 양성지梁誠之가 초기의 병종兵種을 언급한 상소에서 공학군을 근장이라고 명시하였다.[86] 기왕의 한 연구는 공학군의 구체적인 정체는 명백하지 않지만 국왕의 시위를 맡아보고 있었으며, 관련된 사료가 태종 · 세종대에 자주 나타나는 점으로 보아 조선초기에 재편된 중앙군을 구성한 병종의 하나라고 하였다.[87]

이러한 견해 역시 고려 공학군의 성격과 위상을 파악하는 데 시사하는 바가 크다. 그러면 이러한 이해를 참고하면서 공학군에 대해 살펴보자. 공학控鶴은 말뜻으로 볼 때 숙위근시宿衛近侍를 담당한 신료를 의미하는 것으로 파악된다. 그러나 다른 한편으로는 군사조직을 지칭하기도 한다. 공학이라는 명칭은 중국 당대의 측천무후則天武后 때 처음 발견된다. 이때는 공학이 공학부控鶴府라 하여 감監 · 승丞 · 주부主簿 · 녹사錄事로 구성되어 근행近幸하는 관료를 통솔하는 관부였다.[88] 이후 몇 차례의 제도적 개폐 과정을 거치면서 오대五代에는 6군과 시위친군의 양자에 편제되어 공학으로 지칭되면서 천자의 숙위를 담당하였다. 송대宋代에 이르러서는 완전히 제

---

85 徐兢, 『고려도경』 권11 仗衛1.

86 『세조실록』 권34, 세조 10년 8월 壬午. "同知中樞院事梁誠之上書曰 …… 且本朝軍士 親兵曰內禁衛 · 兼司僕 衛兵曰甲士 · 別侍衛 勳位曰忠義 · 忠贊衛 宿衛曰奉忠 · 供宸衛 番上曰正兵 · 平虜衛 步軍曰破敵衛 役軍曰防牌 使令軍曰攝六十 控鶴軍曰近仗 奴軍曰壯勇隊 軍器監曰別軍 鎭守軍曰鎭軍 · 守城軍 此內外騎步之額也."

87 閔賢九, 『朝鮮初期의 軍事制度와 政治』, 韓國硏究院, 1983, 131쪽.

88 『新唐書』 下 권76 后妃列傳 則天武皇后. "自懷義死 張易之 昌宗得幸 乃置控鶴府 有監 有丞及主簿 錄事等 監三品 以易之爲之."

도적으로 금군을 구성하는 하나의 주력부대로 자리 잡았다.[89] 즉 당시 공학은 천자의 위병衛兵인 금병禁兵을 가리켰는데 이는 태평흥국太平興國 2년(977년) 천자를 호종하는 보병인 족어마직簇御馬直과 더불어 공학을 '천무天武'로, 또는 관의공학寬衣控鶴을 '관의천무寬衣天武'라고 개칭한 데서 확인할 수 있다.[90]

이들 부대들은 송대의 양대 군정기구인 전전사殿前司와 시위사侍衛司에 분속·배치되어 시위, 호종, 숙위 등의 업무를 담당했다. 특히 공학은 전전사의 예하부대를 형성한 제반諸班, 제직諸直, 제군諸軍 가운데 제군에 소속되었다. 이들은 천자가 가장 가까이에 두고 총애하는 자들로서 전폐殿陛의 시위, 궁성숙위宮省宿衛, 호종승여扈從乘輿의 임무를 수행한 부대인 제반, 제직과 더불어 금군을 구성한 개별부대를 이루었다.[91]

한편, 금대金代에 공학은 금군인 시위친군을 구성한 예하부대에 200명으로 편제되어 숙위를 담당하였다.[92] 고려 금군의 한 개별부대인 공학군에 대해서는 다음의 자료가 참고된다.

D-1. 공학군은 자주색 문양의 비단옷을 입었는데 다섯 색으로 사이마다 커다란 둥근 꽃을 수놓아 장식하였고 절각복두(양 날개가 없는 두건)를 썼다. 무릇 수십 명이 조서를 실은 수레를 받들며 왕과 사신이 사사로이 만나러 왕래할 때

89 張其凡, 앞의 글.

90 『宋史』 권187 병지1 禁軍 上. "太平興國二年 詔改簇御馬直曰簇御龍直 鐵騎曰日騎 龍捷曰龍衛 控鶴曰天武 虎捷曰神衛 骨金朶 子直曰御龍骨金朶 子直 寬衣控鶴曰寬衣天武 雄威曰雄勇 龍騎曰雄猛."

91 『長編紀事本末』 권66. "諸班直爲親軍之最親近者 摯事殿陛 宿衛宮省 扈從乘輿."

92 『金史』 권44 兵志 禁軍之制. "禁軍爲天子之親軍也 用以任宿衛 備出入者也 其兵額最高時爲六千名 …… 禁軍之制 本於合扎謀克 合扎者 言親軍也 以近親所領 故以名焉 貞元遷都 更以太祖遼王宗幹 秦王宗翰之軍爲合扎猛安 謂之侍衛親軍 故立侍衛親軍司以統之 舊常選諸軍之材武者爲護駕軍 海陵又名上京龍翔軍爲神勇軍 …… 內選三十以下千六百人 騎兵曰龍翔 步兵曰虎步 以備宿衛 正隆五年 罷親軍司 以所掌付大興府 置左右驍騎 所謂從駕軍也 …… 又設控鶴二百人 皆以備出入者也."

상자와 대나무 그릇을 받들었다.[93]

D-2. 예물의 상자는 크기가 같지 않다. 그 표면은 하사한 물건의 이름을 표제(제목)로 쓰고 황제의 신보(황제가 사용하는 도장의 하나)로 봉인하였다. 고려인은 (왕의) 총애를 높이 받들어 들것에 (예물 상자를) 올려 놓고 황색 수건을 덮는다. 들것마다 공학군 4명을 부리는데 (이들은) 자주색으로 수를 놓은 꽃무늬의 윗옷을 입고 절각복두를 썼다. 그 행렬은 악부 다음이다.[94]

D-3. 채여(왕실의 의식 때 중요한 물건을 실어 옮기는 데 이용한 채색된 가마)는 수를 놓은 무늬의 비단에 다섯 가지의 색이 섞여 있는데 화려하며 정교하다. 한 채여 앞에는 커다란 쇠 향로를 놓고 그 다음에는 조서와 왕우를 제사하는 글을 받들고 다음으로 왕이 내린 글을 받들었는데 이 또한 공학군이 들고 간다.[95]

D-4. 정중부는 해주 사람으로 용모가 뛰어나며 눈동자가 반듯하며 이마가 넓고 턱수염과 구레나룻이 희고 밝아 아름다웠다. 키는 7척 정도나 되어 바라보기가 두려울 만하였다. 처음 주에서 군적(군인의 이름을 등재한 장부)에 올릴 때 그의 팔을 묶어 서울로 보냈는데 (당시의) 재상 최홍재가 군사를 뽑는 과정에서 이를 보고 이상히 여겨 묶은 팔을 풀어주고 위로한 후 공학금군에 충원하였다. 인종조에 처음으로 견룡대정에 임명되었다.[96]

위의 사료에서 공학군은 봉련공학군奉輦拱鶴軍·어련공학御輦拱鶴·공학군控鶴軍·공학군拱鶴軍 등으로, 그 소속군인은 공군사控軍士·공학군사拱鶴軍士로 불렀음을 확인할 수 있다. 또한 공학군은 그 부대를 상징하는 표

93 『고려도경』 권11 仗衛1 控鶴軍. "控鶴軍 服紫文羅袍 五采間繡大團花爲飾 上折脚幞頭 凡數十人 以奉詔輿 王與人使私覿往來 則奉箱摽."

94 『고려도경』 권24 節仗 次禮物. "禮物之匣大小不一 其面簾題所賜之物名件 而皇帝信寶封之 麗人尊奉寵眷 乃盛以要舁 而罩以黃帕 每乘用控鶴軍四人 服紫繡花袍 上折幞頭 其行在樂部之次."

95 『고려도경』 권24 節仗 次詔輿. "采輿之設 績繡錦綺五色間錯 製作華巧 前一輿 安大金爐 次奉詔書 幷祭王俁文 次奉御書 亦以控鶴軍捧之 ……."

96 『고려사』 권128 열전 鄭仲夫. "鄭仲夫 海州人 容貌雄偉 方瞳廣額 白晳美鬚髥 身長七尺餘 望之可畏 初州上軍籍 封其臂送京 宰相崔弘宰選軍 見而異之 解其封慰勉 充控鶴禁軍 仁宗朝 始補牽龍隊正."

식인 공학군拱鶴軍 기旗도 있었다.[97] 이들 공학군은 자주색 문양을 넣은 비단옷의 복장에다 절각복두折脚幞頭를 쓴 채 조서詔書를 실은 수레를 받들었고 국왕이나 내방來訪한 사신이 왕래할 때 역시 측근에서 대나무로 된 상자를 받들었다는 점(D-1), 황제의 신보信寶로 봉封한 예물을 수령하는 과정에 4명씩 동원된 점(D-2), 어서御書를 받들어 들고 간 점(D-3) 등에서 알 수 있듯이 주로 의전儀典과 관련된 역할을 수행하였다.

그리고 정중부가 공학금군에 충원된 이후 인종조에 견룡대정으로 임명된 사료도 찾을 수 있다(D-4). 여기서 공학을 금군이라 칭하였는데, 이미 용어 자체에서 상징적으로 나타나듯이 공학군이 금군의 한 계열부대임을 알 수 있다. 뿐만 아니라 앞의 사료 B-3에서 확인할 수 있듯이 최우가 "왕의 수레 앞에 서 있는 공학군이 착용한 검은색 모자를 멀리서 바라다보며 그들 또한 근위인데 검은 모자를 쓰는 것은 마땅하지 않다〔望見駕前拱鶴軍着黑帽曰 此亦近衛 不宜着黑帽〕"라고 하며 공학군을 근위近衛라고 일컬은 데서 금군으로서의 성격을 엿볼 수 있다. 사실 현존하는 사료에 입각해서 볼 때 고려의 개별 군사조직 가운데 근위라고 일컬어지는 유일한 실례가 공학군(B-3)이라는 점은 이를 더욱 방증한다. 2군을 왕의 '근위부대近衛部隊'라고 본 연구도 있지만,[98] 뚜렷한 근거는 없었다. 요컨대 역사상 '근위'라는 명칭은 일반적으로 고려의 군제에 일정한 영향력을 미친, 중국의 경우에는 천자의 측근에서 경호임무를 수행했다는 점에서 금군, 금위, 근위군近衛軍, 친군親軍, 금병禁兵 등과 같은 다양한 호칭 중의 하나이다.[99]

이상에서 언급한 공학군의 존재는 위의 사료를 제외하면 더 이상 확인할 수 없다. 그러나 앞서 살펴본 바에 따르면 송 · 금 등의 병제 속에는 분

97 『고려사』 권72 여복지 儀衛.

98 李基白, 「高麗 初期 兵制에 관한 後代 諸說의 檢討」, 『亞細亞研究』 1-2, 1958 ; 앞의 책, 1968, 6쪽.

99 孫金銘, 『中國兵制史』, 國防硏究院 出版部, 1960 ; 張其凡, 앞의 책.

명히 금군을 구성한 계열군호系列軍號가 형성되어 있었다. 결국 이 같은 송 · 금대에 보이는 공학군의 존재와 성격은 고려군제에 있어 공학군의 성격을 금군으로 파악할 수 있는 하나의 근거가 될 수 있다.

중금中禁은 중금군中禁軍 또는 중금반中禁班이라고도 하는데 이 또한 금군의 한 계열부대로 이해할 수 있다.

E-1. 경인년(의종 24년, 1170) 가을에 명종이 후저(왕위에 오르기 이전에 머물던 집)에서 (나와) 왕위에 오르자 공(김원의)이 우중금으로서 왕을 수행하였다. 그리고 그 공로로 대교(부대의 하급장교)에 발탁되었다. 서경(평양)에서 반란(조위총의 난)이 일어나자 공이 정벌에 참여하여 공로를 세워 별장(하급군관직)으로 자리를 옮겼다.[100]

E-2. 태축(역대 왕의 제사를 지내며 신주 관리를 담당한 관직 명)과 궁위령이 신줏단지를 받들고 서쪽 층계에서 내려와 요여(혼백과 신주를 모신 작은 수레)에 내려놓으면 대궐의 시위 및 순검 등이 곁에 선다. 다음으로 앞에 선 중금이 (그에 해당하는) 복장을 하고 좌우로 나누어 선다. …… (이것이 끝나면) 비단옷을 입고 앞에 선 도지가 둔자를 받들고 좌우로 나누어 선다.[101]

E-3. 견룡관은 남쪽 가옥 내에 있으면서 중간을 향해 좌우로 갈라져 북쪽을 향하여 선다. 중금 2명은 동서 측면 층계에 갈라 서서 (층계에) 오르는 자들을 검사한다. 쌍룡과 봉선(봉황 문양이 그려진 부채)은 중간 층계의 좌우(에 있는) 악기 탁자 앞에 나누어 놓는다. 미리 배열한 중금 6명은 중간 층계로 나아가 좌우로 나뉘어 북쪽을 향해 선다. 그 나머지 중금은 갈라져 각 층계의 좌우로 나아가 왕의 앞을 검사하며 …….[102]

---

100 金龍善, 「金元義墓誌銘」, 『高麗墓誌銘集成』, 한림대학교 출판부, 1993, 317쪽. "庚寅秋 明廟 自候邸卽政 公以右中禁隨駕 以其功擢爲隊校 及西都叛 公從征伐有功 遷別將 ……."

101 『고려사』 권64 禮志 6 祔太廟儀. "…… 太祝宮闈令 奉神主匱 降自西階 安於腰輿 殿侍衛及巡檢等陪立 次殿中禁 服其服 左右分立 …… 殿都知着錦衣 奉鈍子 左右分立."

102 『고려사』 권69 禮志11 嘉禮雜儀, 仲冬八關會儀, 坐殿受賀群臣獻壽. "…… 牽龍官在南軒內

먼저 앞의 사료에서 살펴본 것처럼 목종을 곁에서 시종한 중금군사中禁軍士는 비록 강조康兆의 밀명에 따라 왕의 시해임무를 명령받기도 하였지만 '수종중금군사隨從中禁軍士'라는 데서 드러나듯이 이들이 국왕 측근의 군사력인 금군을 의미한다는 점은 명백하다. 이를 확연하게 보여주는 것이 사료 E-1 · E-2 · E-3이다. 고종 때 김원의金元義가 "우중금으로서 왕의 어가를 수행한 공로를 인정받아 대교로 발탁되었다〔以右中禁隨駕 以其功擢爲隊校〕"라고 한 점(E-1)이나, 역대 왕의 신주神主를 태묘太廟에 모셔두고 제사 지내는 의식에서 중금이 순검군과 더불어 좌우로 나뉘어 배열한 사실(E-2), 그리고 팔관회八關會 행사 때 국왕이 대전에 앉아 군신들의 축하를 받는 의식에서도 중금이 왕의 전면에 서서 검독檢督이라는 군사적 경계행위를 한 점(E-3) 등은 금군으로서 중금군이 수행한 임무의 성격을 잘 보여준다.

도지都知 역시 금군을 형성하고 있었던 것으로 보인다. 그런데 도지는 중국 송대의 교방敎坊에서 가사歌師를 관리한 관원의 구성에서도 흔적을 찾을 수 있다.[103] 또한 도지는 송대의 군정기구인 전전사 및 시위보군사侍衛步軍司 예하의 부대들을 통솔하는 군관이기도 하였으며 이들은 군 감찰기구인 황성사皇城司에도 배속되어 있었다.[104] 이들은 원대元代에도 그 모

以中爲首 分左右 北向立 中禁二人 分在東西側階 檢督升者 雙龍鳳扇 分在中階左右樂卓前 先排中禁六人 就中階 分左右 北向立 其餘中禁 分就各階左右 檢督御前 ……."

103 도지는 宋代 음악과 가무를 가르치기 위해 京師에 설치된 敎坊과 鈞容直의 관원이기도 했다(『宋史』 권142 樂志17 敎坊. "敎坊本隷宣徽院 有使 副使 判官 都色長 色長 高班 大小都知." ; 『宋史』 권142 樂志17 鈞容直. "其奉天書及四 宮觀皆用之 有指揮使一人 都知二人 副都知二人 押班三人……."

104 『宋史』 권166 職官6 殿前司. "諸班有都虞候 指揮使 都軍使 都知 副都知 押班." ; 『宋史』 권187 兵1 禁軍上 侍衛步軍司. "其禁軍將校 則有殿前司都指揮使 副都指揮使 都虞候各一人 諸班有都虞候 指揮使 都知 副都知 押班 ……." ; 『宋史』 권144 儀衛2 皇太后儀衛. " …… 殿前指揮使兩班 左班都虞候一人 都知一人 行門三人 …… 右班指揮使一人 都知一人 行門三人 ……." ; 『宋史』 권166 職官6 皇城司. "幹當官七人 以武功大夫以上及內侍都知 押班充." ; 『文獻通考』

습이 발견된다. 원에서 도지는 조회朝會, 즉위卽位, 책후册后, 건저建儲, 봉상존호奉上尊號·외국조근外國朝覲의 의례를 수행한 시의사侍儀司 예하의 관원으로 전하집사殿下執事의 임무를 맡아보고 있었다.[105]

이렇듯 중국역사에서 도지의 역할이 다양했음에 반해 고려시대의 도지는 오로지 군사조직만을 지칭하고 있어 주목된다. 다음의 자료는 개별 부대명칭으로서 도지의 성격을 보여준다.

F-1. (김)약선은 여러 관직을 거치면서 추밀(원)부사에 이르렀다. 원종이 그의 딸을 맞아들여 왕비로 삼고 충렬왕을 낳았다. 약선의 부인이 연등회 저녁에 궁궐로 들어가려고 하자 고종이 태자비의 어머니라고 하여 그 부에 명령을 내려 견룡행수·중금·도지 및 장군 등에게 곁에서 모시게 했다. 여개(수레를 이용할 때 필요한 각종 장식기구)와 복식이 모두 왕비와 같았다.[106]

권58 職官考 幹辨皇城司. "皇城司親從官數千人 乃命武臣二員 同兩都知主之 而殿前復不預 此祖宗處軍政深意也."

또한 도지는 궁중의 잡무를 수행한 入內內侍省·內侍省에도 편성되어 있었다(『宋史』 권166 職官6 入內內侍省·內侍省. "宋初 有內中高品班院 淳化五年 改入內內班院 又改入內黃門班院 又改內侍省入內內侍班院 景德三年 詔 東門取索司可併隷內東門司 餘入內都知司 內東門都知司 …… 入內內侍省有都都知 都知 副都知 押班 …… 內侍省有左班都知 副都知 右班都知 副都知 押班 ……").

宋代의 금군에 관해서는 많은 연구들이 있으나 특히 군사조직과 성격에 관해서는 다음의 논고들이 참고된다.

掘敏一, 「五代宋初における禁軍の發展」, 『東洋文化研究所紀要』 4, 1953 ; 菊池英夫, 「五代禁軍における侍衛親軍の成立」, 『史淵』 권70, 1956 ; 溫水三男, 「北宋政權樹立考」, 『待兼山論叢』 5, 1972 ; 曾我部靜雄, 「唐宋の軍隊の編成名」, 『宋代經濟史の研究』, 東京 : 吉川弘文館, 1974 ; 日野開三郞, 「五代史の基調」, 『東洋史學論集』 권2, 1980 ; 張德宗, 「北宋的禁軍」, 『宋史論集』, 1983 ; 安俊光, 「北宋 禁軍의 形成과 그 運用」, 『大丘史學』 32, 1987.

105 『元史』 권85 百官1 侍儀司. "侍儀司 秩正四品 掌凡朝會 卽位 册后 建儲 奉上尊號及外國朝覲之禮 至元八年 始置 左右侍儀奉御二員 …… 承奉班都知 尙衣局大 使各一員." ; 『元史』 권80 輿服志3 儀衛 殿下執事. "左階之下 …… 侍儀使二人 引進使一人 承奉班都知一人 宣表目舍人一人 ……"

106 『고려사』 권101 열전 金台瑞 附 若先. "(金)若先 累官至樞密副使 元宗納其女爲妃 生忠烈王 若先妻因燈夕入內 高宗以太子妃母 命其府牽龍行首·中禁·都知及將軍等爲傔從 輿蓋服飾一

F-2. 최항은 일찍이 대경 최온의 딸을 아내로 맞아들였다가 병이 있다는 이유로 (아내를) 버리고 다시 승선 조계순의 딸에게 장가갔다. 왕이 견룡 · 중금 · 도지 · 순검 · 백갑 · 내시 · 다방에 명령하여 호위해 보내게 하고 어좌견여(왕이 타는 가마)를 하사했다. 등불과 촛불 및 의물(의식에 수반한 물품)의 풍성함이 견줄 데가 없었다.[107]

F-3. 공(배정지)은 7세 때 금위(왕이 거처하는 궁궐의 경비와 경계 임무)에 속해 도지가 되었다.[108]

고종이 태자비의 어머니인 김약선金若先의 부인을 궁궐의 내전內殿으로 들어오게 할 때 견룡군의 지휘자인 행수와 중금 그리고 도지를 시켜 수행하게 한 점(F-1), 그리고 최항崔沆이 승선承宣 조계순趙季珣의 딸과 재혼할 때에도 왕이 도지를 비롯해 앞서 검토한 국왕의 측근 군사력인 견룡과 중금에게 지시하여 경호해 보낸 사실(F-2)에서 도지가 수행한 임무의 성격을 알 수 있다. 또한 배정지裵廷芝가 7세 때 금위禁衛에 소속되어 도지가 된 사실(F-3)은[109] '금위'가 국왕의 경호를 의미한다는 점에 비추어볼 때[110] 도지가 금군임을 말해 준다.

이 밖에도 앞의 사료 B-4에서 김부윤金富允이 좌도지시위군左都知侍衛軍에 소속되어 있었다고 했는데, 여기서 좌도지를 시위군으로 표현하고 있

如王妃."

107 『고려사절요』 권16, 고종 37년 5월. "崔沆 嘗娶大卿崔昷女 以有疾棄之 改娶承宣趙季珣女 王命牽龍 · 中禁 · 都知 · 巡檢 · 白甲 · 內侍 · 茶房衛送 賜御座肩輿 燈燭儀物之盛 罕有其比."

108 金龍善, 「裵廷芝墓誌銘」, 앞의 책, 443쪽. "公七歲屬禁衛 爲都知."

109 『고려사』 권108, 裵廷芝傳에는 "甫十歲 屬禁衛 爲都知"라 하여 앞서 인용된 사료와는 다르게 연령을 기록했다. 국왕의 친위임무가 차지하는 막중한 비중을 고려할 때 7세 또는 10세라고 표기된 것은 모두 잘못으로 판단된다.

110 車若松이 금위가 된 후(『고려사』 권101 열전 車若松. "若松出身禁衛.") 금군의 한 갈래인 견룡군에 임명된 사실로써 알 수 있다(『고려사』 권19 세가, 명종 4년 5월 丁酉. "王命指諭于光胤 · 白任至 · 行首李冠夫 · 宋群秀 · 慶大升 · 牽龍車若松等打毬 賜綾絹 有差.")

다. 이뿐만 아니라 태묘의식에 도지가 어전御殿에서 비단옷을 입고 좌우로 나뉘어 서서 포진하고 있었다는 사례도 보인다(E-2). 그러므로 도지 또한 금군의 한 갈래로 존재했음이 확인되는 것이다. 이상에서 살펴본 것처럼 중국사상의 몇몇 왕조에서 확인된 도지와는 달리 고려의 도지가 금군을 구성한 군사조직의 한 갈래라는 점은 유의할 만하다.

금군을 이룬 또 하나의 계열부대로는 백갑白甲이 주목된다. 백갑은 '백갑군白甲軍'·'백갑대白甲隊'·'백갑장白甲仗'이라고도 일컬어졌다. 『고려사』 권72 여복지輿服志 의위儀衛 조 전반에서 왕의 호종임무를 수행한 백갑을 비롯한 의장군儀仗軍 계열의 부대들로 보이는 존재가 일부 확인된다.[111] 다음의 사료를 보자.

G-1. 게방(국가에서 작성해 공포한 글)에 따르면 …… 중금, 도지, 백갑은 별도로 차출하며 또한 정인에서 마땅히 차출한다. 정인의 집에는 각각 진첩(봉급 이외의 수입)을 지급해서 구휼에 힘쓰라.[112]

G-2. …… 의종조에 상세히 제정한 (규정에 따르면) …… 백갑대(백갑부대)는 영도장(백갑 대열을 통솔한 군관) 2명, 장교 2명, 군사 50명이 좌우로 나누어 (선다). 은장장도대(은으로 장식한 긴 칼을 소지한 부대)는 영장교(부대를 통솔한 군관) 2명, 군사 10명이 좌우로 나누어 선다.[113]

G-3. 우백갑지유(우백갑 부대의 최고 지휘자) 손공려를 해도로 귀양보냈다. 공려는 일찍이 역적들에게 투항하였으며 왕에게 불손한 말을 한 일이 많았는데도 분수에 넘치게 이 직을 얻었으므로 재추(재부의 재신과 추밀원의 추신)가

111 의장군 계열의 부대로는 銀粧長刀隊, 銀骨朶子隊, 黑繂斫子紅羅號隊, 先排隊, 清遊隊, 虞侯佽飛隊, 防牌隊, 絲戟小旗槍隊 등이 있다.

112 『고려사』 권81 병지1 五軍, 정종 11년 5월. "揭榜云 …… 中禁·都知·白甲別差 亦以丁人當差 丁人戶 各給津貼 務要完恤 ……."

113 『고려사』 권72 여복지1 의위, 朝會儀仗. "毅宗朝 詳定 …… 白甲隊 領都將二人 將校二人 軍士五十人 分左右 銀粧長刀隊 領將校二人 軍士十人 分左右……."

(왕에게) 아뢰어 그를 귀양보낸 것이다.[114]

위에 제시한 사료들에 따르면 정종靖宗 11년 5월 발표한 정부의 공고문에서 백갑은 앞에서도 여러 차례 확인한 바 있는 금군의 개별부대인 중금·도지와 동일한 위상을 지니고 있으며, 여기에 편입되는 군사들은 별도로 차출되었음이 확인된다(G-1). 또한 백갑군이 금군 소속의 견룡, 중금, 도지, 순검군 등과 더불어 경호임무를 수행한 점(F-2), 의종대 조회의장朝會儀仗에서 백갑대가 여타의 의장군과 함께 배치된 점(G-2), 그리고 지유가 금군의 지휘체계에서 보편적으로 발견되는 무관직의 하나임을 감안할 때 사료 G-3에 우백갑지유右白甲指諭가 나타났다는 점 등은 백갑 또한 금군의 한 구성부대임을 알려준다.

금군으로서의 성격이 더욱 확연히 나타나는 것으로는 순검군이 있다. 앞서 살펴본 여타의 개별부대들과 마찬가지로 순검군도 송대에 찾아볼 수 있다. 그런데 기왕의 연구에서 송대의 순검은 오대의 도순검사都巡檢使 및 순검사巡檢使를 계승한 것으로서, 각 지역에 널리 배치되어 있었으며 특히 수도인 개봉부開封府에 집중적으로 배치된 점이 밝혀진 바 있다.[115]

고려의 순검군 역시 초기부터 동서 양계兩界를 비롯하여 서경西京 및 여러 도道와 현縣에 도순검사, 도순검, 순검사, 순검 등이 설치되어 있었고 수

114 『고려사』 권30 세가, 충렬왕 11년 2월 乙卯. "流右白甲指諭孫公呂于海島 公呂曾投逆賊 向王語多不遜 濫受是職 宰樞白而流之."

115 周藤吉之, 앞의 글, 501~502쪽. 그런데 周藤吉之는 순검군을 비롯한 백갑대, 중금반, 도지반, 견룡반 등의 부대들이 일반적인 금군과는 다르다고만 하였을 뿐 그에 관해 구체적으로 언급한 바는 없다(周藤吉之, 앞의 글, 535쪽).

권영국은 고종 4년의 기사(『고려사절요』 권15, 고종 4년 정월)를 마지막으로 순검군의 존재를 찾을 수 없다고 하면서 원인을 같은 왕 6년에 집권한 최우가 조직한 야별초가 그 기능을 대행함으로써 해체되었기 때문으로 보았다(權寧國, 「高麗後期 軍事制度 研究」, 서울대학교 박사학위논문, 1995, 14쪽). 하지만 본문의 사료 F-2에서 나타나듯이 순검군은 고종 37년까지도 존속했음이 확인된다.

도인 개경에도 순검군이 존재하고 있었다.[116] 순검군과 관련된 사료로는 다음이 참고된다.

H-1. 황혼이 되어 왕의 수레가 보현원에 가까이 접근하자, 이고와 이의방이 먼저 가서 왕의 명령이라고 거짓으로 꾸며 순검군을 모았다. (그리고) 왕이 바로 문으로 들어가고 군신들이 물러가려고 할 즈음에 이고 등이 직접 (임)종식과 (이)복기를 문에서 죽였다.[117]

H-2. (이숙은) 예종과 인종 두 왕을 모시며 여러 관직을 거쳐 참지정사에 이르렀다. 그의 부인은 평장사 김인규의 누이였는데 인규가 이자겸의 친당(친척이며 한 무리)으로 유배를 가게 되자 이숙은 인규의 불행을 기회로 인규의 집을 차지하고 재산과 노비를 빼앗았다. (그 후) 인규가 돌아와서 이를 꾸짖으니 이숙은 부끄럽고 두려워서 몰래 그의 아들 온경과 함께 인규가 역모를 한다는 무고를 계획했다. 그리고 (마침내 이러한) 사실을 문서로 만들어 밤에 어사대에 던지려다가 순검에게 붙잡히고 말았다.[118]

H-3. 척준경이 김향과 함께 상급 관청 장교 7명, (그에 소속된) 관리와 관노 20여 명을 데리고 북문을 나갔는데 급히 (나온 까닭에) 가진 것이 없어 각기 울타리의 나무를 뽑아 몽둥이로 삼고 금오위 남쪽 다리를 통해 궁궐에 들어갔다. (이때) 조의가 (이들을) 맞이하며 불러 "사태가 급박하니 빨리 들어오라"고 말하고 마침내 광화문을 닫았는데 (뒤이어) 이공수가 따라오자 왕이 명하여 한쪽 문만 열고 들어오게 하였다. 공수는 (이)숙이었다. (이 무렵) 순검도령(순검군의 지휘자) 정유황이 100여 명을 인솔하고 군기감에 들어가 병장기를 나누어준 후

116 韓沽劤, 「麗末鮮初 巡軍硏究」, 『震檀學報』, 22, 1961. 이 글에서 검토하는 순검군은 금군의 일부로 지방을 제외한 개경에 설치된 부대에 한정함을 밝혀 둔다.

117 『고려사』 권128 열전 鄭仲夫. "…… 至昏 駕近普賢院 高·義方 先行矯旨 集巡檢軍 王纔入門 群臣將退 高等手殺宗植復基于門 ……."

118 『고려사』 권98 열전 李璹. "事睿·仁二朝 累官至參知政事 其妻平章事金仁揆姊也 仁揆以李資謙親黨流 璹幸其災 據仁揆第 奪家産奴婢 及仁揆環 責之 璹慙懼 密與其子溫卿 誣構仁揆謀逆 作飛書 夜投御史臺 爲巡檢所執 ……."

연경궁으로 향할 때 길에서 이자겸의 무리인 소경 류원식을 만났는데 그의 말이 고분고분하지 않고 거칠어 바로 죽였다.[119]

H-4. 정유황 등 20명은 왕의 호위 및 적(이자겸의 무리)을 사로잡은 공로가 있어 관직을 차등해 하사하였다.[120]

순검군에 관해서는 사료 C-2에서 언급한 의종의 관풍루 행차 과정에서 발발한 일시적인 소동에 대한 책임을 물어 그 지휘자인 지유指諭가 견룡지유와 더불어 유배된 점이 참고된다. 게다가 의종의 보현원 행차 때 이고와 이의방 등이 거짓으로 국왕의 교지를 꾸며 순검군을 출동시킨 사실(H-1)과 태묘의식에서 순검군이 대전大殿을 시위하는 부대와 더불어 왕의 곁에서서 경계를 하고 있는 점(E-2) 등도 보인다. 따라서 순검군 역시 금군의 한 계열부대였음을 알 수 있다. 또한 최항의 재혼에 고종이 순검군을 시켜 최항을 호송한 사례(F-2)를 비롯하여 이자겸과 그 친당親黨을 제거할 목적으로 출동한 순검군의 지휘자인 도령都領 정유황鄭惟晃이(H-3) 국왕을 제대로 호가扈駕하였기에 그 포상으로 관직을 받았는데(H-4) 이 역시 순검군 금위부대禁衛部隊로서의 성격을 잘 보여준다. 이러한 순검군은 도성의 치안을 담당하기도 했다(H-2).[121]

순검군과 관련하여 내순검군內巡檢軍의 존재도 찾을 수 있다. 특히 내순검군은 순검군이라는 군사조직을 염두에 두지 않고는 명명될 수 없는 부

119 『고려사』 권127 열전 李資謙. "…… 俊京與珦 率上衛將校七人・寮吏傔隷二十餘人 出北門 倉卒無所持 各取柵木爲棒 自金吾衛南橋入宮 毅延呼曰 事急矣趣入 遂閉廣華門 李公壽隨至 王命開一扉 納之 公壽卽壽也 巡檢都領鄭惟晃 率百餘人 入軍器監 分授兵甲 向延慶宮 路見資謙黨少卿柳元湜 其言不順 卽殺之."

120 『고려사』 권15 세가, 인종 4년 6월 庚申. "…… 又以鄭惟晃等二十人 有扈駕及捕賊功 賜職有差."

121 周藤吉之는 고려전기의 순검군이 금오위와 마찬가지로 도성의 수도치안이라는 임무를 수행한 것으로 파악하면서 양자가 관련이 있다는 점만 지적한 채 고려 군사조직 내에서 순검군의 위상에 대해서는 아무런 언급을 하지 않았다(周藤吉之, 앞의 글, 511쪽).

대의 명칭이라는 점에서 주의를 끈다. 얼핏 명칭으로만 보면 내순검군이 순검군에 대한 정비 과정의 연장선상에서 분화되어 조직된 부대일 가능성도 없지 않다. 그런데 종전의 의종대 정국을 다룬 논고들에 따르면 의종 후반기는 특히 왕권의 강화를 위한 조치들이 단행된 시기라고 한다.[122]

따라서 필자는 여기서 의종 21년 신설된 내순검군을 기존의 순검군이 여전히 존속하고 있는 상황에서 의종이 그와는 구별되는 군사조직을 증치增置함으로써 왕권의 무력적 기반을 강화할 목적에서 새로이 결성한 부대로 파악하고자 한다. 그러면 내순검군 관련 자료를 살펴보자.

I-1. 부병을 궁궐 뜰에 주둔시켜 예상하지 못한 사태에 대비하였다. 이때부터 날래고 용감한 자를 뽑아 내순검이라 부르고 2교대로 나누었다. (이들은) 항상 자줏빛 옷을 입고 활과 칼을 지니고 장외에 나뉘어 선 채 비와 눈을 무릅쓰고 밤부터 새벽까지 순찰과 경계(근무)를 하였다.[123]

I-2. 백임지는 남포현 사람으로 농사가 생업이었다. 처음 날래고 용감해서 발탁되어 서울로 올라가 집을 세 들어 살면서 땔나무를 팔아 생활하였다. 의종이 선발하여 내순검군으로 충원하였는데 왕의 수레가 행차할 때 곁에서 호위하며 잠시도 떠나지 않은 노고로 대정에 임명되었다. 정중부의 난에 무인들이 뜻을 이루자 드디어 출세하였다.[124]

사료 I-1에는 내순검군이 의종 21년에 설치되어 궁궐을 수비하는 금군

---

122 黃秉晟, 「高麗 毅宗代의 政治實態와 軍人亂」, 『朴性鳳教授回甲記念論叢』, 1987 ; 金塘澤, 「高麗 毅宗代의 政治的 狀況과 武臣亂」, 『震檀學報』 75, 1993 ; 蔡雄錫, 「의종대 정국의 추이와 정치운영」, 『역사와 현실』 9, 1993.

123 『고려사』 권82 병지2 숙위, 의종 21년 정월. "屯府兵于闕庭 以備不測 自是 選取驍勇者 號內巡檢 分爲兩番 常着紫衣 持弓劒 分立仗外 不避雨雪 夜則巡警達曙."

124 『고려사』 권100 열전 白任至. "白任至 藍浦縣人 業農 初以驍勇被選 至京 賃屋居 賣薪自給 毅宗選充內巡檢軍 扈駕出入 不離仗側 以勞補隊正 鄭仲夫之亂 武人得志 遂貴顯."

으로서의 모습이 보이고, 사료 I-2에서는 여기에 백임지白任至가 선발되어 "왕의 수레가 행차할 때 곁에서 호위하며 잠시도 떠나지 않았다는〔扈駕出入 不離仗側〕" 사실이 나타나 내순검군이 궁궐 내에서 활약한 금군임을 확연히 보여준다. 특히 여타의 금군을 구성한 개별부대들이 대개 당·송의 제도를 수용하여 이를 고려에 맞춰 변용하였다고 볼 때, 내순검군의 존재에서 주목되는 사실은 이것이 고려전기 금군의 독자적인 측면을 상징적으로 보여준다는 점이다. 그리고 순검군과 내순검군의 관계는 앞서 지적했듯이 전자가 먼저 설치되어 있었으나, 기능을 제대로 발휘하지 못하자 의종이 이를 본 따 새로이 설치한 것이 후자로 생각된다.[125]

이상에서 견룡, 공학, 중금, 도지, 백갑, 순검군, 내순검군 등이 금군에 포함됨을 살펴보았다. 이들 외에 금군에 포함되는 것으로는 간수군看守軍, 위숙군圍宿軍, 검점군撿點軍 등이 있다. 이들 부대들은 『고려사』 병지2의 숙위 조에는 전혀 보이지 않고, 다만 그 배치 실태가 병지3에 기록되어 있을 뿐이다. 그리고 『증보문헌비고』의 숙위 조에서 그 흔적이 발견된다.[126]

지금까지 이에 관해서는 크게 두 가지의 견해가 제시되어 있다. 이기백은 『고려사』 병지를 검토하는 과정에서 이들 부대들을 2군 6위에 포함된 부대로 파악하였다.[127] 그리고 막연히 6위와는 성격이 다른 특수부대라고

---

125 내순검군이 순검군의 일부라는 점에서 내순검군을 순검군으로 표기했을 가능성이 크다고 본 견해도 있다(김당택, 『고려무인정권연구』, 새문사, 1987, 22쪽).

126 『증보문헌비고』 권111, 兵考3, 宿衛. "辛禑三年 命成衆愛馬 勿論番次皆入直 又以所乘馬置紫門 以備不虞衛士 宮門陵寺圍宿將校 共三百七十七 軍一百十一 庫署各處看守將校 共三百十五 軍一百三十一 市獄諸所點檢將校 共一百二十六 軍三百四十七."

127 이에 대해 이기백은 『고려사』 찬자가 이들 諸軍을 6위와 별개의 부대조직으로 생각하여 병지에 별도의 항목으로 작성했다고 보고 위숙군, 간수군, 검점군 등을 6위와 다른 부대조직으로 생각하는 것은 잘못이라고 하였다. 그의 이 같은 견해는 위숙군에 감문위군이 배치되고 간수군과 검점군에는 금오위군이 배치되었을 가능성이 크다는 추론을 전제로 한다(李基白, 앞의 책, 1968, 37쪽). 최근 吳英善은 『고려사』 병지의 위숙군 조를 분석하는 과정에서 이기백의 견해를 따라 위숙군을 2군 6위에 포함된 부대로 보았다(吳英善, 앞의 글).

본 북한 학계의 견해도 제시되어 있다.[128] 그러나 위숙군이 고려전기 흥왕사興王寺, 현화사玄化寺, 국청사國淸寺, 봉은사奉恩寺 등의 진전사원眞殿寺院에 배치되어 있었으며 왕의 행차에 호종을 담당했다는 견해가[129] 나와 있어 재검토가 필요하다고 본다. 왜냐하면 위숙군이 진전사원의 수호와 궁궐 내의 중요한 관서官署의 경비, 왕실세력 행차 시의 호종 등의 임무를 수행했다면, 금군의 범주에 포함될 수 있음을 시사하기 때문이다. 또한 『고려사』 병지3에 위숙군과 더불어 기록되어 있는 간수군, 검점군의 성격도 금군으로 파악될 수 있다고 본다.

더욱이 이러한 점은 중국의 황실수비대를 통해서도 어느 정도 짐작할 수 있다. 일찍이 송의 건국자인 태조는 황제 직속의 정예군을 금군이라 지칭했는데 이는 이후 전제 군주의 독재정치 출현의 커다란 특징 중의 하나로 간주되었다. 그 후 정예 군사조직으로서 황실의 친위대는 정복왕조들 가운데 원의 건국과 더불어 다시 출현하는데 여기서 황실수비대는 천자의 금병禁兵으로서의 역할, 곧 숙위를 담당하였다.

그런데 이 같은 금병에 관해서는, 금병이 궁궐에 배치되어 숙위의 임무를 수행할 때 이들이 전적으로 하나의 임무를 수행한 것이 아니라, 조회朝會에 동원되는 위숙군, 제사를 담당한 의장군, 천자의 순행巡幸을 수행하는 호종군扈從軍, 천자 개인의 재화를 보관한 탕장帑藏의 경비를 맡은 간수군, 그 밖에 야간순찰의 임무를 수행한 순라군巡邏軍, 해마다 거두는 공물을 수도로 운반할 때 그와 관련한 여러 책임을 맡아본 진갈군鎭渴軍 등 다양한 군사조직 형태로 나뉘어 각자의 임무를 담당했다는 원대 숙위의 구성과 성격을 언급한 기록[130]이 크게 참고된다. 요컨대 천자의 직속 친위대는 그

128 북한 사회과학원 역사연구소, 『조선전사』 권6, 1979, 249쪽.

129 許興植, 「佛敎와 融合된 王室의 祖上崇拜」, 『高麗佛敎史硏究』, 一潮閣, 1986, 82쪽.

130 『元史』 권99 병지2 숙위. "宿衛者 天子之禁兵也 元制 宿衛諸軍在內 而鎭戍諸軍在外 內外相

역할에 따라 위숙군, 간수군, 검점군 등으로 엄밀히 구분되어 일컬어졌음을 알 수 있다.

그러면 먼저 원대 중앙 군사조직의 성격에 관해 살펴본 후 원대 숙위의 구성과 성격문제를 검토해 보자. 원대의 군사조직은 크게 숙위와 진수鎭戍로 구분되어 있었다. 이 가운데 숙위는 황실수비대라고 불린 중앙군인데 이는 다시 겁설怯薛과 오위五衛로 계통을 달리하여 분화 · 조직되었다. 양자는 황실수비대라는 공통의 성격을 갖고 있었으나, 기능 면에서는 분명히 구분되는 이질적인 존재였다. 즉 겁설은 천자의 직속부대로서 전적으로 친위군으로서 기능한 데 반해, 오군은 추밀원의 통제를 받는 황실군대였다. 특히 오위 중 여러 위가 당과 송의 군사조직을 모델로 하여 만들어진 반면 겁설은 몽고제국의 건국과 더불어 황제권의 확대에 따라 신설 · 발전된 군사조직의 하나로서,[131] 겁설에 대한 천자의 신임은 오위에 견줄 바가 아니었다.[132]

이상 병지3에 명시되어 있는 개별부대들의 성격을 구명하기 위해 원대 황실수비대의 계통과 성격에 대해 개략적으로 살펴보았다. 이러한 인식에

維 以制輕重之勢 亦一代之良法哉 方太祖時 以木華黎 · 赤老溫 · 博爾忽 · 博爾尤爲四怯薛 領怯薛歹 分番宿衛 及世祖時 又設五衛 以象五方 始有侍衛親軍之屬 置都指揮使以領之 而其後 增置改易 於是 禁之設 殆不止於前矣 夫屬櫜鞬 列宮禁 宿衛之事也 而其用非一端 用之 於大朝會 則謂之圍宿軍 用之於大祭祀 則謂之儀仗軍 車駕巡幸用之 則曰扈從軍 守護天子之帑藏 則曰看守軍 或夜以之警非常 則爲巡邏軍 或歲漕至京師用 之以彈壓 則爲鎭遏軍 …….”

131 Ch'i-ch'ing Hsiao, “The Imperical Guard,” *The Military Establishment of The Yuan Dynasty*, Cambridge, Massachusetts and London, England: Harvard University Press, 1978.

元代의 軍制에 대해서는 다음의 논고들이 참고된다.

箭內 亙, 「元朝怯薛考」, 『蒙古史硏究』, 東京 : 刀江書店, 1966 ; Ch'i-ch'ing Hsiao, 위의 글 ; 蕭啓慶, 「元代的宿衛制度」, 『元代史親探』, 臺北 : 新文豐出版公司, 1983 ; 韓儒林 主編, 『元朝史』(上 · 下), 北京 : 人民出版社, 1986.

132 『원사』 권99 병지2 숙위. “若夫宿衛之士 則謂之怯薛歹 亦以三日分番入衛 揆之古制 猶天子之禁軍也 是故無事則各執其事 以備宿衛禁庭 有事則惟天子之所指揮 比之樞密各衛諸軍 於是爲尤親信者也.”

기초해 볼 때 주목되는 점은 원대의 금병인 숙위군이 그들이 담당한 역할에 따라 위숙군과 간수군으로 나뉘어 있다는 사실이다. 그런데 『고려사』 병지3 간수군 · 위숙군 · 검점군 조를 검토해 보면,[133] 먼저 성격 면에서 원의 위숙군과 일정한 차이가 있으나, 위숙군 조에는 개경 및 경기 지역에 위치한 여러 문, 릉, 궁궐을 지키는 임무를 띠고 있는 장교와 군인층의 배치 현황이 기록되어 있고, 간수군 조에는 왕궁의 내탕內帑을 비롯하여 여러 주요 관서를 지키는 간수군의 경비실태가 나타나 있다. 이는 고려의 위숙군, 간수군이 원의 그것들과 임무에서도 크게 다르지 않았음을 말해 주는 것이다.

결국 원의 위숙군 · 간수군이 숙위군, 즉 금병이었듯이 고려의 위숙군과 간수군을 금군으로 볼 수 있는 여지도 배제할 수 없다. 또한 고려의 검점군은 원의 순라군에 비정할 수 있다고 본다. 고려의 검점군은 도성 내의 치안을 담당하였으므로, 앞에서 언급한 원의 순라군과 성격 면에서 일치하기 때문이다. 실제 검점군이 주둔한 초소인 검점소撿點所로 판단되는 여러 지역, 예컨대 좌우경리검점左右京裏撿點, 오부검점五部撿點, 궁북검점宮北撿點, 선군검점選軍撿點, 옥직검점獄直撿點, 지창검점地倉撿點, 좌창검점左倉撿點, 우창검점右倉撿點, 금오위검점金吾衛撿點, 오정검점五正撿點, 송악좌우초인검점松岳左右樵人撿點, 대묘검점大廟撿點[134] 등 다양한 명칭을 보면, 금오위가 개경 지역의 일반적 경찰의 임무를 담당한 데 비해 이들은 도성 내에서 소방업무를 포함하여[135] 특정 지역과 시설을 검점하기 위해 배치되었음을 알 수 있다.

한편 고려의 검점군이 수행했던 한 임무를 살펴보면 원의 그것과는 다

133 『고려사』 권83 병지3 간수군 · 위숙군 · 검점군.

134 『고려사』 권83 병지3 검점군.

135 화재가 발생하여 검점군이 그 책임을 추궁당한 사례도 있다(『고려사』 권84 刑法志1 職制, 예종 13년. "判 五家以上火燒 點檢將校科罪").

르게 매우 특이한 역할을 담당하고 있었던 점이 확인된다. 『고려사』 병지3 검점군에 관한 항목을 면밀히 살펴보면 '사교세작립四郊細作立'이라는 검점군이 주둔한 지역이 발견된다. 이는 도성 부근에 인접해 있는 사방의 외곽을 가리키는 것으로 보인다. 그리고 여기에 검점군 소속의 장상將相(8명), 장교(4명), 군인(28명)이 배치되어 일종의 첩보활동인 '세작'이라는 기찰임무를 수행했다.

이러한 사실은 이들이 왕성 내의 일반적인 경비뿐만 아니라 군대의 움직임과 관련된 정보를 수집하고 사찰함으로써 도성 인근에 포진해 있던 시위군단에 의해 돌발할지 모를 모반을 사전에 탐지하여 이를 미연에 방지하는 역할도 담당했음을 알려준다. 이른바 국왕의 눈과 귀의 역할을 수행한 것으로서 금군의 성격을 여실히 보여준다.

그러면 지금까지 살펴본 간수군, 위숙군, 검점군 등의 금군을 구성한 부대들이 왜 『고려사』 병지3에 별도로 분리되어 서술되어 있었을까 하는 점이 궁금하다. 현재 그 이유에 대해서 만족할 만큼 밝힐 수는 없지만, 필자는 『고려사』의 찬자들이 『원사元史』를 병지 찬술의 전형적인 모범으로 하였으나 원과는 다른 고려사회의 특성 때문에 이들을 하나의 독립된 장으로 설정한 것이 아닌가라고 생각한다.[136]

이는 불교의 영향이 강하게 투영된 고려왕실의 조상숭배에서 진전사원이 차지했던 중요한 위상에 비추어볼 때 더욱 그러할 것으로 여겨진다. 더욱이 기왕에 지적하였듯이 고려시대 종묘와 같은 역할을 수행하면서도 그보다 더욱 중요하게 여겨진 진전사원[137]에 국왕과 왕실세력이 조상숭배를 위하여 자주 행차할 때 위숙군이 동원되었고, 이것이 경호라는 실질적인

---

136 『고려사』 병지의 찬술 원칙과 형태에 관해서는 邊太燮, 『『高麗史』의 研究』(삼영사, 1982) 참조.

137 許興植, 앞의 글 ; 朱雄英, 「家廟의 設立背景과 그 機能」, 『歷史教育論集』 7, 1985, 50~51쪽.

기능 이외에도 국왕과 왕실세력의 존엄이나 권위를 과시하는 상징적인 측면도 아울러 가졌을 것이라는 점에서 금군으로서의 한 성격을 엿볼 수 있다고 하겠다.

이상의 검토에서 고려의 금군에 견룡군, 공학군, 중금, 도지, 백갑, 순검군, 내순검군 등과 더불어 간수군, 위숙군, 검점군 등이 두루 포함되어 있었음을 알게 되었다.

따라서 흔히 금군은 숙위군, 시위군, 시봉군, 금위, 근위 등으로, 그 군사는 금위군사, 금위군인, 금위사, 수위군사, 시위군사, 시위군졸, 시종군인, 호종장사 등으로 비교적 다양한 형태로 기록되어 있었던 것이다. 또한 금군의 기능과 관련해서는 숙위, 시위, 수종, 호종, 호가, 수가, 시봉, 의장, 의위, 장위 등의 여러 가지 용어로 표현되었기 때문에 종래에 그 개념을 명확하게 규정하기에는 많은 어려움이 있었을 것이다.

한편 견룡군, 도지, 백갑 등 몇몇 개별부대들은 중국에서와는 달리 고려에서는 일반 관원이 아니라 국왕 측근의 군사조직 명칭으로 사용되었는데, 이는 중국제도의 고려적 변용 사례 가운데 하나로서 주목된다. 그러면 이들 각각의 기능이나 성격, 상호 간의 관계에 대해서 살펴보기로 하자.

기본적으로 금군은 국왕의 시위임무를 수행하였으나, 그 내부에는 역할에 따른 위상의 구분이 있었을 것이다. 왜냐하면 금군의 내부에는 각각 명칭과 임무를 달리하는 다양한 계열의 단위부대들이 병존하고 있었기 때문이다. 그러나 현존하는 사료 중 이를 구체적으로 보여주는 자료는 확인되지 않는다. 따라서 이는 극히 제한적이지만 단편적인 사료를 가지고서 추측해 볼 수밖에 없다.

먼저 체계상 핵심이 되는 부대는 중금군이라고 생각된다. 중금이라는 용어 자체에서도 그러한 측면을 읽을 수 있다. 그리고 음서 출신의 김윤金倫이 금군 가운데서 실질적인 군사력을 지닌 견룡군의 행수에서 좌도지를 거쳐 우중금에 이르고 있는 데서도[138] 그 일면을 짐작할 수 있다. 또한 아래의 사료는 이를 방증한다. 다음의 자료는 조선전기 세종대의 상황이지만 이 사료에서 중금이 지닌 성격의 일면을 어느 정도 짐작해 볼 수 있다.

> 좌의정 황희 등이 "중금의 임무는 왕 앞에서 큰소리로 진실을 가려 말하는 것으로 그 임무가 가볍지 않습니다. 이전에는 반드시 용모가 단정하고 목소리가 맑은 자를 차출하여 배정했기에 근장에 비교할 바가 아니었습니다. 또한 (중금에 선발되는) 인원이 20여 명에 불과하였기 때문에 관직에 나아가는 것이 가장 빨랐습니다. 이런 이유로 사람들이 많이 다투어 들어오게 되니 ……"라고 하였다.[139]

이 사료에서 중금의 임무를 '어전통갈御前通喝'이라고 한 점에서 중금군이 차지하고 있는 성격의 일면을 엿볼 수 있다. 더구나 이때 보이는 '어전통갈'의 의미는 특히 앞서 인용한 사료 E-3에서 보이는 중금의 임무와 다를 바 없을 것이라 판단된다. 특히 중금의 임무가 2군의 다른 명칭인 근장에 비할 바가 아니라는 데서 양자 간의 계통상의 차이를 확인할 수 있다.

그리고 견룡군[140]은 금군의 실제적인 주력부대로 파악할 수 있다. 이는 견룡군에 소속된 인물들이 실질적인 무용武勇을 보유하고 이를 발휘한 데서 추정된다. 예컨대 경대승慶大升이 정중부를 제거하는 과정에서 견룡군

---

138 이 책 제3장의 사료 I-3.

139 『世宗實錄』 권49, 세종 12년 7월 壬子. 左議政黃喜等 "以爲中禁之任 御前通喝 其任匪輕 前此 必以容貌端正 聲音淸亮者差定 非近仗比也 且其數止二十餘人 故去官最速 因此 人多爭入 ……."

140 견룡이라는 용어에서 龍은 국왕을 의미한다. 여기서 견룡이 국왕을 따라다니며 측근에서 보필한 점이 드러난다. 그런데 금군을 구성한 부대들 가운데 성격에 따라 그 유형을 구분할 경우 견룡군은 특히 호종군에 비정할 수 있다. 호종군이란 특히 『원사』 병지에 반영된 금군인 숙위군을 그 기능에 따라 구분하여 지칭할 때 일컫는 명칭이다. 저자는 고려의 견룡군이 여타 다른 부대들에 비해 가장 실질적인 군사력을 보유했다는 점에서 이를 호종군으로 보고자 한다.

인 허승許升의 용력勇力이 많은 사람들이 탄복할 정도임을 알고 그에게 지원을 부탁했다는 사실이나,[141] 허승을 용사라고 일컬은 점[142] 등은 견룡군이 실질적인 무력과 매우 관련 있는 성격의 부대였음을 보여주는 것이라 하겠다. 이 점은 무신집정기 국왕 측근의 군사력인 금군 계통의 관직을 역임한 전형적 무관인 정중부가 그가 지닌 용모웅위·용력으로 말미암아 공학금군을 거쳐 견룡군으로 진출했다는 점과 무신정권 아래에서 경대승이 자신의 신변보호 및 무력적 기반으로 활용한 사병조직인 도방都房을 견룡군 소속의 김자격金子格에게 통솔하도록 한 점[143] 등에서도 확인된다.

한편 공학군이 현전하는 사료에 하급군관직과 관련된 일체의 무관직명이 발견되지 않은 점이나 『고려사』 여복지1 의위 조에 각종 행사 시에 금군의 여타 개별부대들에 분산·배치되어 의전임무를 수행하고 있었던 점 등으로 미루어 보아 일반 병졸집단만으로 구성된 금군 내의 충원적 성격을 띤 부대였을 것으로 짐작된다. 따라서 일반적으로 공학군은 외국의 사신이 내방하였을 때 의전임무를 수행하거나 또는 국왕 및 왕실세력과 관련된 국가의 다양한 행사에 동원된 금군의 여타 개별부대에 상시로 동원·배속된 금군의 한 갈래로 판단된다.

앞서 용례 검토를 통해서도 알 수 있듯이 도지와 백갑군 역시 현전하는 자료에 한계가 있어 그 성격을 규정하기에는 많은 어려움이 따른다. 그러나 양자 모두 용어 자체에서 드러난 의미나, 『고려사』 여복지1 의위 조에 서술된 배치를 보면 의장군 계열의 부대로 파악된다.[144] 이 밖에 순검군은

---

141 『고려사』 권100 열전 慶大升. "牽龍許升有勇力 爲衆所服 筠愛之 升及隊正金光立·俊翼 又皆大升所善 九年 大升謂升曰 我欲去兇徒 汝能從之 事可成矣 升諾之."

142 『고려사절요』 권12, 명종 9년 9월. " …… 大升 謂所善勇士牽龍許升曰 我欲去兇徒 汝肯從我 事可成矣 升 諾之 ……."

143 『고려사』 권100, 열전, 慶大升. "初大升之討仲夫也 牽龍金子格有力焉 大升愛之 俾令都房."

144 백갑대 예하에 의장군 계열로 보이는 銀粧長刀隊, 銀骨朶子隊 등 '隊'라고 지칭되는 여러

국왕의 시위를 비롯하여 도성 내의 전반적인 사찰과 치안업무를 수행한 부대로 볼 수 있다.

마지막으로 위숙군은 개경 및 경기 지역에 위치한 여러 문, 능, 궁을 지키는 임무를 맡아보면서 각종 불교행사 시에 왕실의 절대적인 권위와 위엄을 상징적으로 드러내는 한편 국왕 및 왕실세력의 경호를 위해 조직된 부대로 추측된다. 그리고 간수군은 왕궁의 내탕경비를, 검점군은 도성 내의 특정 지역과 시설물의 소방업무를 포함한 관리·치안임무를 위시하여 왕성 외곽에 주둔한 군의 동향과 관련된 정보를 수집하고 사찰함으로써 그 주변에 포진해 있던 시위군단에 의해 언제 돌발할지 모를 모반을 사전에 탐지하는 등 국왕의 귀와 눈으로서의 역할을 수행하였다. 이처럼 금군의 개별부대들이 다양하게 존재한 것은 각각의 부대들이 수행한 임무의 기능적인 특성에 따른 결과로 보인다.

이상에서 살펴본 의종 21년 신설된 내순검군을 제외한 견룡, 중금, 공학, 도지, 백갑, 순검군, 간수군, 위숙군, 검점군 등의 성격과 위상을 통해 우리는 이 가운데 체계상 중금군이 가장 중심을 형성한 부대임을 알 수 있다. 그리고 견룡군은 금군의 핵심적인 무력부대이고, 공학군은 병졸집단만으로 구성된 금군 내의 충원적 성격을 띤 부대로 주로 의전 관련 행사에 동원되었으며, 도지와 백갑은 의장군으로서의 기능을 수행하며, 순검군, 간수군, 위숙군, 검점군 등은 임무의 특성에 기인하여 설치된 부대로 판단된다. 물론 이들 부대 역시 국왕의 곁에서 경계와 경호라는 기본적인 임무를 수행하였을 것이다.

종류의 부대가 있는 점, 그리고 실제 백갑이 白甲仗으로 서술된 점으로 보아 백갑은 금군 내에서 주로 의장부대로서의 역할을 수행한 것으로 추정된다.

제3장 금군의 군관조직과 병졸집단의 구성

1. 군관의 조직

금군의 군관직 문제를 검토하기에 앞서 먼저 2군과 금군의 군관조직 형태의 차이점을 살펴봄으로써 금군의 군관직이 지닌 특수성을 지적하고자 한다. 『고려사高麗史』 권72 여복지輿服志1 의위儀衛 조 백관의종百官儀從에는 근장제위近仗諸衛의 무반조직이 상장군上將軍, 장군將軍, 중낭장中郎將, 낭장郎將, 별장別將, 산원散員 등으로 명시되어 있다. 이러한 서술은 2군 6위를 구성하고 있는 상·하급의 군관조직 체계로서 『고려사』 권77 백관지百官志2 서반西班 조에 서술되어 있는 각 군단의 무관직 체계와도 일치한다. 그런데 금군의 개별부대들의 군관조직에는 장군, 대장군, 상장군 등의 상급군관은 전혀 보이지 않고, 주로 최고의 지휘관인 지유指諭와 행수行首 아래에 산원, 교위校尉, 대정隊正 등 하급군관직으로만 서열화되어 있음이 확인된다. 이와 관련해 일부 논자가 금군 소속의 개별부대들이 2군과는 무관한 별도의 친위군부대였다면 그 각각은 나름대로의 무반직을 구성하고 있었을 것이라고 한 바 있어 눈길을 끈다.[1]

이러한 외견상 나타난 군관직 구성의 차이는 금군 군관직의 특수성을 보여준다. 왜냐하면 언제 어떠한 상황이 전개될지 모르는 여건 속에서 친위군이 받는 일상적 중압감과 긴장의 연속이라는 업무 자체의 속성상 일반 친위병졸집단의 실질적인 운영을 보장하기 위해서는 무엇보다 하급군관들을 축으로 한 군관직 편성이 필요했다고 여겨지기 때문이다. 따라서 이 점에 유의하면서 금군의 군관직 구성에 대해서 살펴보자.

앞장에서 보았듯이 금군은 태조 이후 광종대를 거쳐 점진적으로 정비되었다. 이후 성종대의 제도개편 과정에서 또 한 번의 대대적인 정비를 거치면서 견룡군牽龍軍, 공학군拱鶴軍, 중금군中禁軍, 도지군都知軍, 백갑군白甲軍, 순검군巡檢軍, 간수군看守軍, 위숙군圍宿軍, 검점군檢點軍 등의 부대들이 출현하였고 의종 21년에는 내순검군이 새로이 증치되었다. 그리고 이들 가운데 몇몇 부대는 정국 동향과 맞물려 부침浮沈 현상을 거듭하면서 문종 이후 재정비 과정을 거쳐 의종 연간에는 국왕 측근의 핵심적인 군사력으로 기능하였다.

그런데 이처럼 금군이라는 군사조직이 제 기능을 발휘할 수 있었던 것은 체계적인 지휘체계, 즉 군관의 조직과 그에 소속된 병졸집단이 갖추어져 있었기 때문이었다. 후술하겠지만, 금군은 다양한 선발 방식에 따라 군사력을 충원하였고, 특히 병졸집단을 제외한 군관들은 대부분 하급군관으로 구성되어 있었다.

그래서 여기서는 먼저 금군을 구성하고 있는 각 개별부대들의 군관조직을[2] 복원하여 그 지휘체계를 살펴보고 이어서 병졸집단[3]의 구성 문제를 검

---

1 鄭景鉉, 「Ⅲ. 군사조직」, 국사편찬위원회 편, 『한국사』 권13, 1993, 288쪽.

2 금군의 구성부대 가운데 특히 『고려사』 병지3에 수록된 군사조직을 대상으로 한 군관조직은 현재 만족할 만한 모습으로 복원하기는 어렵다. 그래서 이 장에서도 그 대체적인 윤곽을 그려보는 데에 그칠 수밖에 없음을 밝혀둔다.

3 고려시대 무반을 구성한 隊正 이상의 將校를 제외한 일반 군인을 지칭하는 용례로는 軍人,

토해 보기로 하겠다.

다만 미리 밝혀둘 점은 견룡군을 제외하고는 금군을 구성한 개별 단위 부대들의 군관조직 실태를 그대로 보여주는 관련 사료들이 극히 부족하다는 사실이다. 단, 『고려사』 여복지에는 금군의 개별부대들의 배치현황 관련 자료가 남아 있는데, 이는 크게 참고할 만하다. 따라서 이 장에서는 논지전개의 비약을 무릅쓰고 일단 금군을 구성한 개별부대 가운데 비교적 그 군관직체계가 사료에 명확히 나타나는 견룡군의 사례에 근거하여 나머지 부대들의 군관직 체계를 대략적으로 더듬어보도록 하겠다. 우선 『고려사』 권72 여복지 의위 노부鹵簿 조에 서술되어 있는 견룡군의 배치 현황을 토대로 그 군관조직을 살펴보자.

A-1. 왕의 수레(가 나아가는) 길 중간에 수레를 호위하는 견룡반의 반사(견룡군 소속의 일반 병졸) 14명이 서 있고 …….[4]

A-2. 왕의 수레(가 나아가는) 길 중간에 견룡반의 행수 2명, 군사 20명이 서서 …….[5]

A-3. 견룡반의 지유 2명, 장교 8명을 좌우로 나누고 …….[6]

위의 사료는 각종 의식에서 국왕의 행차를 곁에서 수종하던 견룡군의

軍, 軍士, 兵士, 軍丁, 丁人, 軍卒, 兵卒, 士卒, 兵, 卒 등이 있다(李基白, 「高麗軍人考」, 『震檀學報』 21, 1960 ; 『高麗兵制史硏究』, 1968, 83~88쪽). 이 장에서 일반 군인을 지칭하는 용어로 兵卒을 선택한 이유는 막연히 軍人 또는 軍士라고 한다면 그 범주에 포함되는 군사력의 존재가 매우 포괄적으로 설정되기 때문이다. 그런데 兵卒이라는 용어는 武班의 최하급 軍官職인 隊正 이상과 완전히 구별되는 존재들로서 군제 존립기반의 인적 구성단위를 분명하게 보여줄 수 있다는 점에서 적합하다고 생각된다.

4 『고려사』 권72 여복지1 의위 西南京巡幸衛仗. "御輦中道護輦牽龍班 班士十四人 ……."

5 『고려사』 권72 여복지1 의위 西南京巡幸回駕 奉迎衛仗. "御輦中道牽龍班 行首二人 軍士二十人 ……."

6 『고려사』 권72 여복지1 鹵簿 王太子鹵簿. "牽龍班 指諭二人 將校八人 分左右 ……."

모습을 전하는 것으로, 전부는 아니더라도 견룡군의 군관조직에 대한 일정한 이해를 얻을 수 있다. 이 사료에서 견룡군에는 행수行首, 지유指諭, 장교將校, 군사軍士, 반사班士 등 군관과 병졸들이 소속되어 있었음을 알 수 있다. 그러나 여기에서 상하의 지휘체계는 확인되지 않는다.

견룡군의 상하 지휘체계에 대해서는 다음의 자료를 참조할 수 있다.

> B. 신의군 도령낭장 박희실과 지유낭장 이연소가 비밀리에 경 · 인준 · 승준 · 공주 · 장군 박송비 · 도령낭장 임연 · 대정 박천식 · 별장동정 차송우 · 낭장 김홍취 · 인준의 아들 대재 · 용재 · 식재 등에게 "(최)의가 아첨하는 소인배를 가까이해서 참소를 믿고 기피함이 많으니 서둘러 할 바를 하지 않으면 우리 무리들이 또한 어려움을 면치 못할까 두렵다"라고 하였다. 마침내 이에 대한 계책을 정하고 4월 8일을 기약해 관등을 이유로 거사를 결행하기로 하였다. 중낭장 이주가 이를 전해 듣고 견룡행수 (최)문본 · 산원 유태 · 교위 박선 · 대정 유보 등과 함께 비밀리에 글을 작성하여 이를 (최)의에게 알렸다.[7]

위의 사료는 고종 45년(1258)에 해당하는 것으로, 신의군도령낭장神義軍都領郎將 박희실朴希實, 지유낭장指諭郎將 이연소李延紹 등이 중심이 되어 그들을 따르는 여러 인물들과 최의를 제거하기 위한 음모를 도모하였을 때 이를 전해 들은 중낭장中郎將 이주李柱가 거사 직전에 그 사실을 알아채서 견룡행수牽龍行首 최문본崔文本 · 산원散員 유태庾泰 · 교위校尉 박선朴瑄 · 대정隊正 유보兪甫 등과 더불어 비밀리 최의崔竩에게 알렸음을 보여준다. 그런데 이 사건에서 견룡행수 최문본을 비롯한 산원 유태 · 교위 박선 · 대

7 『고려사』 권129 열전 崔忠獻 附 竩. "神義軍都領郎將朴希實 指諭郎將李延紹密謂 璥 · 仁俊 · 承俊 · 公柱 · 將軍朴松庇 · 都領郎將林衍 · 隊正朴天湜 · 別將同正車松祐 · 郎將金洪就 · 仁俊子大材 · 用材 · 式材等曰 竩 親近憸小 信讒多忌 不早爲之所 吾曹 恐亦不免 遂定計 約以四月八日 因觀燈擧事 中郎將李柱聞之 與牽龍行首崔文本 · 散員庾泰 · 校尉朴瑄 · 隊正兪甫等 密爲書通竩 ……."

정 유보 등이 보이고 있어 주목된다.

먼저 이 사료에 언급된 견룡행수는 견룡군의 지휘자인 행수가 분명하다. 그리고 그 아래에 기록된 산원 · 교위 · 대정도 견룡군의 산원 · 교위 · 대정으로 볼 수 있다. 그러므로 이를 통해 견룡군의 군관조직으로 일단 행수 · 산원 · 교위 · 대정 등의 지휘체계를 알 수 있게 되었다.

그러면 행수보다 상위의 군관직은 과연 없었을까? 이에 관해서는 먼저 국왕 측근의 군사력으로 존재한 개별부대들의 최고 지휘관이 일반적으로 지유라는 점이 참조된다.[8] 그리고 고려후기이긴 하지만, 김취려金就礪가 견룡행수를 거쳐 견룡지유로 승진한 사례도 참고할 만하다.[9] 이 두 사료를 통해 견룡군의 서열에서 지유가 행수보다 상위에 있던 것을 알 수 있고[10] 결국 견룡군의 군관조직은 최고 책임자인 지유와 그 아래 행수 그리고 행수 예하에 산원 · 교위 · 대정 등의 체계를 갖추고 있었던 것으로 정리할 수 있다.

이상의 지휘체계가 정확한지는 다음의 사례에서 검증해 볼 수 있다.

> C. 왕이 지유 우광윤 · 백임지 · 행수 이관부 · 송군수 · 경대승 · 견룡 차약송 등에게 타구할 것을 명하고 (이어) 비단과 명주를 차등에 따라 지급하였다.[11]

위의 사료에는 명종이 몇몇 지유와 행수들에게 타구打毬를 지시한 사실

---

8 宋寅州, 「高麗時代의 禁軍」, 『한국중세사연구』 3, 1996.

9 金龍善 編著, 「金就呂墓誌銘」, 『高麗墓誌銘集成』, 한림대학교 출판부, 1993, 362쪽. "…… 補牽龍行首 因而遷 御牽龍行首 以至于指諭 ……."

10 견룡군의 최고지휘자가 지유라는 점은 종전에 지적되었지만(權寧國, 「高麗後期 軍事制度 研究」, 서울대학교 박사학위논문, 1995, 14쪽), 그는 견룡군의 지유가 대개 別將급 정도의 장교였을 것이라고 하였다. 그러나 후술하겠지만 別將은 견룡지유의 그 다음 군관직인 견룡행수직에 보임되는 것이 일반적이었다.

11 『고려사』 권19 세가, 명종 4년 5월 丁酉. "王 命指諭于光胤 · 白任至 · 行首李冠夫 · 宋群秀 · 慶大升 · 牽龍車若松等打毬 賜綾絹有差."

이 나타나는데 여기에 견룡이라는 군사조직의 명칭을 가진 차약송車若松이 보인다. 그리고 그 앞에는 지유 · 행수 등의 군관직이 기록되어 있다. 그런데 『고려사』에는 일반적으로 관직이 높은 순서대로 기록되어 있는데 이 역시 그에 따른 것으로 보인다. 그리고 단순히 지유 · 행수로만 기록되어 있지만, 이들 모두는 견룡군을 지휘한 책임자였을 가능성이 매우 높다. 왜냐하면 국왕 측근에서 격구를 하는 등에서 측근의 지휘관임이 드러나기 때문이다.

이로써 지유와 행수라는 견룡군의 상하조직을 확인할 수 있게 되었다. 그리고 현존하는 사료상에서 견룡지유보다 상위인 지휘권자는 더 이상 확인되지 않기 때문에, 견룡지유를 견룡군의 최고지휘자로 간주해도 좋을 듯하다.

이처럼 견룡군 내에서 견룡지유가 지니고 있는 위상이 높았기 때문에 이 직책을 차지하기 위하여 권력층 간에 갈등이 빚어지기도 하였다.

> 조원정은 옥공의 아들로 어머니와 조모가 모두 관기였다. 처음에는 관직이 7품에 한정되었으나 정중부의 난 때 이의방을 도와 낭장과 장군을 역임하게 되고 명종 때 공부상서가 되었다가 추밀원부사로 전임하였다. 동궁의 견룡지유가 비어 있자 (조)원정이 자신의 아들을 임명할 것을 요청하자 왕이 중관을 시켜 "이미 상서 사정유의 아들을 기용하였다"라고 타일러 말하였다. (이에) 원정이 분노하여 중사를 꾸짖으며 "어찌 정유의 아들은 되는데 원정의 아들은 안 되는가?" 라고 말하니 듣는 자들이 통분하지 않을 수 없었다.[12]

---

12 『고려사』 권128 열전 曹元正. "曹元正 玉工之子 母及祖母 皆官妓也 初限職七品 鄭仲夫之亂 助李義方 遂歷郎將 · 將軍 明宗時 爲工部尙書 轉樞密院副使 東宮牽龍指諭缺 元正 請以其子補之 王令中官諭曰 已用尙書史正儒子矣 元正勃然 畜罵中使曰 何正儒子可 而元正子獨不可耶 聞者 莫不痛憤."

위의 사료는 명종대에 공석 중인 동궁東宮의 견룡지유 자리에 추밀원부사인 조원정曹元正이 자신의 아들을 앉히려고 하는 과정에서 국왕 측과 벌인 갈등을 잘 보여준다. 이때 동궁의 견룡지유란 동궁을 호종한 견룡군[13] 책임자인 지유를 말한다. 동궁 견룡지유는 동궁 측근의 최고 지휘자였으므로 차세대의 권력을 확고하게 보장받을 수 있는 자리로 인식되었을 것이다. 따라서 이 관직을 둘러싼 갈등이 빚어지기도 했던 것이다. 이로 미루어 보면 국왕을 호종하는 견룡군의 최고 지휘권자인 견룡지유 역시 상당한 비중을 지녔을 것으로 생각된다.

그러면 이러한 견룡지유에 취임할 수 있는 자격은 무엇이었을까? 아래의 사료를 보면 견룡지유에는 주로 정6품 낭장 이상의 군관이 임명되었던 것으로 보인다.

D-1. 낭장 김이생을 자문지유로 임명하였다. 이생은 일찍이 북계의 병사들을 데리고 밤에 화주성으로 들어가서 성 안의 사람들과 힘을 합쳐 (성을) 굳게 지켰다. 또 뛰어난 병법을 구사하여 적을 무려 1,000명이나 죽였는데 이러한 공로를 인정받아 이 직을 받았다.[14]

D-2. 충렬왕이 (원부)가 죽었다는 통보를 받고 매우 슬퍼하여 조회를 3일 동안 하지 않았으며 그에게 문순공이라는 시호를 내리고 백관들을 장례에 참석하게 하였다. 공은 예빈경 염수장의 큰 딸을 아내로 맞아 2남 1녀를 두었다. 장남 관은 현재 정승대부 판비서시사 보문서학사이고 막내 아들 경은 조봉대부 천우위섭대장군이다. 딸은 좌중금지유낭장 김홍예에게 시집갔다 …….[15]

---

13 견룡군은 국왕 측근의 견룡군과 동궁(태자) 그리고 諸妃府 측근의 견룡군 세 종류가 있었던 것으로 보인다(周藤吉之,「高麗前期の鈐轄・巡檢と牽龍」,『高麗朝官僚制の硏究』, 東京 : 法政大學出版局, 1980, 536쪽). 한편 御牽龍과 太子府牽龍이 있다고 본 견해도 있다(金洛珍,「牽龍軍과 武臣亂」,『高麗武人政權硏究』, 서강대학교 출판부, 1995, 35쪽).

14 『고려사』 권22 세가, 고종 14년 11월 己丑. "以郞將金利生 爲紫門指諭 利生 嘗領北界兵 夜入和州城 與城中人幷力固守 又出奇兵斬敵 無慮千百 以功受是職."

15 金龍善 編著,「元傅墓誌銘」, 앞의 책, 398쪽. "上聞訃甚悼 輟朝三日 贈謚文純公 百官會葬 公

위의 사료가 물론 견룡군의 지유 직에 취임한 사례를 직접적으로 보여주는 것은 아니다. 그러나 지유 직에 취임하는 일반적인 관례를 확인할 수 있어 참고할 만하다. 먼저 사료 D-1은 낭장 김이생金利生이 군공을 세워 자문지유가 되었음을 보여주는데, 자문지유는 궁궐의 출입문 가운데 하나인 자문을 지키는 책임자로 보인다. 그리고 사료 D-2는 충렬왕대 원부元傅의 사위였던 김홍예金興裔가 중금군의 군관직인 지유에 있었음을 알려주고 있다. 이러한 몇몇 사례로 볼 때 견룡지유는 주로 낭장급에서 임명되었음을 알 수 있다.

한편 앞의 사료 C에서 보았듯이 지유 다음의 지휘자는 행수이다. 견룡행수에는 정7품의 별장別將이 주로 임명되었는데, 이런 사실은 아래의 사료에서 확인할 수 있다.

E-1. 오광척은 견룡대정으로 임명되었는데 선비들과 함께 교유하기를 즐거워하고 무관들은 좋아하지 않았다. 의종 말년 별장으로서 견룡행수에 임명되었다. 이의방과 본래 교분이 있어 천우위 장군에 임명되었다가 금오위 장군 이부시랑으로 (직책이) 바뀌었다.[16]

E-2. 공은 상서좌복야 상장군 정황재의 딸을 아내로 맞아 자식을 두었는데 (아들은) 지금 교위로 견룡이 되었고 딸은 (견)룡행수별장 이□에게 시집갔다. 그 나머지 자손은 어리므로 적지 않는다.[17]

E-3. 어사대의 하인 이통이 경기의 초적과 성중의 노예들을 불러모아 반란을 일으켰다. 유수병마사를 내쫓고 마침내 3군을 만들어 여러 절로 (그들이 봉기한

娵禮賓卿廉守臧一女 生子二女一 胄子瓘時爲正承大夫判秘書寺事寶文署學士 季子卿朝奉大夫千牛衛攝大將軍 女適左中禁指諭郎將金興裔 …….”

16 『고려사』 권100 열전 慶大升. “(吳)光陟補牽龍隊正 喜與儒士遊 不好武 毅宗末 爲別將牽龍行首 與李義方有素 拜千牛衛將軍 改金吾衛將軍吏部侍郎 …….”

17 金龍善 編著, 「盧大將軍墓誌銘」, 앞의 책, 278쪽. “公娶尙書左僕射上將軍丁黃載之女 有子 今以校尉爲牽龍 有女 適□龍行首別將李□ 其餘子孫微且少 不錄.”

뜻을 알리는) 글을 돌려 승도들을 불러 모은 후 나라의 기관과 민간의 전곡을 약탈하였다. 왕이 이를 듣고 추밀원부사 조염경을 중군진주(중군이 주둔한 진영의 책임자)로, 상장군 최근을 우군진주로, 상장군 이자성을 후군진주로 임명하여 (이들을) 토벌하게 하였다. 적은 3군이 강화에서 강을 건넜다는 소식을 듣고 강변에서 맞아 싸웠다. 3군이 적을 승천부 동쪽 교외에서 공격하여 크게 물리쳤다. 견룡행수 별장 이보와 정복수가 야별초를 거느리고 먼저 개성에 이르자 적이 문을 닫고 성을 지켰다.[18]

E-4. 공은 글씨를 잘 써서 여러 비문을 베꼈다. 학문에 뜻을 둘 나이가 되자 문음(음서)을 통해 입사함으로써 장생서승이 되었고 뒤에 다시 별장으로 바뀌면서 어견룡행수가 되었다.[19]

E-5. …… 얼마 후 적을 내시로 옮겼다가 도염서승에 임명되었다. 곧바로 무반직으로 교체되어 흥위위별장으로서 어견룡행수에 차출되었다. 충렬왕이 황제의 딸인 제국공주와 혼인하면서 특별히 응선부를 세웠는데 을해년(1275)에 응선부의 견룡행수로 (자리를) 옮겼다. 좌우위낭장에 임명되었다가 우지유로 옮겼으며 이어 차흥위위 장군이 되었다. 계미년(1283)에 다시 문반으로 교체되어 …….[20]

E-6. 공은 15세에 사마시에 응시하여 합격하였는데 이때가 지원(원 세조의 연호) 기축년(1289)이었다. 원정(원 성종의 연호) 병신년(1296)에 도재고판관에 임명되고 내시에 소속되었다. 대덕(원 성종의 연호) 기해년(1299)에 무반직으로 교체되어 신호위별장으로서 별도로 견룡행수에 배속되었으며 경자년

---

18 『고려사절요』 권16, 고종 19년 7월 乙酉. "御史臺皀隸李通 嘯聚京畿草賊及城中奴隸以叛 逐留守兵馬使 遂作三軍 移牒諸寺 招集僧徒 摽掠公私錢穀 王聞之 以樞密院副使趙廉卿爲中軍陣主 上將軍崔瑾爲右軍陣主 上將軍李子晟 爲後軍陣主 討之 賊聞三軍自江華渡江 逆于江邊 三軍擊賊于昇天府東郊 大敗之 牽龍行首別將李甫・鄭福綏 率夜別抄先至開城 賊閉門城守."

19 金龍善 編著, 「金恦墓誌銘」, 앞의 책, 439쪽. "公以善書 多寫碑文 年方志學 以門蔭入仕 爲掌牲署丞 後改爲別將 御牽龍行首職 ……."

20 『拙藁千百』 권1, 「閔宗儒墓誌銘」. "…… 未幾 移籍內侍 除都染署丞 尋換武資 以興威衛別將 差御牽龍行首 忠烈王尙帝女齊國公主 特立膺善府 乙亥 徙爲膺善府牽龍行首 拜左右衛郞將 轉右指諭 尋借興威衛將軍 癸未 復文資 ……."

(1300)에 좌우위장군으로 임명되었다. 임인년(1302)에 다시 문반직으로 교체되어 조현대부 군부총랑이 되고 금자를 받았다. 얼마 지나지 않아 전리총랑 판사영서사로 옮겼다. 지대(원 무종의 연호) 무신년(1308)에 다시 무반직으로 교체되어 좌우위대호군에 임명되었다.[21]

위의 사료 E-1은 오광척吳光陟이 의종 말년에 별장으로서 견룡행수에 임명된 사실을 보여준다. 또 신원이 명확히 확인되지 않는 노盧장군의 사위인 견룡행수별장 이□李□라는 인물이 존재했음도 사료 E-2에서 확인된다. 그리고 사료 E-3에서도 역시 고종대 국내에서 일어난 소요사태를 진압하기 위해서 동원된 병력 가운데 야별초를 통솔한 지휘관으로 견룡행수별장 이보와 정복수의 존재가 보인다.

더욱이 사료 E-4에서는 문음으로 관직에 출사한 김순金恂이 별장으로 견룡행수에 임명된 것을 알 수 있다. 민종유閔宗儒 또한 홍위위별장으로 견룡군의 행수 직에 배속되었으며(E-5), 충렬왕대 최운崔雲도 사마시司馬試를 거쳐 충렬왕 25년(1299)에 신호위 별장으로서 견룡행수 직에 배속 · 임명되었다(E-6).[22] 이와 관련해서 앞의 사료 B에 보이는 최문본이 견룡행수로서 별장이었다는 점 또한 참고할 만하다.[23]

이러한 여러 사례들은 견룡행수가 대체로 정7품의 별장이 취임하는 자리였음을 잘 보여주는데, 이로써도 견룡행수가 견룡지유보다 하위의 직책

21 『拙藁千百』 권1, 「崔雲墓誌銘」. "…… 公生十五歲 擧中司馬試 實至元己丑也 元貞丙申 補都齋庫判官 屬籍內侍 大德己亥 換武資 以神虎衛別將 別差牽龍行首 庚子 拜左右衛將軍 壬寅 復文資 授朝顯大夫軍簿摠郎 賜金紫 俄改典理摠郎判司盈署事 至大 戊申 又換武 拜左右衛大護軍."

22 단, 이들은 '以興威衛別將 差御牽龍行首' 또는 '以神虎衛別將 別差牽龍行首'라 하여 6위의 興威衛와 神虎衛의 別將으로 견룡군의 행수직에 보임된 점이 특이하다. 이는 군관직 간의 상호배속을 의미하는 것으로 중앙군 운용의 한 특성을 시사한다고 판단된다.

23 『고려사절요』 권17, 고종 45년 6월. "流樞密院使崔昷于黑山島 昷倜儻敢言 臨事果斷 故仁俊之誅崔竩也 邀致議事 其後 仁俊等 籍竩家 得書一通 乃昷子別將文本 告仁俊之謀也 乃流文本于島."

이었음을 알 수 있다.

그러나 다음과 같은 극히 이례적인 사례도 찾아볼 수 있다.

F-1. 이의방은 전주 사람이다. 의종 말 산원으로서 견룡행수가 되었는데 정중부, 이고 등과 함께 난을 일으켰다.[24]

F-2. 낭장 최종언이 공주(충렬왕의 왕비)의 유모에게 의뢰하여 견룡행수가 되었다. (김)주정이 낭장 김희에게 그를 대신하게 하였다. (김)희의 형 (김)의 및 조순 또한 낭장으로서 행수가 되었는데 이들 모두는 김주정과 인척이기 때문에 당시의 (사람들이) 한 집안에서 3명의 행수가 나왔다고들 하였다.[25]

위의 사료 F-1에서는 의종 말 이의방이 산원으로서 견룡행수가 된 사례를 볼 수 있다. 그리고 충렬왕 때 최종언崔宗彦이 공주의 유모에게 청탁하여 낭장으로서 견룡행수가 된 경우와 김주정金周鼎의 인척인 김희金禧, 김의金儀, 조순曹淳 등이 낭장으로 행수가 된 사실(F-2) 등도 발견된다. 이러한 몇몇 예들은 사료 F-2의 '모두 김주정의 인척〔皆周鼎姻亞〕'이라는 표현에서 단적으로 알 수 있듯이 극히 이례적인 사례로 생각된다.

한편 견룡군에는 견룡행수 아래에 견룡산원, 견룡교위, 견룡대정 등의 하급군관직도 있었다. 이들 중 견룡산원은 앞의 사료 B에서, 견룡교위와 견룡대정은 다음의 자료에서 재확인된다.

G-1. 왕이 우타(라는) 하천 들판에 이르렀을 때 갑자기 호랑이가 나타나자 시봉군에게 이를 물리치라고 명령하였다. 견룡교위 송종소가 호랑이를 잡아 죽이

---

24 『고려사』 권128 열전 李義方. "李義方 全州人 毅宗末 以散員爲牽龍行首 與鄭仲夫·李高等作亂."

25 『고려사』 권104 열전 金周鼎. "…… 郎將崔宗彦 賴公主乳媼 爲牽龍行首 周鼎 以郎將金禧代之 禧兄儀及曹淳 亦以郎將爲行首 皆周鼎姻亞 時號一門三行首."

니 종소에게 옷 한 벌을 하사하였다.[26]

G-2. (오)광척이 견룡대정으로 임명된 후 선비들과 교유하기를 즐기고 무관들은 좋아하지 않았다. 의종 말년에 별장으로서 견룡행수가 되었다. 이의방과 본래 교분이 있어 천우위 장군에 임명되었다가 금오위 장군 이부시랑으로 직책이 바뀌었다.[27]

G-3. 정중부는 해주 사람으로 용모가 뛰어나며 눈동자가 반듯하며 이마가 넓고 턱수염과 구레나룻이 희고 밝아 아름다웠다. 키는 7척 정도나 되어 바라보기가 두려울 만하였다. 처음 주에서 군적(군인의 이름을 등재한 장부)에 올릴 때 그의 팔을 묶어 서울로 보냈는데 (당시의) 재상 최홍재가 군사를 뽑는 과정에서 보고 이상히 여겨 묶은 팔을 풀어주고 위로한 후 공학금군에 충원하였다. 인종조에 처음으로 견룡대정에 임명되었다.[28]

위의 사료 G-1에서는 숙종을 측근에서 호종한 '시봉군侍奉軍' 가운데 견룡교위인 송종소가 포함되어 있음을 확인할 수 있는데, 이는 견룡군에 견룡교위가 설치되었음을 잘 보여준다. 이와 관련해서 앞의 사료 E-2의 묘지명에 기록되어 있는 "지금 교위로서 견룡이 되었다〔今以校尉爲牽龍〕" 라는 대목도 참고된다. 특히 사료 G-3에서는 정중부가 '공학금군控鶴禁軍'의 일반 병졸로 있다가 인종조에 이르러 견룡대정에 보임되었다고 기록되어 있어 견룡대정은 견룡군의 지휘체계 가운데 가장 말단에 위치해 있었음을 알 수 있다. 그리고 앞의 사료 E-1에는 오광척이 견룡대정에 임명되었다고 기록되어 있어 견룡군에 대정직이 있었음을 분명하게 알 수

26 『고려사』 권11 세가, 숙종 7년 11월 壬午朔. "王 次牛陁川野 有虎突出 命侍奉軍 逐之 牽轆校尉宋宗紹搏殺之 賜宗紹衣一襲."

27 『고려사』 권100 열전 慶大升. "(吳)光陟補牽龍隊正 喜與儒士遊 不好武 毅宗末 爲別將牽龍行首 與李義方有素 拜千牛衛將軍 改金吾衛將軍吏部侍郎."

28 『고려사』 권128 열전 鄭仲夫. "鄭仲夫 海州人 容貌雄偉 方瞳廣顙 白晳美鬚髯 身長七尺餘 望之可畏 初州上軍籍 封其臂送京 宰相崔弘宰選軍 見而異之 解其封慰勉 充控鶴禁軍 仁宗朝 始補牽龍隊正."

있다.

이들의 취임 자격은 군관조직의 명칭이 이미 시사하듯이 견룡교위에는 교위, 견룡대정에는 대정이었을 것으로 생각된다. 특히 견룡대정은 일반적으로 무관직의 위계 중 최하위직으로서 일반 병졸에서 승진하는 장교의 자리였고 다음 군관직인 교위로도 승진했음을 미루어 볼 때[29] 견룡군의 군관직체계 가운데 가장 아래에 위치했음을 알 수 있다.

지금까지 금군을 구성한 개별부대 가운데 하나인 견룡군의 군관직체계를 검토하였다. 그 결과 견룡군은 최고의 지휘권자인 견룡지유 이하 견룡행수를 위시한 견룡산원, 견룡교위, 견룡대정 등의 차례로 짜여져 있음을 알 수 있게 되었다.

한편 견룡군 외에 군관조직 체계를 어느 정도 확인할 수 있는 것으로는 중금군이 있다. 중금군의 최고 책임자 가운데 제일 먼저 눈에 띄는 것은 중금지유이고, 그 다음으로는 중금행수이다. 『고려사』 권72 여복지1 의위조에서 각종 행사에 동원된 중금군이 각기 지유 · 행수 · 반사로 구성되어 있었음이 발견되었다. 이는 중금군의 군관조직이 견룡군과 마찬가지로 지유와 행수를 중심으로 한 지휘체계였음을 알려준다. 이와 관련한 다음 사료를 살펴보자.

H-1. 중금반은 영지유(중금반의 대열을 통솔한 지유) 2명, 행수 2명, 반사 14명이며 …….[30]

H-2. 중금반의 영지유 2명, 행수 2명, 반사 36명을 나란히 좌우로 나누어 …….[31]

---

29 李基白, 앞의 글 ; 앞의 책, 1968, 115쪽.

30 『고려사』 권72 여복지1 의위 朝會衛仗. "中禁班 領指諭二人 行首二人 班士十四人 ……."

31 『고려사』 권72 여복지1 法駕衛仗. "中禁班 領指諭二人 行首二人 班士三十六人 竝分左右 ……."

H-3. 중금반은 영지유 2명, 행수 2명, 반사 20명 …….[32]

H-4. 중금반의 영지유 2명은 좌우로 나누고 행수 2명, 반사 20명은 …….[33]

H-5. 중금반의 영지유 2명, 행수 2명, 반사 20명은 좌우로 나누며 …….[34]

H-6. 중금반은 지유 2명, 행수 2명, 반사 20명 …….[35]

위의 사료는 각종 의식에서 국왕을 수종하는 중금군의 지휘계통을 보여주는 것으로, 이로써 군관조직에 대한 일정한 이해를 얻을 수 있다. 여기서는 지유와 행수 아래의 반사 등 중금군의 직책을 맡은 소속 지휘관과 병졸들이 있었음을 알 수 있다. 이는 외견상 중금군의 상하조직을 그대로 보여주는 것이라 하겠다. 그러면 이러한 군관조직에 대한 이해가 정확한지를 아래의 사료로써 검증해 보자.

I-1. 박순필은 가문이 미천하지만 생김새와 태도가 빼어났고 수염이 아름다웠으며 언어를 구사하는 것이 뛰어나 다른 사람들이 칭찬할 만했다. 의종 때 중금군으로 들어가서 매우 정성을 다해 부지런히 시위하여 비로소 용작에 임명되었다. 명종이 즉위함에 좌중금지유로 승진하였다.[36]

I-2. 송의의 아들은 (송)화인데 의가 배반하고 몽고로 들어가려고 할 때 화가 울면서 간청하였지만 듣지 않았다. …… 화는 아버지를 원망하여 황제에게 요청해 아내를 데리고 고려로 돌아왔다. 원종이 기뻐서 그를 발탁하여 어견룡행

32 『고려사』 권72 여복지1 상원연등 奉恩寺眞殿親幸衛仗. "中禁班 領指諭二人 行首二人 班士二十人 ……."

33 『고려사』 권72 여복지1 八關衛仗. "中禁班 領指諭二人 分左右 行首二人 班士二十人 ……."

34 『고려사』 권72 여복지1 西南京巡幸衛仗. "中禁班 領指諭二人 行首二人 班士二十人 分左右 ……."

35 『고려사』 권72 여복지1 西南京巡幸回駕 奉迎衛仗. "中禁班 指諭二人 行首二人 班士二十人 ……."

36 『고려사』 권100 열전 朴純弼. "朴純弼 門地賤微 挺姿表 美鬚髯 進止言語 爲人所推許 毅宗時 以中禁軍入衛頗勤恪 始補勇爵 明宗立 遷左中禁指諭."

수로 임명했다. (이후) 중금지유에 이르렀으나 그의 어머니가 천인이라는 이유로 (관직에 나아가는 것이) 3품으로 제한되었다. 후일 (송)의 또한 돌아왔다.[37]

I-3. 공의 성은 김씨이고 휘는 윤, 자는 무기, 호는 죽헌이다. …… 음서로 노부판관에 임명되었다가 전구승으로 (자리를) 옮겼고 별장을 거쳐 낭장에 올라 견룡행수 및 좌도지 · 우중금의 두 지유가 되었고 신호위호군 겸 감찰시승에 임명되었다.[38]

I-4. 충렬왕은 (원부가) 죽었다는 기별을 듣고 매우 슬퍼 조회를 사흘 동안 멈추고 문순공이라는 시호를 내렸으며 백관들이 장례에 모이게 하였다. 공은 예빈경 염수장의 큰 딸을 아내로 맞아 2남 1녀를 낳았다. 장남 관은 현재 정승대부 판비서시사 보문서학사이고 막내아들 경은 조봉대부 천우위섭대장군이다. 딸은 좌중금지유낭장 김흥예에게 시집갔는데 …….[39]

위의 사료 I-1 · I-2 · I-3 · I-4에 보이는 중금지유는 중금군의 지휘체계에서 위상이 어땠을까? 먼저 사료 I-2에는 송의宋義의 아들 송화宋和가 견룡행수를 거쳐 중금지유에 이르렀음이 나타나 있다. 이는 바로 중금지유가 견룡행수보다 고위직이었음을 말해주는 것이다. 그리고 사료 I-3에서는 김윤金倫이 '견룡행수牽龍行首, 좌도지左都知, 우중금이지유右中禁二指諭' 순으로 관직을 역임했음을 알 수 있다. 따라서 중금지유를 중금군의 최고 지휘권자로 파악해도 무방할 것이다.[40]

---

37 『고려사』 권124 열전 尹秀 附 吉甫. "宋義子和 義之叛入也 和泣諫 不聽 …… 和 益怨其父 請帝 挈妻東還 元宗喜 擢爲御牽龍行首 至中禁指諭 以其母賤 限職三品 後義亦還."

38 金龍善 編著, 「金倫墓誌銘」, 앞의 책, 533쪽. "公姓金氏 諱倫 字無已 號竹軒 …… 蔭補鹵簿判官 轉典廐丞 由別將陞郎將 爲牽龍行首 · 左都知 · 右中禁二指諭 拜神虎衛護軍兼監察侍丞 ……."

39 金龍善 編著, 「元傅墓誌銘」, 앞의 책, 398~401쪽. "上聞訃甚悼 輟朝三日 贈謚文純公 百官會葬 公娵禮賓卿廉守臧一女 生子二女一 胄子瓘時爲正承大夫判秘書寺事寶文署學士 季子卿朝奉大夫千牛衛攝大將軍 女適左中禁指諭郎將金興裔 ……."

40 다만 중금군은 물론이고 도지의 군관 구성상에 보이는 領指諭라는 명칭이 특이하다. 이는 중금군과 도지의 내부 편제방식이 좌우로 분리되었기에 나타난 명칭으로 짐작된다. 그러므로 견룡군의 사례를 통해 확인된 군관 구성 및 각 부대들의 최고 지휘자가 지유라는 점으로 미루

그런데 중금지유에는 좌중금지유와 우중금지유가 있었다(I-2 · I-3 · I-4). 이는 중금군이 앞의 자료 H-2 · H-4 · H-5에 기록되었듯이 좌중금군과 우중금군의 좌우체제로 나뉘어져 있었기 때문인데, 이때 좌중금지유와 우중금지유는 이들을 각각 관할하여 통솔하는 직책이었으리라 생각된다. 이러한 중금지유의 품계는 사료 I-4의 '좌중금지유낭장김홍예左中禁指諭郎將金興裔'에서 미루어 보아 낭장 이상일 것으로 생각된다. 결국 이상의 검토를 종합해 보면 중금군은 좌중금지유와 좌중금행수 및 우중금지유와 우중금행수 등의 좌우조직체계로 나뉘어 있었던 것으로 파악된다.

도지都知 역시 중금군과 거의 동일한 군관조직으로 구성되어 있었다.

J-1. 도지반 영지유 2명, 행수 2명, 반사 10명 …… 도지반 영지유 2명, 반사 20명을 좌우로 나누어 …….[41]

J-2. 도지반 영지유 2명, 행수 2명, 반사 20명 …… 도지반 영지유 2명, 행수 2명, 반사 20명이다.[42]

J-3. 도지반은 영지유 2명을 좌우로 나누며, (다음에) 행수 2명, 반사 20명을 좌우로 나눈다.[43]

J-4. 도지반 영지유 2명, 행수 2명, 반사 16명을 좌우로 나눈다.[44]

J-5. 도지반 영지유 2명, 행수 1명, 반사 20명이다.[45]

어 지유를 개별 단위부대의 책임자로 보아도 무방할 것이다.

41 『고려사』 권72 여복지1 의위 朝會儀仗 · 法駕衛仗. "都知班 領指諭二人 行首二人 班士十人 …… 都知班 領指諭二人 班士二十人 分左右 ……."

42 『고려사』 권72 여복지1 상원연등 奉恩寺眞殿親幸衛仗. "都知班 領指諭二人 行首二人 班士二十人 …… 都知班 領指諭二人 行首二人 班士二十人."

43 『고려사』 권72 여복지1 八關衛仗. "都知班 領指諭二人 分左右 行首二人 班士二十人 分左右."

44 『고려사』 권72 여복지1 西南京巡幸衛仗. "都知班 領指諭二人 行首一人 班士十六人 分左右."

45 『고려사』 권72 여복지1 西南京巡幸回駕 奉迎衛仗. "都知班 領指諭二人 行首一人 班士二十人."

J-6. 김부윤의 아이 때 이름은 용성이고, 토산군 사람이다. 좌도지시위군에 소속되어 교위로 임명되었다. 충렬왕이 세자로서 원 나라로 갔을 때 (그를) 따랐다.[46]

J-7. (오잠은) 두 명의 아들을 낳았다. 첫째 아들 승봉조 내부시승 (오)길은 공보다 먼저 사망하였다. 그는 밀직부사에서 물러난 백서경의 큰 딸을 아내로 맞이하여 두 딸을 낳았는데 (두 딸은) 대구 사람이다. 둘째 아들 전 좌도지유 · 신호위보승낭장 선은 밀직사우부승지 상호군 송진의 둘째 딸을 아내로 맞아 …….[47]

위의 사료 J-1 · J-2 · J-3 · J-4 · J-5는 『고려사』 권72 여복지1 의위 조에 나타난 도지의 배치현황으로, 각종 행사에 동원된 도지의 지휘자와 병졸집단의 존재를 보여준다. 이를 보면 도지 또한 앞서 검토한 중금군과 마찬가지로 지유, 행수, 반사로 구성되어 있었음을 알 수 있다. 그런데 앞의 사료 I-3 · J-6 · J-7에서 확인할 수 있는 '좌도지'의 존재는 사료 J-1 · J-3 · J-4에 군사조직을 좌우로 나누어 하나의 반班을 구성했다는 내용이 있으므로 도지 내에 좌도지뿐만 아니라 '우도지'도 있었음을 미루어 짐작할 수 있다.[48]

이상의 추론에 입각해서 볼 때 도지 역시 중금군의 지휘체계와 비슷한 좌도지지유 · 좌도지행수 및 우도지지유 · 우도지행수 등의 좌우체제로 나뉘어 있었을 것이라 짐작할 수 있다.

한편 백갑白甲과 관련해서 충렬왕대 손공려孫公呂가 '우백갑지유右白甲指

46 『고려사』 권107 열전 金富允. "金富允 初名用成 兎山郡人 隷左都知侍衛軍 補校尉 忠烈以世子如元 富允從之."

47 金龍善 編著, 「吳潛墓誌銘」, 앞의 책, 489쪽. "…… 生二男 一男承奉詔內府寺承佶 先公亡 娶密直副使致仕白瑞卿一女 生二女 大邱人也 二男前左都指諭 · 神虎衛保勝郎將僐 娶密直司右副承旨上護軍宋瑨之二女 ……."

48 인용 사료 J-7을 보면 "二男前左都指諭"라고 기록되어 있으나 이는 知자가 누락된 誤記이다.

諭'라는 군관직을 담당하고 있었던 점[49]이 주목된다. 이 역시 대칭되는 군관직으로 '좌백갑지유左白甲指諭'가 존재했음을 시사한다. 이 외에 백갑군의 군관조직을 구체적으로 알 수 있는 자료는 더 이상 찾을 수 없다. 그러나 『고려사』 권72 여복지1 의위 조의 기사에 기록된 백갑의 행차 시 서열을 참조하면,[50] 백갑군이 좌백갑지유, 영도장領都將, 장교 및 우백갑지유, 영도장, 장교 등으로 이루어져 있었던 것으로 추측된다. 이때 백갑지유가 영도장 앞에 위치한 이유는 서열상 지유가 영도장 위에 있었기 때문이었을 것으로 판단된다.[51]

한편 순검군은 순검좌우부로 나뉘고 그 예하는 각각 영도장, 지유라는 군관조직과 일반 병졸로 구성되어 있었던 것으로 생각된다.[52] 그런데 순검군의 지유가 다른 부대들의 군관조직과 달리 영도장 아래에 위치하고 있는 것은 낭장, 별장, 산원이 서로 교차해 가며 자유를 담당했기 때문으로 짐작된다.[53] 특히 여기서 보이는 순검영도장巡檢領都將은 순검군의 군관일 것으로 생각되는 순검도령巡檢都領을 통솔하는 상급지휘관이었을 것으로 추측된다.[54] 따라서 순검군은 순검좌부, 영도장, 순검군지유와 순검우부,

---

49 『고려사』 권30 세가 충렬왕 11년 2월 乙卯. "流右白甲指諭孫公呂于海道 公呂曾投逆賊 向王語多不遜 濫受是職 宰樞 白而流之."

50 『고려사』 권72 여복지1 의위 조에 白甲隊 領都將二人 將校二人 軍士五十人 分左右(朝會衛仗) 白甲隊 領都將二人 將校十人 軍士一百五十人 分左右(燃燈衛仗), 白甲隊 領都將二人 將校十二人 軍士一百五十人(八關衛仗) 등이 보인다.

51 『고려사』 권89 열전 后妃, 충렬왕 齊國大長公主. "…… 只令牽龍 · 巡檢 · 白甲指諭 · 都將校 · 樂官 禮服迎駕 ……."

52 『고려사』 권72 여복지1 의위 西南京巡幸衛仗. "…… 巡檢左右府領都將二人指諭六人(郎將別將散員交差衣佩同上)軍士一百五十人 ……."

53 위와 같음.

54 이 책의 제2장 '금군의 성립과 구성부대'의 사료 H-3에 巡檢都領 鄭惟晃의 존재가 보인다. 都領의 성격에 관해서는 다음의 논고들이 참조된다.

江原正昭, 「高麗の州縣軍に關する一考察」, 『朝鮮學報』 28, 1963 ; 金南奎, 「高麗 兩界의 都領에 대하여」, 『慶南大學論文集』 4, 1977 ; 『高麗兩界地方史硏究』, 새문사, 1989 ; 李基白 外, 『崔承老上書文硏究』, 一潮閣, 1993 ; 김갑동, 「고려시대의 都領」, 『한국중세사연구』 3, 1996.

영도장, 순검군지유 등으로 구성되었을 것으로 추정된다.

내순검군의 지휘체계를 알 수 있는 자료는 극히 한정적이다. 다만, 명종 초에 이의방李義方이 산원 자리에 있던 두경승杜景升을 불러 들여 내순검군 지유로 임명한 사실[55]만을 찾아볼 수 있을 뿐이다. 그러나 의종 때 백임지白任至가 내순검군에 충원된 후 "어가의 행차를 호위하며 곁에서 잠시도 떠나지 않은〔扈駕出入 不離仗側〕" 공로를 인정받아 대정隊正에 임명된 사례를[56] 찾을 수 있는데, 이때의 대정이 내순검군의 무관인 대정직일 가능성이 매우 높다.

한편 여타의 부대들에서 보이는 군관직체계와 마찬가지로 내순검군 역시 그 지휘체계상 지유와 행수 예하 여타의 군관직으로 구성되었을 것으로 생각된다. 그러나 더 이상의 구체적인 실태는 확인할 수 없다. 결국 자료에 드러난 내용으로 그 서열을 추정하면, 내순검군은 내순검군 지유와 내순검군 대정 등의 서열로 위계화되어 있었던 것으로 추측할 수 있다.

지금까지의 논의를 정리하면 견룡군의 군관 구성이 지유와 행수를 정점으로 각기 서열에 따라 체계적으로 위계화되어 있는 데 비해 여타 개별부대들의 군관 구성은 교위, 대정 등의 하급군관직은 거의 찾아볼 수 없고 주로 지유와 행수 등만이 존재한 것으로 이해할 수 있다. 이에 관한 원인을 명확히 밝힐 수는 없으나, 대개 사료상의 누락 때문으로 짐작된다.

마지막으로 병지3의 간수군, 위숙군, 검점군에는 그들의 지휘체계가 특이한 형태로 나타나 있다.[57] 앞서 금군을 구성한 개별부대들의 지휘체계와

---

55 『고려사』 권100 열전 杜景升. "明宗初 再遷散員 李義方聞其名 引爲內巡檢軍指諭."

56 『고려사』 권100 열전 白任至.

57 『고려사』 권83 병지 3 看守軍 · 圍宿軍 · 檢點軍.

이들 3부대의 인적 구성 현황을 대략 살펴보면 간수군은 ① 將校 雜職將相 軍人, ② 將校 軍人, ③ 雜職將校 散職將相, ④ 雜職將相 監門衛軍, ⑤ 將校, ⑥ 雜職將相, ⑦ 散職將相, ⑧ 將校 散職將相 散職將校, ⑨ 將相 將校 軍人, ⑩ 將校 雜職將校 軍人, ⑪ 將校 雜職將校, ⑫ 散職將相 雜職將校이고, 위숙군은 ① 職事將校 散職將相 監門衛軍 同門事知將校 監門衛軍 同門水口將

는 달리 여기에서는 제각기 해당지역에 배치되어 경비를 당당한 전직 장상將相과 현직 장상은 물론이고 장교, 산직장교散職將校, 군인, 감문위군監門衛軍, 나장螺匠, 도전都典 등이 일정한 방식 없이 복잡한 형태로 기록되어 있어 그 실상을 제대로 파악하기가 매우 어렵다. 다만 기록 형태가 곧 편성 자체의 성격을 드러내는 것이라 판단된다. 그리고 이를 통해 이러한 편성이 현직 관료들의 퇴직 후 안배를 위한 조치로서 고려 관료제도 운용의 한 특성이었음을 짐작할 수 있을 뿐이다. 그리고 이러한 특성은 금군 내의 다른 개별 군사조직들에 비해서 실제 이들 부대가 차지한 위상, 즉 유사시 발휘될 수 있는 군사력 운용의 정도에서 볼 때 전자와는 성격을 달리해야 했다는 점에 기인한 것으로 짐작된다.

지금까지 금군을 구성한 개별부대들의 군관조직에 대해서 살펴보았다. 일반적으로 고려시대의 무반체계는 상장군과 대장군 그리고 장군 예하에 중낭장(정5품), 낭장(정6품), 별장(정7품), 산원(정8품), 교위(정9품), 대정(품외) 등의 품계에 의거한 지휘계선에 따라 위계화되어 있었다. 이러한 체계는 백관지와 병지 등의 첫머리에 명시되어 있는 2군 6위의 상하급 군관직의 조직체계를 의미한다. 이에 반해 금군을 구성한 부대 가운데 하급군관직의 존재를 찾아볼 수 없는 공학군과 간수군, 위숙군, 검점군을 제외한 여타 계열부대들은 대개 하급군관만으로 지휘체계가 이루어져 있다.[58]

이처럼 금군의 군관지휘체계가 대개 하급군관조직으로 짜인 것은 국왕

校, ② 散職將相 監門衛軍, ③ 大將軍 將軍 同殿侍衛中郎將, ④ 中郎將 加差將相, ⑤ 將相, ⑥ 將校, ⑦ 將軍 將相 加差散職將相, ⑧ 將軍 將相 加差將相, ⑨ 將相 將校 加差將相, ⑩ 將校 雜職將校, ⑪ 將校 散職將校 監門衛軍, ⑫ 職事將校 散職將相 監門衛軍, ⑬ 監門衛軍, ⑭ 散職將相, ⑮ 將校 軍人 散職將相 監門衛軍, ⑯ 將校 軍人 散職將校 監門衛軍 등이며, 검점군은 ① 將相 將校 軍人, ② 將校 螺匠 都典 軍人, ③ 將校 軍人, ④ 將校 散職將相 軍人, ⑤ 將相 將校 散職將相 軍人, ⑥ 散職將相, ⑦ 將校 軍人 등으로 편성된 것을 확인할 수 있다.

58 이 점이 비교적 명확히 드러난 부대가 견룡군이었음은 앞서 살펴보았다. 이에 대해서는 宋寅州, 「高麗時代의 牽龍軍」(『大丘史學』 49, 1995)가 참고된다.

측근의 군사력이라는 특수성 때문으로 판단된다. 일반적으로 상급군관직은 병마권 전반을 장악한 최고 군사지휘관이라는 본연의 기능 외에도 정치적인 의미에서 고위직, 유력자라는 측면을 동시에 지니고 있었다.[59] 이

59 이러한 측면에서 2군인 응양군, 용호군의 상 · 대장군으로 6부의 상서직을 위시한 여타의 관직을 겸대한 경우 또는 6부의 상서로 응양군 · 용호군의 상 · 대장군을 겸직하고 있는 사례들은 주목할 만하다. 이와 관련해 일찍이 문무반의 겸직에 대해서는 성종대 법제상으로는 문무관이 완연히 분화되면서 독자적인 직능상의 분야가 구별되어 양자가 대등한 국가적 대우를 받았으나, 실제로는 문관에 의한 무관직 혹은 무관에 의한 문관직 등의 겸대현상이 일반적이었다고 파악한 견해가 있다(邊太燮, 「高麗朝의 文班과 武班」, 『史學硏究』 11, 1961 ; 『高麗政治制度史硏究』, 一潮閣, 1971). 그리고 겸직 관련 사료에 대한 실증적인 검토를 시도하여 겸직제의 기원과 겸직과 본직의 구분기준, 겸직의 실태 등을 다각도로 살펴본 논고에서 그 실상이 밝혀진 바 있다(張東翼, 「高麗前期의 兼職制에 대하여(上)」, 『大丘史學』 11, 1976 ; 「高麗前期의 兼職制에 대하여(下)」, 『大丘史學』 17, 1979). 특히 문반으로 등제한 인물이 무관화되어 군직을 專占하고 군대를 지휘하였다고 해서 이를 무관으로 볼 수 없다는 견해(邊太燮, 위의 책, 282~288쪽)에 비추어볼 때 2군 소속의 상 · 대장군의 겸직 관련 기사는 눈길을 끈다. 고려전기 수차례에 걸친 출정군의 편성이나 양계의 외직인 병마사 등에 문반이 보임되어 병마권을 장악하였음은 기왕의 연구에서 실증적으로 검증된 바 있다.

이상 문무반의 겸직을 통한 대내외적인 병마권 장악의 사례들은 일단 전기의 군정 · 군령체계가 제도적으로 성립 · 정착되지 않았음을 의미하는 것으로 추측되지만, 이미 성종대 문무반이 법제상 · 직능상 분립하여 제정되어 있었다는 기왕의 견해(邊太燮, 「高麗武班硏究」, 『亞細亞硏究』 8-1, 1965 ; 위의 책, 345쪽)가 제시된 바 있어 세심한 주의가 요청된다. 그런데 정치제도사적인 시각에서 겸직제의 실시 이유를 권력의 집중을 통해 귀족들의 지위를 공고히 구축하려는 목적이라고 한 일부 논자의 지적은(張東翼, 위의 글, 1976, 56쪽), 2군의 겸직 문제를 해명할 수 있는 단서를 제공하고 있어 시사하는 바가 크다. 이를 통해 6부의 상서로 응양군과 용호군의 상 · 대장군 또는 응양군과 용호군의 상 · 대장군으로 6부의 상서 등 여타 관직에 겸직 · 보임되는 현상의 원인을 좀더 적극적으로 추정해 즉 고려의 권력구조 특히 문무반의 관직분화가 비록 외형상으로는 구별되어 있었으나 실제 운영에서는 그 방식을 달리한 데서 그 원인을 찾을 수 있다. 문무반의 同列的인 지위가 법제상 명문화되어 있기는 했지만 여전히 문반의 우위가 지배적인 사회구조에서 군사지휘체계상 최고의 지휘권을 행사한 상 · 대장군직을 문반들이 장악함으로써 병권을 통해 그들의 연합적인 지배력을 제도적으로 관철하는 한편 자신들의 정치적 지위를 보전하려고 한 것이다. 이러한 정치제도상의 독특한 운영방식은 또 다른 한편으로는 군정 · 군령권이 행사되는 통로를 분산하여 특정 신료에 의한 병권의 독점을 원천적으로 봉쇄함으로써 최고의 군사통수권자인 국왕의 왕권에 대한 지위를 확보해 주는 효능도 지니고 있었던 것으로 판단된다.

이는 6위를 구성한 개별부대 가운데 천우위와 감문위에는 문반직의 겸직 사례가 보이지 않는 데 반해 주력 전투부대인 신호위, 좌우위, 흥위위, 금오위 등의 상장군직에는 문반직 겸대현상이 고려전기에 특히 두드러지게 나타나고 있다는 실례에서도 추측이 가능하다. 이 밖에

에 비해 하급군관직은 군사조직의 정상적인 운용이 보장될 경우에 일반 군인에 대한 실질적인 장악력을 행사한 직접적인 지휘자들로서 군사력의 실질적인 운용을 보장하는 존재들이었다.[60]

그러므로 국왕 측근의 군사력으로 기능했던 금군에는 정치적 성향을 지닌 상급군관직보다는 자신들이 보유한 무용武勇을 토대로 직접 일반 군인들에 대한 장병권掌兵權을 행사할 수 있는 하급군관직만을 두어 지휘·통솔의 효율성을 강화하려 했던 것으로 생각된다. 이것이 바로 금군의 군관조직이 하급군관직으로만 구성된 근본적인 이유일 것이다.

뿐만 아니라 금군의 군관직 구성에서 보이는 지유와 그 아래의 행수직은 경군인 2군 6위 내에 명시된 군관직과 금군이 가장 보편화된 역대 중국의 병제에서도 전혀 찾아볼 수 없는 것으로 고려 군제 운용의 독자성을 뚜렷하게 보여주는 직책이다.[61]

한편 금군의 군관조직은 무관의 인사발령 과정에서 2군 또는 6위의 장군과 상·대장군직으로 진출하는 중요한 통로로도 이용되었다. 이러한 점은 금군에 임명된 후 이를 거치면서 출사한 인물들의 역관歷官을 살펴보았을 때, 이들의 대부분이 거의 2군인 응양군과 용호군의 또 다른 호칭인 친종장군과 상·대장군직은 물론이고 6위를 비롯하여 상위의 고급군관직으

도 이와 관련된 사례는 열거하기 어려울 정도로 많이 찾을 수 있다. 종전 고려전기의 겸직제를 분석한 張東翼의 논고에서도 2군 6위 중 하위서열의 천우위와 감문위의 상장군과 문반직의 겸직사례는 보이지 않는다고 한 바 있다. 더욱이 고려의 무반체계에 있어 상급군관직인 상장군과 대장군은 그 자체 최고의 군사지휘관이라는 기능 외에도 정치적 측면에서 고위직 혹은 실력자라는 의미가 내포되어 있었다는 관점 또한 이를 방증한다. 따라서 2군 소속의 군관인 응양군과 용호군의 상·대장군이 6부의 상서직을 겸대한 이유는 바로 이 점에서 찾아야 할 것으로 생각된다.

60 宋寅州, 「元壓制下 高麗王朝의 軍事組織과 그 性格」, 『歷史教育論集』 16, 1991, 110~112쪽.

61 지유는 고려시대의 대표적 군사동원체제인 오군의 편성에도 나타나 있다(『고려사』 권81 병지1 병제 五軍. "中軍 置兵陣都指諭及都將校 五兵都指諭及將校都業師 神騎都領及指諭 左右梗弓都領及指諭 左右精弩都領及指諭 神步·石投·大角·鐵水·發火·跳盪·剛弩 亦各置都領及指諭 前後左右軍 亦各置兵陣都指諭 神騎·神步·精弩都領及指諭").

로 나아갔다는 데서 분명하게 알 수 있다. 이러한 측면에서 금군의 군관직은 고려왕조의 권력구조 내에서 빠른 정치적 진출이 보장되는 매우 비중 있는 정치적 위상을 지니고 있었던 것으로 생각된다.[62]

2. 병졸집단의 구성

금군의 군관조직 아래에는 실제적인 군사력으로 기능한 병졸집단이 있었다. 이 점은 앞에서 살펴보았듯이 각종의 대내외 의식에서 국왕을 수종한 금군의 구성부대들에 '반사班士', '군사軍士', '군인軍人', '중금군사中禁軍士', '공군사控軍士', '공학군사控鶴軍士' 등 다양한 명칭으로 불린 존재들이 포함되어 있다는 데서 알 수 있다. 하지만 금군의 군관조직을 추적할 때 자주 직면했던 사료상의 한계와 마찬가지로 이 역시 명확한 자료가 부족해 정확한 규모나 성격을 알아내는 것은 그리 쉽지 않다. 그래서 우회적인 방법을 이용해 금군을 구성한 병졸집단의 충원방식과 성격에 대해 접근해 보기로 하겠다.

그동안의 연구결과에 따르면 고려 군사조직 운용의 인적 토대인 군인선발, 즉 선군選軍은 일반적으로 병부兵部와 선군도감選軍都監이 행한 것으로 알려져 있다.[63] 최근의 연구에서 하급군관의 충원 경로가 일부 밝혀졌지만[64] 아직까지 군인이 군관직으로 어떻게 진출했는지에 대한 전모는 명확하게

62 이 점에 대해서는 이 책의 제5장 「금군의 기능과 위상」에서 상세히 논하겠다.

63 『고려사』 권76 백관지1 兵曹. "掌武選軍務儀衛郵驛之政" 이라는 기사에서 병부가 군인선발 기능을 담당했음을 알 수 있다. 選軍에 대해서는 다음의 논문들이 참고된다.
李基白, 앞의 글 ; 앞의 책 ; 張東翼, 「高麗前期의 選軍－京軍 構成의 이해를 위한 一試論」, 『高麗史의 諸問題』, 삼영사, 1986 ; 鄭龍範, 「高麗前期 選軍制의 運營과 變質」, 『釜大史學』 17, 1993.

64 陳元英, 「高麗前期 校尉 · 隊正에 관한 一考察」, 『史學志』 27, 1994.

파악되지 않았다. 그 원인은 명백한 자료의 부족으로 이들의 실체를 올바르게 해명하는 것이 그리 쉽지 않기 때문이다. 하지만 금군으로 진출한 인물들에 대한 추적을 바탕으로 병졸집단의 구성을 분석하면 군인의 군관직으로의 진출을 이해하는 데도 일정한 실마리를 얻을 수 있을 것이다.

금군에 선발된 병졸집단의 기준은 공민왕 20년(1371) 나주목사羅州牧使 이진수李進修[65]가 올린 상소가 참조된다.

> 나주목사 이진수가 소를 올려 "궁궐을 시위하는 것은 마치 신체의 사지와 같은 것으로 인의 및 이치를 아는 자를 최우선으로 하고 용감한 자를 그 다음으로 해야 한다"라고 하였다.[66]

위의 사료에서 나주목사 이진수는 궁궐의 시위는 신체의 사지에 비길 정도로 중요하기 때문에 인의仁義와 이치理致를 아는 것을 제일 우선으로 하고 그 다음 용감한 것을 기준으로 삼아 선발해야 한다고 지적했다. 그러나 이는 고려후기의 상황을 근거로 한 이진수의 개인적 견해일 뿐 실제와는 일정한 차이가 있다. 왜냐하면 금군이 국왕 측근의 군사력이었고, 때로는 의장부대로 활동하기도 했으므로 병졸집단을 선발할 때는 분명히 이와는 다른 일정한 자격이 요구되었을 것이기 때문이다.

이는 먼저 광종대에 시위군을 구성하면서 풍채가 있는 자를 선발했다는 데서 짐작할 수 있고, 성종대에 시위군의 강화 과정에서도 빠르고 용감한 자를 제외한 나머지를 향리로 방환한 조치 역시 시사하는 바가 크다. 이는 결국 금군으로 발탁되는 병졸집단의 자격 중 제일 중요한 것이 '풍채와 효

---

65 『錦城日記』, 「羅州先生案」에는 李進修의 재직 기간이 1370년 2월~1371년 8월까지로 되어 있다.

66 『고려사』 권82 병지2 숙위, 공민왕 20년 7월. "羅州牧使李進修上疏曰 侍衛之於宮闕 猶四支之於身體 仁義識理者爲最 勇敢者次之."

용'이라는 신체적 조건임을 말해주는 것이라 하겠다.[67] 이 점은 실제 금군의 군관들이 용력을 바탕으로 발탁된 사례가 많은 데서도 방증을 얻을 수 있다. 다음의 자료를 보자.

K-1. 기탁성은 행주 사람이다. 용모와 거동이 아름답고 활을 잘 쏘고 말을 잘 탔다. 처음 교위에 임명되었다가 의종이 말 달리는 것과 격구를 좋아해 견룡으로 발탁하여 항상 왕의 곁에 두었다. 권력자들을 잘 모셔 이른 시일 안에 위장군(6위 소속의 장군)에 올랐다.[68]

K-2. 두경승은 전주 만경현 사람이다. 인정이 두텁고 꾸밈이 적었으며 용력이 있었다. 처음 공학군에 임명되어 수박(우리나라 전통 무예 중 하나)하는 자가 불러 (두)경승을 대오에 편성하니 …… 후일 대정으로서 후덕전의 견룡에 충원되었다. …… 명종 초에 다시 산원으로 자리를 옮겼는데 이의방이 그 이름을 듣고 불러 들여 내순검군지유로 임명하였다.[69]

K-3. 최세보는 집안이 본래 보잘것없었고 글을 읽지 못했다. 의종 때 금군으로서 대정에 충원되었다. 정해(년) 화살이 왕의 옆에 떨어지는 변고가 발생했을 때 (최)세보가 그 곁에 있어서 의심을 받아 남해로 유배를 갔다. 후일 무인들이 뜻을 이루자 소환되어 과거의 관직에 복귀되었다.[70]

K-4. 백임지는 남포현 사람으로 농사가 생업이었다. 처음에는 날래고 용감해서 발탁되어 서울로 가 집을 세 들어 살면서 땔나무를 팔아 생활하였다. 의종이 선발하여 내순검군으로 충원하였는데 어가가 행차할 때 곁에서 호위하며 잠시

---

67 宋寅州, 앞의 글, 1995, 29쪽.

68 『고려사』 권100 열전 奇卓誠. "奇卓誠 幸州人 美容儀善射御 初補校尉 毅宗好馳馬擊毬 擢爲牽龍 常在王側 善事權貴 驟遷衛將軍 ……."

69 『고려사』 권100 열전 杜景升. "杜景升 全州萬頃縣人 質厚少文 有勇力 初補控鶴軍手搏者 招昇升爲伍 …… 後以隊正充厚德殿牽龍 …… 明宗初 再遷散員 李義方聞其名 引爲內巡檢軍指諭."

70 『고려사』 권100 열전 崔世輔. "崔世輔 系本寒微 不解書 毅宗時 以禁軍充隊正 丁亥流失之變 以世輔在側疑之 流南海 後武人得志 召復舊職."

도 떠나지 않은 노고로 대정에 임명되었다.[71]

K-5. 석린은 집안이 보잘것없어 대대로 창고 곁에서 살면서 바닥에 떨어져 있는 쌀을 주워 먹으며 지냈다. 금군에 임명되어 경인년의 난에 이의방을 따른 공로로 낭장에 발탁되어 마침내 출세하였다.[72]

K-6. 게방(국가에서 작성해 공포한 글)에 따르면 …… 중금, 도지, 백갑은 별도로 차출하는데 또한 정인을 마땅히 보낸다.[73]

K-7. 부병을 궁궐 뜰에 주둔시켜 예상하지 못한 사태에 대비하였다. 이때부터 날래고 용감한 자를 뽑아 내순검이라 부르고 2교대로 나누었다. (이들은) 항상 자줏빛 옷을 입고 활과 칼을 지니고 장외에 나누어 선 채 비와 눈을 무릅쓰고 밤부터 새벽까지 순찰과 경계(근무)를 하였다.[74]

먼저 앞서 언급하였듯이 강제로 징집되어 서울로 올라온 정중부는 용모가 뛰어나고 출중하다는 이유로 당시의 재상 최홍재崔弘宰에게 발탁된다. 이후 '공학금군控鶴禁軍'에 충원되었다가 인종조에 이르러 견룡대정에 임명되었다(G-3). 또한 기탁성奇卓誠은 용모와 거동이 빼어나고 활쏘기와 말타기를 잘해 교위에 임명된 후 의종이 직접 견룡군으로 선발하였다(K-1). 이러한 사례는 금군의 선발이 국왕의 직접적인 지시로도 부분적으로 이루어졌음을 말해준다.

더욱이 사료 K-2의 두경승 또한 정중부와 마찬가지로 용력이 있어 병졸 집단으로 구성된 금군의 개별부대인 공학군에 임명된 후 후덕전厚德殿을

---

71 『고려사』 권100 열전 白任至. "白任至 藍浦縣人 業農 初以驍勇被選 至京 賃屋居 賣薪自給 毅宗選充內巡檢軍 扈駕出入 不離仗側 以勞補隊正."

72 『고려사절요』 권13, 명종 16년 10월. "(石)隣寒微 世居倉旁 拾落庭米以生 補禁軍 庚寅之亂 從李義方擢郞將 遂顯."

73 『고려사』 권81 병지1 오군, 정종 11년 5월. "揭榜云 …… 中禁 · 都知 · 白甲別差 亦以丁人當差."

74 『고려사』 권82 병지2 숙위, 의종 21년 정월. "屯府兵于闕庭 以備不測 自是 選取驍勇者 號內巡檢 分爲兩番 常着紫衣 · 持弓劒 分立仗外 不避雨雪 夜則巡警達曙."

지키는 견룡을 거쳐 명종 초 내순검군의 지유직에 충원되는 등 일관되게 금군계열의 부대에 소속되었다. 그리고 사료 I-1에서 박순필朴純弼은 집안은 비록 보잘것없었지만 용모가 출중해 중금군으로 진출하였음을 알 수 있다.[75]

뿐만 아니라 사료 K-3 · K-4 · K-5에는 분명하게 드러나 있지 않지만 금군의 대정, 내순검군, 금군에 임명된 최세보崔世輔, 백임지白任至, 석린石隣 등도 역시 신체적인 조건이 뛰어나 선발되었을 가능성이 크다. 이 점은 특히 K-4의 백임지와 더불어 의종대에 조직된 내순검군에 날래고 용감한 인물들이 선발된 사실(K-7)에서 어느 정도 추측할 수 있다. 또한 정종 11년(1045)에 중금, 도지, 백갑에 선발될 병졸들을 별도로 차출하면서 정인에서도 충원한 사례(K-6)가 확인되는데, 이는 전시체제라는 국가적인 위기상황을 반영한 군사동원체제라고 생각된다.

이상의 몇몇 사례를 검토한 결과 금군의 병졸로 선발되기 위해서는 용모웅위, 효용 등 주로 신체조건이 뛰어나야 했음을 알 수 있다. 그런데 앞서 살펴본 사료 G-3과 I-1을 포함한 K-1 · K-2 · K-3 · K-4 · K-5 등에 서술된 인물들은 기왕의 연구에서도 검토된 바 있다. 그러한 연구들은 이들을 군반씨족제의 원리에 입각해서 경군인 2군 6위에 소속된 것으로 파악하고 있다.[76] 그러나 이들의 연구는 중앙군의 인적 구성과 이들이 수행한 역할과 성격, 그 가운데서도 특히 경군의 병졸집단에 징발된 군인들의 사회적 신분 문제에만 초점을 맞추었을 뿐 상급군관의 선발방식은 물론이

75 금군의 병졸집단으로 차출되는 요인 중에 가문은 별다른 중요한 요인이 아니었던 듯하다. 『고려사』 열전에 입전되어 있는 李英搢 역시 가문이 미천하였으나 邏卒로 충원되었는데, 이때의 邏卒은 순검군 소속의 병졸을 가리키는 것으로 보인다(周藤吉之, 「高麗前期の巡檢と宋の巡檢」, 『高麗朝官僚制の研究』, 1983, 511쪽).

76 李基白, 앞의 글 ; 金塘澤, 「武臣政權時代의 軍制」, 『高麗軍制史』, 陸軍本部, 1983 ; 張東翼, 앞의 글.

고 군사조직의 기능이라는 실질적인 측면에서의 검토가 전무하다는 문제점이 있다. 더구나 그동안 경군에 충원된 군인들을 부병제 또는 군반씨족제에 입각하여 간선된 것으로 파악되었으나, 최근 이에 대해 몇몇 논자들이 문제를 제기한 이래[77] 이를 둘러싸고 활발한 논의가 전개되어 왔다. 그리고 현재는 2군에는 군반씨족의 원리가, 6위에는 부병제의 원리가 적용되는 등 양자가 서로 다른 방식에 따라 징발이 이루어진 것으로 견해가 모아지고 있는 실정이다.

다만 아직까지도 군인의 차출방식과 관련해서 이들의 사회적 신분을 어떻게 규정할 것인지에 대해서는 논자들마다 일정한 견해 차이가 있다. 그러나 기본적으로 2군이 친위군으로서 군반씨족의 원리에 따라 그 군사력이 운용되었다는 점에 대해서는 대체로 일치하고 있다. 하지만 앞서 살펴보았듯이 친위부대인 금군에 선발된 군인들의 진출과 관련해 이들이 전문적인 직업군인으로서 군역의 의무를 세습하는 군반씨족의 원리가 적용된 실례는 찾아볼 수 없다. 요컨대 금군의 용례를 검토한 바에 따르면 이들을 군인으로 선발 또는 충원한 개별 단위부대들은 그 계통상 금군 내에 존재한 계열부대들임을 알 수 있다.

금군의 구성 중 신체적 조건에 따른 차출 외에 또 하나 주목되는 것이 정치적 진출의 지름길로 금군이 이용되었을 가능성이다. 이는 특히 견룡군의 예에서 드러난다. "견룡의 직은 낮지만 임무는 중요하여 권귀의 자제들이 모두 여기에 소속되기를 원하였다〔牽龍職卑而任寵 權貴子弟 皆願爲之〕"[78] 라는 사료는 무신집권기에 해당하는 것으로 견룡군의 성격이 상당히 변질된 이후의 상황을 반영하고 있다. 이는 병졸집단보다는 견룡군의 군관에 해당하는 사례로 여겨지지만, 권귀의 자제들의 견룡군에 대한 선호도가

77 李基白, 앞의 글 ; 앞의 책.

78 『고려사』 권102 열전 權守平.

높았다는 것은 시사하는 바가 크다.[79] 정치적 성장의 지름길로 견룡군이 이용되기도 했음을 의미하기 때문이다. 이는 정치적으로 실력 있는 가문의 자제들이 견룡군을 포함한 금군의 여타 개별부대에 편성된 병졸직 역시 선호했을 개연성을 강하게 암시한다.

그리고 금군의 병졸집단에는 6위의 한 부대인 감문위군이 일부 배속되어 있었다. 이를 확연하게 보여주는 것으로는 『고려사』 병지3에 서술된 간수군과 위숙군 등의 존재이다. 그런데 이들 부대의 병졸집단으로서 '군인'과 '감문위군'으로 표현된 존재들을 다수 찾을 수 있다.

병지3에 서술되어 있는 위숙군을 처음 주목하고 위와 같은 사실을 분석한 오영선은 여기에 보이는 군인과 감문위군 중 군인의 경우 선군 과정을 거쳐 감문위군이 된 부류와 특별한 사정으로 감문위군이 된 부류의 두 가지 유형이 존재한 것으로 보고 이들을 일괄적으로 묶어 감문위군으로 정리한 바 있다.[80] 하지만 그도 지적하였듯이 현재 6위에 부병들이 어떠한 경로를 거쳐 배치되었는지 전혀 알 수 없는 상황에서 감문위군에 대한 선발이 선군으로 이루어졌다는 견해는 막연한 추측에 지나지 않는다.

---

79 宋王朝의 경우에도 이 점은 나타난다. 宋代의 금군은 보통 정치적 특권을 가진 가문들의 자손이나 황실과 가까운 집단들로 구성되어 있었다. 고려와 다른 점은 정치적으로 중요한 가문들의 충성심을 보증하기 위한 목적에서 계획적인 인질로서의 기능이 있었다는 것이다. 그러나 금군은 이들 가문의 자제들을 후일의 예비관료로 등용하기 위한 학교로서의 기능도 수행했다. 이는 중국 전제군주시대의 세습제적 특성을 그대로 반영하는 것이다.

80 吳英善,「高麗前期 軍人層의 構成과 圍宿軍의 성격」,『韓國史論』 28, 1992, 102~103쪽.
병지3의 위숙군에서 군인의 존재형태를 살펴봄으로써 감문위군의 구성을 이원적으로 파악한 오영선은 위숙군에 기록되어 있는 군인과 감문위군 중에 전자는 고려시대의 대표적인 군인선발방식인 선군으로 선발·운용되는 정규 감문위의 군인을 지칭하고, 후자는 노부모 侍養, 질병 등의 특별한 사정으로 감문위군에 편성된 후 위숙군에 배속된 것으로 보았다. 이에 대해 최근 고려전기의 군역 문제를 검토한 이혜옥은 군인이 諸門, 陵, 宮, 殿 등에 모두 배치되었는 데 반해 감문위군은 예외 없이 모두 門에만 배치되었다는 점을 근거로 이들 군인과 감문위군이 서로 소속을 달리하는 兵種의 군인이 아닐까 하는 의문을 처음으로 제기하였다(이혜옥,「고려 전기의 軍役制—保勝·精勇을 중심으로」,『國史館論叢』 46, 1993, 11~12쪽). 이러한 견해는 위숙군의 계통 문제와 관련해서 시사하는 바가 크다.

더욱이 그의 추정에 따른다면 군관을 지칭하는 장교 역시 감문위군의 군관으로 보아야 할 것이다. 그러나 위숙군, 간수군, 검점군의 군관은 실제 위숙장교, 간수장교, 점검장교 등으로 기록된 사례가 있음이 확인되고 있다.[81] 특히 간수군에도 6명의 감문위군이 일부 배치되어 있다.

그런데 병지3에 기록된 병졸집단의 규모를 보면 간수군은 군인 96명과 감문위군 6명으로 군인이 감문위군에 비해 압도적으로 많으며 위숙군은 군인 34명과 감문위군 75명으로 감문위군의 수가 군인보다 많다. 이에 비해 검점군에서는 감문위군의 존재를 전혀 찾을 수 없다. 이처럼 검점군에 없는 감문위군이 간수군과 위숙군에 편중해서 배치되어 있는 점은 금군의 개별부대들의 용례 검토선상에서 볼 때, 군인으로 특별히 기록된 경우는 간수군과 위숙군 소속으로 분류된 병졸집단으로 여겨진다. 그리고 여기에 부분적으로 6위의 한 개별군단인 감문위군이 파견·배치되었던 결과로 판단된다.

따라서 금군 내 개별부대들에 소속되어 있는 병졸집단은 효용과 풍채가 뛰어나거나 용력을 갖춘 자들과 빠른 정치적 성장을 도모한 권귀의 자제들로 구성되어 있었을 것이다. 이러한 자격 요건 외에도 금군의 병졸집단은 앞서 지적하였듯이 자원 또는 국왕의 직접 선발, 군공, 일반 병력으로부터의 편입, 효용, 선군, 용모웅위 등의 여러 경로를 거쳐 충원되었다. 결국 이상의 여러 상황을 두루 고려할 때 금군의 병졸집단에 선발된 인물들은 일정한 병역의 의무를 지고 있는 자들을 징발하거나, 군반씨족을 뽑아서 충원했던 2군 6위나, 주현군州縣軍·주진군州鎭軍과는 구별되는 특수한 군사조직이었다고 하겠다.

---

81 『증보문헌비고』 권111 병고3 숙위, 신우 3년. "命成衆愛馬 勿論番次 皆入直 又以所乘馬置紫門 以備不虞衛士 宮門陵寺園宿將校 共三百七十七 軍一百十一 庫署各處看守將校 共三百十五 軍一百三十一 市獄諸所點檢將校 共一百二十六 軍三百四十七." 이 중 園宿은 圍宿의 잘못된 표기일 것이다.

제4장 금군에 대한 군령권의 집행과 운용

1. 금군에 대한 국왕의 군령권 집행

전근대사회에서 군에 대한 실질적인 운용과 통솔을 의미하는 군령권은 대개 군정권과 더불어 군사통수권에 포함되어 있었다. 그리고 시기별 정국 동향과 맞물려 정도에 따라 차이는 있겠지만 국왕이 이를 직접 장악했던 것으로 알려져 왔다.[1] 특히 이 가운데 군사조직에 대한 실질적인 지휘와 명령을 의미하는 군령권 집행의 행방은 어느 시대를 막론하고 병권의 주체와 왕권의 위상을 직접적으로 가늠해 볼 수 있다는 측면에서 중요한 문제로 인식되어 왔다. 따라서 군사조직 운용의 구체적인 체계와 과정을 올바르게 파악하기 위해서는 무엇보다 군령권에 대한 검토를 해야 한다.

그러나 문제의 중요성에도 불구하고 사실 지금까지 고려초기의 순군부

---

1 군령권과 군정권에 대해서는 다음의 논고들이 참고된다.

閔賢九, 「序論」, 『朝鮮初期의 軍事制度와 政治』, 韓國研究院, 1983 ; 鄭景鉉, 「高麗初期 京軍의 統帥體系－徇軍部의 兵權에 대한 再解釋을 겸하여」, 『韓國學報』 62, 1991 ; 「高麗前期 二軍六衛制 研究」, 서울대학교 박사학위논문, 1992 ; 李文基, 「新羅 中古期 軍令體系의 檢討」, 『新羅文化』 9, 1992 ; 『新羅兵制史研究』, 一潮閣, 1997.

를 제외하면 이에 대한 연구는 별로 이루어지지 않았다. 고려시대의 국왕은 정국 동향이나 정치세력들과의 역학관계라는 변수에 따라 일정한 차이는 있었지만 외형적으로는 한국사에서의 여타의 시기와 마찬가지로 통치 방식의 한 갈래였던 군사통수권을 장악한 책임자로서의 역할을 행사하면서 군사상 최고의 지위에 위치했다.[2] 이 점은 문헌에 나타난 몇몇 사례에서도 확인할 수 있다. 예컨대 고려왕조의 건국 직후 비교적 이른 시기부터 태조가 내외의 병마권을 장악하면서 군대를 거느리고 여러 차례의 전쟁에 직접 출정한 친정親征 관련 사례[3]나 변경 지역의 순행巡幸 관련 기사를[4] 찾아볼 수 있다. 또한 전시체제에 즈음하여 출정하는 부대의 지휘관에게 부월斧鉞을 하사하여 군에 대한 장악력을 위임한 편의종사권便宜從事權[5]이나 왕위에 취임한 시기와 재위기간 동안 군사 통수권자로서의 상징성을 과시하려는 목적에서 실시된 일련의 격구擊毬와 열병閱兵[6] 등 다양한 경로에서

---

2 고려시대 이전 삼국시대의 경우이기는 하지만 국왕의 군사통수권 장악과 군사통수의 실제와 관련해 주목할 만한 연구로는 다음의 논고들이 있다.

金瑛河, 「軍事訓練과 統帥」, 『泰東古典硏究』 6, 1990 ; 『韓國古代社會의 軍事와 政治』, 고려대학교 민족문화연구원, 2002.

3 『고려사』 권1 세가, 太祖 8년 10월 乙亥 ; 10년 정월 乙卯 ; 10년 9월 ; 12년 12월.

4 『고려사』 권1 세가, 太祖 3년 10월 ; 9년 12월 癸未 ; 12년 7월 己卯.

『고려사』 권2 세가, 太祖 14년 11월 申亥.

5 이에 대해서는 특히 金翰奎, 「南北朝時代의 中國的 世界秩序와 古代韓國의 幕府制」(『古代東亞細亞幕府體制硏究』, 一潮閣, 1997)가 참조된다. 한편 고려시대의 경우에는 李範稷, 「高麗史禮志 「軍禮 · 賓禮」의 검토」(『明知史論』 1, 1983)가 참고된다. 이에 관해서는 추밀원의 역할을 논증하는 과정에서 더 자세히 논급하겠다.

6 대표적인 예는 毅宗이 왕위에 등극한 후의 일련의 기사에서 찾을 수 있다. 『고려사』 권17 세가, 毅宗 3년 정월 戊申 및 2월 丁巳의 열병 관련 기사 閱兵(3년 정월 戊申), 閱兵(2월 丁巳) ; 2월 庚午, "選驍勇騎士十八人 觀擊毬于後庭" ; 9월 庚子, "幸觀德亭閱兵" ; 4년 10월 丙午, "閱兵于東郊" ; 5년 8월, "王 遊北園 命騎士擊毬" ; 8년 5월 癸丑, "閱兵于東郊" 등.

그런데 이러한 관련 자료에서는 격구와 열병이 시행된 사실만을 확인할 수 있을 뿐 그 목적이나 기능에 대해서는 구체적인 아무런 언급이 없어 알 수 없다. 그러나 열병이 군사훈련을 통한 국왕의 군사통수권 확인 또는 유사시 정책 확인의 수단이었다는 점 그리고 평상시 국왕이 군령권을 장악하는 한편 군령체계상 최고의 지위에 있었음을 과시하는 대단히 상징적인

도 어느 정도 드러난다.

이 장에서는 금군이 어떻게 동원되었는지를 살펴보고자 한다. 먼저 고려의 국왕이 행사한 이른바 군령권의 출처와 관련한 몇몇 사례를 통해 발명권發命權과 발병권發兵權의 행방에 대한 실증적 검토를 시도하겠다. 그리고 극히 단편적이지만 추밀원樞密院이 금군의 출병에 관여했음을 추측할 수 있는 자료를 찾아볼 수 있기에, 『고려사』 백관지에 명시된 기록을 적극적으로 받아들이는 입장[7]에서 추밀원의 기능을 군사적 업무에 따라 구분

의식이었다는 몇몇 연구자들의 지적을 통해서 볼 때(羅滿洙, 「高麗 武人執權期 王權에 대한 研究」, 인하대학교 박사학위논문, 1990, 27~28쪽 ; 申瀅植, 「三國時代 戰爭의 政治的 意味」, 『韓國古代史의 新研究』, 일조각, 1987 ; 李文基, 앞의 글 ; 앞의 책 ; 金瑛河, 앞의 책) 毅宗이 즉위한 직후부터 빈번하게 단행된 열병과 격구는 매우 주목된다. 위의 견해들은 기본적으로 이러한 일련의 조치들을 왕권강화를 위한 통치방식의 일환으로 해석하고 있기 때문이다. 물론 그 이면에는 정국의 동향과 관련해서 드러난 국왕권의 실제적인 위상에 따라 일정한 변화가 수반되었을 것으로 생각되지만, 특히 통시대적으로 볼 때도 열병이 지닌 형식적 의미는 최고의 군사통수권자로서 국왕이 차지하는 보편적인 위상을 보여주는 것으로 판단된다.

7 고려시대의 중앙정치 권력구조 가운데 독특한 위상을 차지하고 있는 중추원(추밀원)에 관해서는 변태섭과 박용운의 대표적인 연구가 있다(邊太燮, 「高麗의 中樞院」, 『震檀學報』 41, 1976 ; 朴龍雲, 「高麗의 中樞院 研究」, 『韓國史研究』 12, 1976).

이들 연구는 정치제도사적인 관점에서 중추원의 연혁, 조직구성, 직능 등에 걸쳐 면밀한 분석을 시도함으로써 그에 대한 많은 이해를 구할 수 있었다. 그러나 정작 중추원이 수행한 것으로 보이는 '軍機之政'에 관한 구체적인 내용과 성격에 대해서는 부정적인 견해를 표방하였다. 더욱이 이들 두 논고는 우선 중추원의 직능을 검토할 때 거의 중추원이라는 官司 자체로만 표기된 기록들에 일방적으로 근거해서 중추원의 임무에 접근했기 때문에 궁극적으로 중추원 소속 관원들이 활약한 군사적 업무에 대해서는 별반 주목하지 않았다. 그래서 중추원을 구성한 상층부의 樞臣이 軍機를 관장하고 하층부의 承宣은 왕명출납이라는 완전히 독립된 역할을 한 것으로 파악하였다.

그러나 본문의 논지전개 과정에서 후술하겠지만 중추원에 속한 관원들 중 승선이 군기지정에 해당하는 군사적 업무를 구체적으로 수행한 사례를 더러 찾아볼 수 있어 재검토의 여지가 적지 않다. 물론 중추원의 관원이 아닌 특정 인물, 예컨대 숙종대의 인물인 林幹이 여진침공 당시 門下侍郞平章事로 東北面行營兵馬都統에 임명되어 숙종으로부터 斧鉞을 직접 받아 군대를 거느리고 출정한 경우도 있지만 이러한 사례는 특정한 인물들이 상황에 따라 부여받은 이례적 역할이라는 측면에서 組織이나 機構를 파악하는 관점과는 엄밀하게 상호분리해서 인식할 필요가 있다고 본다. 이에 저자는 일단 백관지에 서술된 기록을 긍정적으로 수용하는 입장에서 중추원의 '군기지정' 문제에 접근하고자 한다.

하여 그 역할에 대해 검토하려 한다. 그럼으로써 금군 운용의 이해를 위한 하나의 접근을 모색하고자 한다.

이러한 시도는 이제까지 불분명하게 취급된 군령·군정기구로서 복합적인 성격을 지닌 추밀원이라는 관사官司의 성격을 추적할 수 있다는 점에서 필요하다고 하겠다. 다만 미리 밝혀둘 점은 이러한 군령체계의 검토는 최고 통수권자에서부터 병졸에 이르기까지의 지휘명령계통을 모두 밝혀야 그 전모가 분명히 드러나는데, 여기서는 자료에 제약이 있으므로 상층의 지휘체계와 운용 문제에 국한해 논지를 전개하고자 한다.

금군이라는 군사조직은 일반적으로 고려의 군제에 상당한 영향을 미친 역대 중국의 각종 정사正史에 체계적으로 서술되어 있다. 이에 따르면 금군은 황제권의 강화와 유지 또는 전제화를 위한 무력적 기반으로 성립된 군사조직이다. 그 성격상 황가의 권위의 상징이면서, 한편으로는 외부의 압력과 내부의 반란에 대비하는 상비군적인 역할을 수행한 중요한 정치적·군사적 기능을 지닌 특수한 군사조직이었다. 따라서 금군은 황제의 명령에 따라 동원되었다.[8]

고려시대의 금군 역시 그 역할과 성격상 왕의 직접적인 명령에 의해 동원될 수밖에 없는 부대였다. 이에 최고의 군사통수권자인 국왕의 군령권 집행에 따라 금군 또는 금군에 소속된 개별부대들이 운용되고 있었음을 보여주는 사례들을 검토해 보고자 한다. 다음의 자료들을 보면 금군과 그 개별 부대들의 운용은 국왕의 명령 또는 선지宣旨를 거짓으로 꾸민 교지矯旨라는 형식으로 이루어지고 있었음을 확인할 수 있다.

A-1. 왕이 우타(라는) 하천 들판에 이르렀을 때 호랑이가 갑자기 나타나자 시

8 宋寅州, 「高麗時代 禁軍硏究」, 경북대학교 박사학위논문, 1997, 107쪽.

봉군(왕의 측근에서 경계를 담당한 군사)에게 이를 물리치라고 명령하였다. 견룡교위 송종소가 (호랑이를) 잡아 죽이니 종소에게 옷 한 벌을 하사하였다.[9]

A-2. 왕이 지유 우광윤, 백임지, 행수 이관부, 송군수, 경대승, 견룡 차약송 등에게 격구를 명하고 비단과 명주를 차등하여 하사하였다.[10]

A-3. 장군 경대승이 정중부와 그의 사위 송유인을 죽였다. 대승은 평소에 정중부의 행위를 분하게 여기고 있었다. …… 대승이 좋아하는 용사 견룡 허승에게 "내가 흉악한 무리들을 제거하고자 하니 너희들이 나를 따른다면 일을 이룰 수 있을 것이다"라고 말하자, (허)승이 이를 승낙하였다. 대승이 (거사를) 도모하며 "장경회가 끝나는 밤에 숙위하는 병사들은 틀림없이 모두 피곤하여 잠이 들 것이다. 내가 죽음을 두려워하지 않는 병사 30여 명을 화의문 밖에 매복시키겠으니 너희들이 먼저 정균을 안에서 죽이고 휘파람 소리로 신호를 하면 내가 매복한 병사들을 출동시켜 호응하겠다"라고 말했다. 사경을 알리는 북소리에 (허)승이 (정)균이 숙직하는 곳에 들어가 (그를) 죽이고 즉각 길게 휘파람을 부니, 대승이 결사대를 거느리고 궁궐의 담을 넘어 들어가 대장군 이경백, 지유 문공려를 죽이고 보이는 대로 죽이며 병장기를 맞부딪치니 왕이 경악하였다. 대승이 왕이 머무르는 거처의 바깥으로 나아가 "신들이 사직을 지키는 것이니 청하건대 왕께서는 저희들을 원망하지 마소서"라고 아뢰었다. 왕이 궁궐의 문으로 나와 대승 등을 불러 손수 잔술을 주며 위로하니 이에 대승이 금군을 출병시켜 나누어 중부와 유인 부자 등을 체포할 것을 요청하였다.[11]

---

9 『고려사』 권11 세가, 숙종 7년 11월 壬午. "王次牛陁川野 有虎突出 命侍奉軍 逐之 牽軄校 尉 宋宗紹 搏殺之 賜宗紹衣一襲."

10 『고려사』 권19 세가, 명종 4년 5월 丁酉. "王命指諭于光胤 · 白任至 行首李冠夫 · 宋群秀 · 慶大升 牽龍車若松等 打毬賜綾絹有差."

11 『고려사절요』 권12, 명종 9년 9월. "將軍慶大升 誅鄭仲夫及壻宋有仁 大升素憤仲夫所爲 …… 大升 謂所善勇士牽龍許升曰 我欲去兇徒 汝肯 從我 事可成矣 升諾之 大升謀曰 藏經會畢之夜 宿衛士必皆困睡 吾伏死士三十餘人於和義門外 汝先殺鄭筠於內 以嘯聲爲約則 我發伏應之 夜四鼓 升入均直盧 殺之 卽長嘯 大升率死士 踰入宮墻 殺大將軍李景伯 · 指諭文公呂 所見輒殺 鋒刃交接 王驚愕 大升進御室外 大升曰 臣等 衛社稷 請上無怨 王出御宮門召大升等 手賜卮酒以慰之 大升 因請發禁軍 分捕仲夫及有仁父子."

A-4. (왕이) 장군 최우의 집에 행차하여 견룡에게 격구를 명하였다.[12]

A-5. …… 황혼이 되어 왕의 수레가 보현원에 가까워지자, 이고와 이의방이 먼저 가서 왕의 명령이라고 거짓으로 꾸며 순검군을 모았다. (그리고) 왕이 바로 문으로 들어가고 군신들이 물러가려고 할 즈음 …….[13]

A-6. 충수가 내일 아침에 난을 일으키려고 함에 …… 왕이 크게 놀라 곧 문을 열어 (이들을) 맞아들여 구정에 주둔시키고 또 무기고의 병장기를 내어 금군에게 지급해 대비할 것을 명하니 여러 위의 장군들 역시 병사들을 데리고 다투어 왔다.[14]

A-7. 왕이 견룡, 중금, 도지, 순검, 백갑, 내시, 다방에게 호위하여 보낼 것을 명하고 왕이 타는 가마를 주었는데 등불과 촛불 및 의물(의식에 수반한 물품)의 풍성함이 견줄 데가 없었다. 또 황금으로 만든 경염(거울과 화장품 상자)과 장구(화장에 쓰이는 도구)를 특별히 하사하고 …….[15]

먼저 사료 A-1을 보면 숙종 7년 금군의 또 다른 명칭인 시봉군에 소속된 견룡교위 송종소가 국왕의 명에 따라 갑자기 출현한 호랑이를 물리쳤음을 확인할 수 있다. 그리고 사료 A-2에서 소속 부대는 구체적으로 드러나 있지 않지만 지유 우광윤于光胤과 백임지白任至, 행수 이관부李冠夫, 송군수宋群秀, 경대승慶大升, 견룡군의 차약송車若松 등에게 명종이 타구打毬, 즉 격구를 명령한 점을 볼 수 있는데, 금군의 최고 지휘관의 군관직이 일반적으로 지유와 행수였다는 점에서 볼 때 위의 기록에 서술된 인물들은 금군의 책임자들이 분명하다고 하겠다. 따라서 위의 기사들은 금군에 대한 왕의

12 『고려사절요』 권14, 희종 4년 10월. "幸將軍崔瑀第 命牽龍打毬."

13 『고려사』 권128 열전 鄭仲夫. "…… 至昏 駕近普賢院 高 · 義方 先行矯旨 集巡檢軍 王纔入門 群臣將退……."

14 『고려사』 권129 열전 崔忠獻. "忠粹 明朝欲作亂 …… 王大驚卽命開門納之 使屯於毬庭 又發武庫兵仗 授禁軍以備 諸衛將軍亦率兵爭赴."

15 『고려사절요』 권16, 고종 37년 5월. "王命牽龍, 中禁, 都知, 巡檢, 白甲, 內侍, 茶房衛送 賜御座肩輿 燈燭儀物之盛 罕其比 又特賜黃金鏡奩粧具 ……."

군령권 행사를 보여주는 사례들로 이해할 수 있다.

이 밖에 희종이 최우의 집에 행차하여 견룡에게 타구를 명한 점(A-4), 최충수가 주도하는 군사적 거병 소식을 듣고 놀란 국왕이 무기고에서 병장기를 내어 금군에게 지급한 후 무력대응을 지시한 점(A-6), 고종이 견룡 이하 금군의 개별부대인 중금, 도지, 순검, 백갑 등에게 가마를 호위할 것을 명령한 점(A-7) 등의 사례들은 국왕의 군령권 집행에 따라 금군의 출동과 동원이 이루어졌음을 보여주는 것이다.

더욱이 위에 서술되어 있는 사료 가운데 A-3 · A-5는 금군에 대한 군령권 집행의 주체가 국왕임을 더욱 분명히 보여주고 있다. 정중부의 정치적 제거 과정에서 발생한 급박한 변고에 직면해서 경악하는 명종을 경대승이 안심시키며 왕에게 금군 출병을 위한 공식적인 재가를 요청하고 있는 점(A-3)이 확인되기 때문이다. 그리고 사료 A-5 또한 금군의 구성부대 중 하나인 순검군이 국왕의 교지에 의해 동원되었음을 말해주고 있는데, 특히 무신의 난을 일으킬 당시 견룡군 소속의 지휘관인 행수 이고와 이의방이 순검군을 동원하기 위해 미리 교지를 작성해야만 했다는 사실은 금군 출동을 위한 합법적 승인의 절차로서 국왕의 제가가 있어야 했음을 확연히 드러내준다.

무신정권의 성립 직후 정국의 주도권을 둘러싸고 치열하게 전개된 무인집정자들 사이의 군사적 대립국면이라는 긴박한 상황 속에서 국왕이 차지하는 정치적 비중이 겨우 형식만을 유지할 정도로 작아졌음에도 불구하고, 굳이 금군의 출병을 위해 국왕의 인준을 받으려고 한 이상의 여러 사례들은 다시 한번 금군의 출병, 이른바 발병發兵이 국왕의 군령권 집행에 따라 이루어질 수밖에 없었음을 보여준다.

물론 그 이면에는 국왕의 공식적 승인 없이 금군이라는 국왕 직속의 부대를 출병시킴으로써 차후에 발생할 병력 동원의 적법성 문제와 관련한 논란과 분쟁 그리고 견책을 미연에 방지하려는 정치적 목적도 포함되어 있음이 분명하다.

2. 추밀원의 '군기지정'과 금군의 운용

금군의 출동에 추밀원이 관여한 흔적도 찾아볼 수 있다. 이 절에서는 이를 자세히 살펴보고자 한다.

그동안 병부와 더불어 고려시대 군사업무를 분담한 기구로 주목받아 온 것은 추밀원이다. 그런데 이제까지의 연구에서는 병부兵部는[16] 물론이고 추밀원(중추원中樞院, 밀직사密直司, 밀원密院, 추사樞司)이 고려전기 수행한 군사적 기능을 매우 회의적인 것으로 이해하였다. 이는 『고려사』 백관지에 추밀원의 또 다른 명칭인 밀직사密直司가 명백하게 명시되어 있어도 그에 대한 구체적인 관련 자료가 부족하다는 데 원인이 있다. 그러나 무엇보다도 제한적인 자료조차 신뢰하지 않는 연구자들의 문제의식이 더 큰 원인이라 생각된다.[17] 산발적이기는 하지만 추밀원이 군사기구로 기능한 점이나 군사업무를 수행했었음을 보여주는 자료가 확인되고 있어[18] 이에 관

16 고려시대 군사조직의 운영과 관련해서 주목되는 중앙행정 관부로 추밀원과 병부를 들 수 있다. 이 중 추밀원에 관해서는 그동안 몇몇 논고에서 그 성격이 대체적으로 해명된 바 있다. 그러나 병부에 관해서는 지금까지도 거의 제대로 연구되지 않고 있다. 고려 군사조직에 있어 군권의 향방과 군사조직 상호간의 역학관계를 올바르게 파악하기 위해서는 병부의 직임과 성격, 나아가 그 책임자인 병부상서가 차지하는 위상을 밝혀야 할 것이다.

17 예컨대 '군기지정'이라는 용어를 이해할 때 나타나는 시각의 차이를 지적할 수 있다. 일찍이 安鼎福은 이를 軍國重事(『東史綱目』 第6下 성종 10년 4월)로, 李丙燾와 金庠基는 軍國의 機密로 파악하였다(이병도, 『한국사(중세편)』 진단학회, 1961 ; 김상기, 『高麗時代史』, 동국문화사, 1961). 한편 邊太燮은 군기지정을 군사적 기능이라는 일반적인 의미로 이해한 데 반해(변태섭, 앞의 글), 朴龍雲은 軍事機密, 軍事機務 또는 그에 대한 정책 등을 뜻하는 의미로 풀이한 바 있다(박용운, 앞의 글).

18 군사적 기구로서 추밀원의 성격을 보여주는 자료로는 다음을 들 수 있다.

한 더욱 면밀한 검토가 이루어져야 할 것이다.

이에 따라 추밀원의 역할과 관련한 자료들을 토대로 추밀원이 '군기지정軍機之政'의 기구로 적시된 실례를 알아본 후 이에 입각해 금군의 운용에 대해서 살펴보기로 하겠다. 그러면 먼저 추밀원의 직임이 명시된 다음의 자료를 보자.

> 밀직사는 출납, 숙위, 군기지정을 장악하였다.[19]

이처럼 백관지에는 밀직사密直司, 즉 추밀원이 관장한 업무가 항목별로 비교적 명확하게 서술되어 있다. 그러나 대부분의 연구자들은 이러한 기록을 고려 말에 추밀원에 의해 군권이 장악된 점이 소급되어 적용된 결과라는 관점에서 바라봄으로써 이를 신빙성 없는 자료로 간주하고 있다. 그리하여 추밀원의 역할로 명시된 '군기지정'이 고려후기에 가서야 나타났고 전기에는 추밀원이 예부로서의 성격을 지닌 것으로만 파악하고 있는 실정이다.[20]

그렇지만 추밀원이라는 관부가 성종 10년(991) 송에 사신으로 파견되었다가 돌아온 병관시랑兵官侍郎 한언공韓彦恭의 요청으로 송의 추밀원을 본

『東國李相國集』 권33, 崔正華讓樞密副使 不允敎書. "亞調鼎之司 號本兵之地 帝王之命 皆所對揚 軍國之謀 靡不叅斷 宜遴斯選 求得其人."

『三峰集』 권4, 高麗國新作都評議使司廳記. "洪武二十二年十二月丙午 殿下命臣道傳曰 都評議使司 實予相臣 左右我寡躬者也 當政之始而使司廳適成 爾宜記其顚末 明示後世 臣道傳拜手稽首而言曰 國家置門下府掌理典 三司掌錢穀 密直掌軍旅 各司其職."

19 『고려사』 권76 백관1 密直司. "密直司 掌出納 · 宿衛 · 軍機之政."

20 邊太燮, 앞의 글 ; 朴龍雲, 앞의 글 ; 金炅希, 「高麗 前期 中樞院 承宣 硏究」, 『梨大史苑』 24 · 25합, 1989.

이 중 특히 박용운은 이를 고려의 병권이 병부에서 추밀원으로 이양된 결과라고 보았다. 이는 고려전기 군권 운용의 중심을 병부로 본 데 따른 인식이다. 그렇지만 앞서 언급했듯이 아직까지 병부 자체의 성격도 정확히 규명되지 않아 이러한 시각 또한 주의해야 한다.

따서 설치되었다는 사실은,[21] 추밀원이 이미 국초의 통치체제가 정비되어 가는 과정에서 고려의 군사업무에 깊이 영향력을 행사한 관부였음을 시사한다.

더욱이 성종대 이후 끊임없이 전개된 거란과 여진의 잦은 침공으로 군사적 긴박감이 대두되고 있는 시국 속에서 다양한 군사적 현안 문제가 속출했다. 따라서 이를 효율적으로 처리하기 위해서도 일반적인 군정업무를 수행한 병부보다는 국왕 측근의 추밀원을 핵심적 군사기구로 부상시켜 업무의 분장을 도모했을 가능성이 매우 크다. 이 점 또한 고려할 만하다.

그런데 『고려사』와 『고려사절요』에는 추밀원 자체가 활약한 기록은 거의 찾아볼 수 없고, 추밀원 소속의 관원들이 파견되어 일정한 임무를 수행한 흔적만이 적지 않게 보인다. 따라서 여기서는 먼저 '군기지정'의 의미를 추밀원 소속의 여러 관원들이 담당한 역할과 관련한 자료들을 중심으로 접근해 구체적으로 파악하고자 한다.

'군기지정'이라는 용어는 이제까지 몇몇 논자들에 의해 군사기밀, 군사기무, 군국기무 등의 포괄적인 의미로 이해되고 있다. 『고려사』, 『고려사절요』 등에서 보이는 추밀원의 역할과 관련한 자료들을 추적해 보면 추밀원과 소속 관원들이 수행한 임무 가운데 가장 명백히 나타나는 업무는 변사邊事, 즉 변방에 관한 군사업무이다. 이 밖에도 군대를 직접 거느리고 전장에 출정하는 병졸집단의 파병, 군사의 징발에 해당하는 조병調兵, 군대의 사열을 의미하는 열병閱兵, 군 기강의 사찰, 군사업무와 관련한 군사적 현안 논의, 군수軍需와 군목軍目의 관리, 무관의 인사개입, 변경 지역의 군사적 방어를 위한 성지城池 구축 등 매우 다양한 역할을 수행했다.

그러면 이상의 항목들을 관련 자료에 입각해서 유형별로 정리하여 살펴

---

21 『고려사』 권76 백관1 密直司. "密直司 掌出納宿衛軍機之政 成宗十年 兵官侍郎韓彦恭 使宋還奏 宋樞密院 即我朝直宿員吏之職 於是 始置中樞院."

보자. 먼저 추밀원 소속의 관원을 파견하여 국왕의 훈유訓諭를 전달하게 한 사례는 다음과 같다.

B-1. 좌승선 심후를 보내 동계의 군사들에게 왕의 뜻을 전하고 은병 40개를 나누어 주게 하였다.[22]

B-2. 좌승선 이지저, 전중소감 임의에게 조서를 내려 서경 정벌에 출정한 장수들을 격려하고 …….[23]

B-3. 추밀원부사 이문저, 대장군 송경보를 보내 서경(평양)에 파견한 여러 장수들을 격려하였다.[24]

B-4. 일본 정벌에 파견된 군대가 합포로 돌아왔다. (이에) 동지추밀원사 장일을 보내 군을 위로하였다.[25]

예종 4년 여진과의 군사적 대치정국이라는 긴장된 분위기 속에서 동계東界 지역에 주둔하고 있는 군사들을 격려할 목적으로 좌승선左承宣 심후沈侯를 파견한 점이 확인된다(B-1). 그리고 묘청의 봉기를 진압하고 나서 인종이 좌승선 이지저李之氐와 전중소감殿中少監 임의林儀에게 조서를 내려 서경에 출정한 장수들을 표창하고 훈시한 사례도 보인다(B-2). 또 명종 6년 조위총趙位寵의 거병이 종결된 이후 추밀원부사 이문저李文著, 대장군 송경보宋慶寶를 서경에 보내 여러 장수들을 포상하고 왕의 훈시를 전달한 점(B-3), 충렬왕 즉위년 일본 정벌에 파견된 동정군이 합포로 귀환했을 때 동지추밀원사 장일張鎰을 보내 군사들의 노고를 치하한 점(B-4) 등에서 추

22 『고려사』 권13 세가, 예종 4년 5월 癸酉. "遣左承宣沈侯 宣諭東界軍士 分賜銀甁四十事."

23 『고려사』 권16 세가, 인종 14년 3월 己巳. "遣左承宣李之氐 · 殿中少監林儀 下詔 奬諭征西將帥 ……."

24 『고려사』 권19 세가, 명종 6년 6월 壬寅. "遣樞密院副使李文著 · 大將軍宋慶寶 往西京奬諭諸將."

25 『고려사』 권28 세가, 충렬왕 즉위년 11월 己亥. "東征師還合浦 遣同知樞密院事張鎰 勞之軍."

밀원 소속 관원이 국왕의 훈유를 전달하는 역할을 담당했음을 알 수 있다. 또한,

C-1. …… 정종조에 우승선 급사중으로 임명되었는데 (이때) 도병마사 박성걸 등과 함께 "동로의 정변진은 오랑캐들이 엿보는 곳으로 백성들이 안전하게 살 수 없으니 농한기를 기다렸다 (그곳에) 성지를 설치합시다"라고 아뢰어 이를 허락하였다.[26]

C-2. 호부시랑 유태수와 우부승선 임언을 동북에 보내 여러 성을 돌며 살펴보게 했다.[27]

위의 사료에 나타난 정종조에 왕총지王寵之가 우승선右承宣 급사중給事中이 되어 도병마사 박성걸朴成傑 등과 더불어 동로東路의 요충지인 정변진靜邊鎭에 성지城池를 설치하자고 건의한 점(C-1), 예종 2년 여진의 침입에 대응하기 위한 사전조치로 우부승선右副承宣 임언林彦과 호부시랑戶部侍郞 유태수柳台樹를 동북 지역에 파견하여 여러 성을 순시하게 한 점(C-2) 등은 추밀원이 군사적 사안에도 관여했음을 보여준다.

그리고 국내외의 급박한 군사적 상황에서 군대를 직접 통솔하고 출정한 예도 볼 수 있다.

D-1. 임간이 여진과 정주성 밖에서 싸워 패배하였다. …… 오직 추밀원별가 척준경만이 병기와 개마(갑옷을 입힌 말)를 (임)간에게 요청하여 적진으로 들어가 적장 1명을 베고 …… 준경이 대상 인점과 함께 적장 2명을 활을 쏘아 죽이니

---

26 『고려사』 권95 열전 王寵之. "…… 靖宗朝 爲右承宣給事中 與都兵馬使朴成傑等奏 東路靜邊鎭 蕃賊窺之處 百姓不得安居 請俟農隙 築設城池 從之."

27 『고려사』 권12 세가, 예종 2년 3월 己亥. "遣戶部侍郞柳台樹 · 右副承宣林彦于東北 巡視諸城."

적이 감히 앞으로 나오지 못해 아군이 입성할 수 있었다. 준경은 그 공로를 인정받아 천우위녹사참군사 직을 받았다. 유사가 (임)간 및 병마사좌복야 황유현, 부사대장군 송충, 호부시랑 왕공윤, 우승선 조규 등의 패전의 죄를 물어 보고하니 (이들을) 모두 파면하였다.[28]

D-2. 추밀원사 윤관을 동북면행영병마도통에 임명한 후 (숙종이) 중광전에 나아가 부월을 주어 보냈다.[29]

D-3. 조위총이 군대를 일으키자 …… 곧이어 또 (윤)인첨을 원수로 임명하고 추밀원부사 기탁성을 부원수로, 지추밀원사 진준을 좌군병마사로, 동지추밀원사 경진을 우군병마사로 임명하고 …… 재차 서경을 공격하였는데 승군 역시 동행하였다.[30]

D-4. 고종 3년(1216) 거란의 남은 종족인 금산왕자와 금시왕자가 하삭 지역의 백성을 위협하면서 스스로 대요수국왕이라 칭하고 천성이라는 연호를 세움에 …… 드디어 서해도로 들어가 황주를 도륙하였다. 다음해 (김)취려를 금오위상장군으로 임명하고 또 승선 김중구를 보내 남도의 병력을 통솔하여 (김취려와) 합세하도록 하였는데 (김)중구는 도공 역에서 적과 싸우다 패배하였다.[31]

D-5. 추밀원부사 이극서는 중군을 거느리게 하고, 이적유는 후군을 거느리게 하고, 김취려는 우군을 거느리게 하여 의주(의적)를 공격하게 하였다.[32]

---

28 『고려사절요』 권7, 숙종 9년 2월. "林幹與女眞 戰于定州城外 敗績 …… 惟樞密院別駕拓俊京 請兵器介馬於幹 入賊陳斬其將一人 …… 俊京與大相仁占 射殺賊將二人 賊不敢前 我軍得入城 俊京以功授千牛衛錄事叅軍事 有司 劾奏 幹及兵馬使左僕射黃兪顯 副使大將軍宋忠 戶部侍郎王公胤 右承宣趙珪 敗績之罪 皆罷之."

29 『고려사』 권12 세가, 숙종 9년 2월 乙丑. "以樞密院使尹瓘 爲東北面行營兵馬都統 御重光殿 授鈇鉞 遣之."

30 『고려사』 권96 열전 尹瓘 附 鱗瞻. "趙位寵起兵 …… 尋又以鱗瞻爲元帥 樞密院副使奇卓誠副之 知樞密院事陳俊 爲左軍兵馬使 同知樞密院事慶珍 爲右軍兵馬使 …… 復攻西京 僧軍亦行."

31 『고려사』 권103 열전 金就礪. "高宗三年 契丹遺種金山王子 · 金始王子 脅河朔民 自稱大遼收國王 建元天成 …… 遂入于西海道 屠黃州 明年 拜就礪 金吾衛上將軍 又遣承宣金仲龜 領南道兵 以會 仲龜與賊 戰陶公驛 敗績."

32 『고려사』 권22 세가, 고종 6년 10월 辛巳. "以樞密院副使李克偦 將中軍 李廸儒 將後軍 金就礪 將右軍 討義州."

D-6. 동지밀직사사 박구를 보내 합포를 평정하게 하였다.[33]

D-7. 동지밀직 안향을 동남도병마사에 임명하고 출정시켜 합포를 평정하게 하였다.[34]

D-8. 동지밀직사사 유보를 출정시켜 합포를 평정하게 하였다.[35]

D-9. 왜적이 착량에 이르자 추밀원부사 이춘부를 방어사에 임명하고 곧바로 여러 영병을 동원하여 동강과 서강으로 나아가게 하였으며, 소윤 정지상을 찰방에 임명하였다.[36]

D-10. 판밀직사사 이순을 양광도 순문사에 임명하고 출정하여 장암을 평정하게 하였다.[37]

D-11. 왜가 착량을 침입하였다. 밀직부사 변안열과 판개성부사 석문성에게 명하여 병력을 거느리고 이를 방어하게 하였다.[38]

D-12. 의용좌우군을 설치하고 문하평리 유연과 밀직사 변안열에게 이를 나누어 통솔하게 하였다.[39]

숙종 9년 정주성 전투에서 여진에 패배한 이후 추밀원의 별가別駕 척준경拓俊京이 임간林幹에게 병장기와 개마介馬를 요청한 후 적의 진지에 뛰어들어 적을 물리친 기사(D-1)나, 추밀원사 윤관이 동북면행영병마도통東北面行營兵馬都統에 임명되어 숙종으로부터 중광전重光殿에서 야전군에 대한 장악력과 통솔을 위해 부월斧鉞을 하사받은 경우(D-2)도 위급 시에 추밀원

33 『고려사』 권29 세가, 충렬왕 8년 4월 丙午. "遣同知密直司事朴球 鎭合浦."

34 『고려사』 권31 세가, 충렬왕 20년 4월 辛卯. "以同知密直安珦 爲東南道兵馬使 出鎭合浦."

35 『고려사』 권32 세가, 충렬왕 28년 11월 辛丑. "以同知密直司事兪甫 出鎭合浦."

36 『고려사』 권39 세가, 공민왕 7년 5월 庚子. "倭賊至窄梁 以樞密院副使李春富 爲防禦使 尋發諸領兵赴東西江 以少尹鄭之祥爲察訪."

37 『고려사』 권40 세가, 공민왕 12년 3월 壬午. "以判密直司事李珣 爲楊廣道巡問使 出鎭長巖."

38 『고려사』 권40 세가, 공민왕 13년 6월 庚子. "倭寇窄梁 命密直副使邊安烈 · 判開城府事石文成 領兵禦之."

39 『고려사』 권44 세가, 공민왕 22년 8월 丙子. "置義勇左右軍 以門下評理柳淵 · 密直使邊安烈 分摠之."

소속 관원이 군대를 직접 통솔하고 출정했음을 방증한다. 또한 조위총이 거병했을 때 추밀원부사 기탁성奇卓誠, 지추밀원사 진준陳俊, 동지추밀원사 경진慶珍 등이 좌군병마사·우군병마사에 임명된 후 서경을 공략한 기사(D-3), 승선 김중구金仲龜를 시켜 남도의 병력을 거느리고 거란의 침공에 대응하게 한 조치(D-4), 추밀원부사 이극서李克偦를 위시한 여러 장수들에게 의주를 토벌하게 한 조치(D-5), 충렬왕대 동지밀직사사 박구朴球, 동지밀직 안향安珦, 동지밀직사사 유보兪甫 등을 합포로 출정시켜 평정하게 한 사실(D-6·D-7·D-8), 공민왕 7년 왜적이 착량窄梁에 왔을 때 추밀원부사 이춘부李春富를 방어사에 임명한 후 여러 영領의 군사를 동원해 대응하게 한 점(D-9), 판밀직사사 이순李珣을 양광도순문사楊廣道巡問使로 임명한 후 출정시켜 장암長巖을 평정하게 한 점(D-10), 왜구가 착량에 이르자 밀직부사 변안열邊安烈과 판개성부사 석문성石文成으로 하여금 군대를 거느리고 방어하게 한 점(D-11), 공민왕 22년 문하평리 유연柳淵, 밀직사 변안열에게 의용좌우군義勇左右軍을 나누어 통솔하게 한 점(D-12) 등의 제법 많은 사례에서도 그러한 사실이 확인된다.

한편 군사조직의 운영에 필요한 물적 기반인 군량과 군수정책에도 추밀원이 관여한 흔적이 보인다.

E-1. 도재고 어사낭장 노언숙이 권력자의 요청임을 사칭하며 창고의 쌀 여러 석을 방출하여 창고의 관원들과 함께 나누려고 했다. 이때 창고를 지키는 장교가 승선 우승경에게 달려가 보고하여 사건이 헌대로 보내졌다.[40]

E-2. 지밀직사사 한강을 충청도와 교주도에 파견하여 군마(용) 사료를 마련하게 하였다.[41]

40 『고려사』 권21 세가, 신종 4년 7월 甲戌. "都齋庫御史郎將盧彦叔 詐稱權貴干請 出庫米許多石 欲與庫員吏分之 直庫將校奔告承宣于承慶 事下憲臺."

41 『고려사』 권29 세가, 충렬왕 7년 정월 壬寅. "遣知密直司事韓康于忠淸·交州道 以備軍馬草."

E-3. 부지밀직사사 조인규를 원나라에 보내 (원이 요구한) 군량의 감축을 요청하게 했다.[42]

E-4. 충청도지휘사 대장군 임비와 전라도지휘사 좌사의대부 최양이 군량의 수송을 기한 내에 하지 못해 (그 책임을 물어) 모두 직위를 빼앗았다. 이에 지밀직사사 나유를 충청도도순문사로, 판삼사사 박지량을 경상 · 전라도도순무사로 임명하고 군량 (수송을) 독려하게 하였다.[43]

E-5. 지밀직사사 나유를 파견하여 개주로 군량을 수송하게 하였다.[44]

E-6. 도지휘사를 나누어 보냈는데 판밀직 김지숙은 충청도, 지밀직 최유엄은 전라도, 도첨의참리 김운은 경상도에 (파견하여) 선박과 군량을 준비하게 하였다.[45]

신종 4년 도재고都齋庫 어사낭장御史郎將 노언숙盧彥叔이 창고에서 곡식을 임의로 방출하려고 했을 때 창고를 지키던 장교가 승선 우승경于承慶에게 보고한 사실(E-1), 지밀직사사 한강韓康을 충청도와 교주도에 파견하여 군마軍馬의 초료草料를 준비하게 한 점(E-2), 부지밀직사사 조인규趙仁規를 원나라에 보내 군량의 감축을 요청하게 한 점(E-3), 충렬왕 15년 지밀직사사 나유羅裕를 충청도도순문사忠淸道都巡問使에 임명하여 군량을 독촉하게 한 점(E-4), 지밀직사사 나유를 개주盖州로 보내 군량수송의 임무를 수행하게 한 점(E-5), 지밀직 최유엄崔有渰을 전라도로 보내 선박과 군량을 준비하게 한 점(E-6) 등에서 추밀원이 군량과 군수정책에도 관여했음을 알

42 『고려사』 권29 세가, 충렬왕 9년 3월 庚子. "遣副知密直司事趙仁規 如元 請減軍糧."

43 『고려사』 권30 세가, 충렬왕 15년 3월 辛卯. "忠淸道指揮使大將軍林庇 · 全羅道指揮使左司議大夫崔諹 以輪軍糧後期 皆削職 乃以知密直司事羅裕 爲忠淸道都巡問使 · 判三司事朴之亮 爲慶尙, 全羅道都巡問使 以督軍糧."

44 『고려사』 권30 세가, 충렬왕 15년 5월 乙酉. "遣知密直司事羅裕 輸軍糧于盖州."

45 『고려사』 권30 세가, 충렬왕 19년 8월. "分遣都指揮使判密直金之淑于忠淸道 知密直崔有渰于全羅道 都僉議叅理金惲于慶尙道 以備船粮."

수 있다.

또 고려후기의 사례인 아래의 사료를 살펴보자.

> F-1. 밀직부사 박구 등에게 도성의 병졸들을 사열하고 사신을 경상 · 전라 · 충청 · 동계 · 교주도에 보내 병력을 점검할 것을 명하였다.[46]
>
> F-2. 중찬 김방경, 밀직부사 박구, 김주정이 일본정벌에 (파견될) 병사들을 사열하였다.[47]
>
> F-3. 판밀직 김주정에게 연등도감에서 군사를 사열하도록 명하였다.[48]
>
> F-4. 지밀직사사 정찬을 서북면도안무사로 임명하고 각 영(중앙군을 구성한 45령)과 여러 (관)사의 병사들을 사열하여 (공민왕의) 남쪽 행차에 대비하게 하였다.[49]

충렬왕 6년 밀직부사인 박구 등에게 중앙군을 사열하게 한 점(F-1), 밀직부사인 박구와 김주정에게 일본정벌을 위해 편성된 군사들에 대한 열병을 담당하게 한 조치(F-2), 충렬왕 9년 판밀직 김주정에게 연등도감 행사에 의전을 수행할 군의 열병을 주관하게 한 점(F-3), 공민왕 12년 판밀직사사 정찬丁贊을 서북면도안무사西北面都安撫使로 임명하고 각 영과 여러 관사의 병력들을 대상으로 사열을 실시하면서 왕의 남쪽 행차에 대비하게 한 점(F-4) 등은 군대의 사열의식인 열병에도 추밀원 소속의 관원들이 개입했음을 알려준다.

---

46 『고려사』 권81 병지1 병제 오군, 충렬왕 6년 10월. "命密直副使朴球等 閱京兵 遣使于慶尙 · 全羅 · 忠淸 · 東界 · 交州道 點兵."

47 『고려사』 권29 세가, 충렬왕 6년 11월 庚申. "中贊金方慶 · 密直副使朴球 · 金周鼎 閱東征軍士."

48 『고려사』 권29 세가, 충렬왕 9년 4월 乙酉. "命判密直金周鼎 閱軍於燃燈都監."

49 『고려사』 권40 세가, 공민왕 12년 5월 丁亥. "以知密直司事丁贊 爲西北面都安撫使 閱各領諸司兵以備南幸."

이 밖에 추밀원의 관원은 전함을 제작하는 데에도 관여했다.

G-1. 원나라에서 총관 찰홀을 파견해 전함 300척을 만드는 것을 감독하였다. …… 왕이 추밀원부사 허공을 전라도 도지휘사에 임명하고 …… 장군 임개를 교주도에 보내 각각 부부사로 임명하고 공장과 역도 3만 5백 명을 징집하여 …….[50]

G-2. 밀직부사 이존비가 합백나와 함께 전라도에서 전함을 시찰하였다.[51]

G-3. 지밀직사사 송분을 경상도에, 동지밀직사사 김백균을 전라도에, 밀직부사 우준충을 충청도에, 판사재 김지경을 서해도에 각각 파견해 전함을 수리하게 하였다.[52]

원종 15년 원이 전함제작을 요구하자, 추밀원부사 허공許珙을 전라도 도지휘사에 임명하여 이를 관장하게 한 조치(G-1), 충렬왕 6년 밀직부사 이존비李尊庇와 원의 사신 합백나哈伯那가 전라도에서 제작 중인 전함을 순시한 점(G-2), 충렬왕 8년 경상 · 전라 · 충청도에 각각 지밀직사사 송분宋玢, 동지밀직사사同知密直司事 김백균金伯均, 밀직부사密直副使 우준충禹濬冲 등을 파견하여 전함을 수리하게 한 점(G-3) 등이 그 예이다.

병졸들의 선발을 위한 조병調兵에 추밀원이 관여한 사례도 있다.

H-1. 예종이 즉위하여(오연총을) 지추밀원사 어사대부 한림학사 승지에 임명하고 동북면병마사 겸 행영병마사로 삼아 출정하게 했다. 그가 "동계로 징발

---

50 『고려사』 권27 세가, 원종 15년 정월. "元 遣總管察忽 監造戰艦三百艘 …… 王 以樞密院副使許珙 爲全羅道都指揮使 …… 將軍任愷於交州道 各爲部夫使 徵集工匠 · 役徒 三萬五百餘名 ……."

51 『고려사』 권29 세가, 충렬왕 6년 2월 丙申. "密直副使李尊庇 偕哈伯那 視戰艦于全羅道."

52 『고려사』 권29 세가, 충렬왕 8년 11월 丙戌. "分遣知密直司事宋玢于慶尚 同知密直司事金伯均于全羅 密直副使禹濬冲于忠淸 判司宰金之卿于西海 以修戰艦."

된 내외의 신기군 가운데 부모의 나이가 70세 이상이며 외아들인 자는 (군역을) 면제해 주고 한 집에서 3~4명이 종군한 자는 1명을 줄여주며 재신과 추밀의 자제는 스스로 모집에 응한 자가 아니면 역시 (군역을) 면제해 주십시요"라고 아뢰니 이를 허락하였다.[53]

H-2. 추밀원부사 송송례와 상장군 나유에게 군사들을 점검할 것을 명하였다.[54]

H-3. 지중추원사 송송례, 추밀원부사 기온, 응양군 상장군 김광원에게 명하여 일본정벌에 필요한 군사를 더 뽑게 하였다.[55]

H-4. 지밀직사사 김흔과 동지밀직사사 나유를 파견하여 동계의 방수군을 선발하게 하였다.[56]

H-5. 장군 오인영 등이 원나라에서 돌아와 "내안의 잔당 합단적이 장차 우리 동부의 변방을 침공하려고 한다"라고 말하니, 첨의찬성사 홍자번과 판밀직사 정가신 등은 병부에서 군사를 선발하고 …….[57]

예종 즉위년 지추밀원사知樞密院事 어사대부御史大夫 한림학사翰林學士 승지承旨 오연총吳延寵을 동북면병마사 겸 행영병마사로 임명한 후 동계東界에서 내외신기군內外神騎軍을 징발하게 한 점(H-1), 추밀원부사樞密院副使 송송례宋松禮와 상장군上將軍 나유에게 병력의 점검을 명령한 점(H-2), 원종 15년 지중추원사知中樞院事 송송례와 추밀원부사 기온奇蘊 등을 비롯하

53 『고려사』 권96 열전 吳延寵. "睿宗卽位 拜知樞密院事御史大夫翰林學士承旨 出爲東北面兵馬使兼行營兵馬使奏 東界徵發內外神騎軍 有父母年七十以上獨子者聽免 一家三四人從軍者 減一人 宰臣樞密之子 非自應募者亦免 從之."

54 『고려사』 권27 세가, 원종 13년 12월 辛丑. "命樞密院副使宋松禮上將軍羅裕 點兵."

55 『고려사』 권27 세가, 원종 15년 5월 丙申. "命知中樞院事宋松禮 樞密院副使奇蘊 鷹揚軍上將軍金光遠 加僉征東軍."

56 『고려사』 권30 세가, 충렬왕 15년 12월 癸巳. "遣知密直司事金忻 同知密直司事羅裕 調東界防戍軍."

57 『고려사절요』 권21, 충렬왕 16년 정월. "將軍吳仁永等 還自元 言 乃顔餘黨哈丹賊 將侵我東鄙 僉議贊成事洪子藩 判密直事鄭可臣等 調兵于兵部 ……."

여 응양군鷹揚軍 상장군上將軍 김광원金光遠에게 일본정벌에 필요한 병력을 추가로 징발하게 한 점(H-3), 충렬왕 15년 지밀직사사知密直司事 김흔金忻과 동지밀직사사同知密直司事 나유 등에게 동계 지역의 변방을 경비할 군사 선발을 명한 점(H-4), 장군 오인영吳仁永 등의 주청에 따라 첨의찬성사僉議贊成事 홍자번洪子藩과 판밀직사判密直事 정가신鄭可臣 등에게 병부에서 조병調兵을 명한 점(H-5) 등이 확인된다.

이 밖에도 추밀원은 각종의 다양한 군사업무에 관여하였다.

I-1. 승선 한교여를 중서성에 파견하여 변방의 방어대책을 묻게 했다.[58]

I-2. 금나라의 장수 살갈이 요나라의 내원과 포주 두 성을 공격하여 거의 함락하려 하자, 통군 야률영이 군사를 거느리고 도망하고자 하였다. 왕이 추밀원지주사 한교여를 보내 야률영을 불러오게 했다. 이에 (야률영은) 태연히(편안하게) 왕의 교지가 없다는 이유를 들어 거절하였다. 한교여가 (이를) 급히 아뢰자 왕이 추밀원에게 공문을 갖추어 보내게 하니 …….[59]

I-3. (묘청의 난이 일어났을 때) 왕이 재부와 중추원들을 소집해 논의하고, 평장사 김부식, 참지정사 임원애, 추밀원 승선 김정순에게 명하여 자리를 해서 (병부라는 기관에서 앉아서) 군대를 동원해 적을 토벌할 계획을 강구하게 하였다.[60]

I-4. …… 권신들이 권력을 장악하여 문관과 무관이 교대로 (지방에) 파견되는 법을 만들자 비로소 무관이 지방관에 임명되었다. 그런데 이후 승선 박항이 전주를 맡아보면서 왕에게 "외직은 동반이 관직에 나아가는 길입니다. 그래서

58 『고려사』 권13 세가, 예종 7년 11월 己卯. "遣承宣韓皦如于中書省 問禦邊之策."

59 『고려사』 권14 세가, 예종 11년 8월 庚申. "金將撒喝 攻遼來遠 · 抱州二城 幾陷 其統軍耶律寧 欲帥衆而逃 王遣樞密院知奏事韓皦如 招諭 寧以無王旨辭 皦如馳奏 王欲命樞密院 具箚子送之 ……."

60 『고려사절요』 권10, 인종 13년 정월. "(妙淸之亂) 王召宰樞議之 命平章事金富軾 · 叅知政事任元敱 樞密院 承宣金正純 坐兵部治兵 爲討賊計."

동반은 반드시 외직에 임명된 이후에야 조정의 관직을 부여받을 수 있었습니다. 무관은 조정 내에서 차례로 승진하게 되는데 어찌 반드시 외직에 나아가고자 하겠습니까?"라고 아뢰었다. 이에 결국 무관을 외직에 임명하지 않게 되었다. 그러나 무관이 왕의 좌우에 부탁하여 종전대로 돌아가기를 청하였다.[61]

예종 7년 승선 한교여韓皦如를 중서성에 파견하고 변방의 방어에 관한 책략을 문의하게 한 사실(I-1), 예종 11년 금金의 장수 살갈撒喝이 요遼의 내원來遠과 포주抱州 두 성을 공격하여 그곳이 함몰되자, 통군統軍 야율령耶律寧이 많은 무리들을 거느리고 도망치려고 할 때 예종이 추밀원지주사樞密院知奏事 한교여에게 야율령을 불러 도망치려고 한 이유를 밝히려 하였는데 이때 야율령이 예종의 선지宣旨가 없다고 따르지 않자, 예종이 추밀원으로 하여금 공문을 갖추어 보내게 한 사실(I-2), 묘청의 봉기에 직면하여 추밀원의 승선 김정순金正純과 여러 신료들이 병부에 모여 그에 대한 대처방안을 모색한 점(I-3), 충렬왕 원년 승선 박항朴恒이 관리들의 인물을 평가하고 기록하여 이를 근거로 관리의 임명과 등용에 관한 업무(전주銓注)를 맡아보던 중 무관의 지방관 임명과 관련된 인사상의 문제점을 거론하여 이를 바로 잡게 한 기사(I-4) 등에서 군사업무에 관여한 추밀원의 모습을 확인할 수 있다.

J-1. (여진과의 잦은 전투 중에) 또한 문하시중 윤관과 추밀원부사 유인저를 보내 창릉에 제사를 지내며 전쟁에서의 승리를 빌게 했다.[62]

J-2. 중군병마사가 "추밀원부사 한유충이 국가의 안위는 돌보지 않고 모든 군

61 『고려사절요』 권19, 충렬왕 원년 6월. "…… 權臣柄國 立文武交差之法 始以武官補外 及承宣朴恒 掌銓注 言於王曰 外寄 東班之仕路也 故 東班必補外 然後 得授朝官 西班則 循次以進 何必求外寄 遂不補外 至是 武官 托王左右 請復之."

62 『고려사』 권13 세가, 예종 4년 4월 乙酉. "又遣門下侍中尹瓘 · 樞密院副使柳仁著 祭昌陵 禱兵捷."

무를 결핏하면 방해한다"라고 아뢰어 (그를) 충주목사로 내쳤다.[63]

J-3. 일식이 있는 밤에 도적 70여 명이 담장을 넘어 수창궁으로 들어가 추밀사 양익경 등을 때려 죽이고 내시원으로 나아가 촛불을 비추며 닥치는 대로 죽이니 숙위(하는 사람들이)가 모두 달아나 숨었다. (이때) 내시 채순희가 난리가 일어났다는 소식을 듣고, 홀로 들어가 지키며 한시도 좌우를 떠나지 않으니 왕이 칭찬하며 "거센 바람에 굳센 풀이라는 것은 그대를 두고 하는 말이다"라고 하였다. 승선 권절평이 적의 무리들이 이어서 들어오지 않는 것을 알고 북문으로 나가 거리에 이르러 군사를 불러 모아 궁문 밖에 도착하니, 떠들썩한 소리가 땅을 진동시켜 적들이 두려워하며 서문으로 도망쳤다.[64]

J-4. 판삼사사 한희유, 지밀직사사 유승에게 명령하여 강도에 머물며 (이 지역을) 지키게 하였고, 전란을 겪은 주와 군의 조세를 감소하고 면제하라고 명령하였다.[65]

J-5. 동지밀직사사 전윤장을 교주도 도순문사로 임명하여 쌍성의 인구를 조사해 감독하게 하였다.[66]

J-6. 좌승선 김흥경에게 명령하여 "지금 전쟁이 끝나지 않아 재물이 없으니, 군공이 있는 자에게 (재물로) 상을 줄 수 없게 되었다. 문관 3품과 무관 5품 이하의 관직을 추가로 설치하여 그것으로써 군공에 대한 상을 주라"고 하였다.[67]

---

63 『고려사』 권16 세가, 인종 14년 5월 甲戌. "中軍兵馬使奏 樞密院副使韓惟忠 不顧國家安危 凡兵機動輒防遮 貶忠州牧使."

64 『동사강목』 제9하, 명종 17년 7월. "日食之夜 有賊七十餘人 踰垣入壽昌宮 格殺樞密使梁翼京等 出內侍院 紅燭照之 所至輒殺 宿衛皆走匿 獨內侍蔡順禧 聞難入衛 無須曳去左右 王歎曰 疾風勁草 子之謂矣 承宣權節平 知賊徒無繼者 乃出北門到街衢 召兵至宮門外 讙譟動地 賊懼走出西門."

65 『고려사』 권30 세가, 충렬왕 17년 9월 乙未. "命判三司事韓希愈 · 知密直司事柳陞 留鎭江都 命被兵州郡蠲免租稅."

66 『고려사』 권37 세가, 충목왕 3년 정월 壬申. "以同知密直司事全允臧 爲交州道都巡問使 令檢括雙城人口."

67 『고려사절요』 권29, 공민왕 20년 12월. "命左承宣金興慶日 今兵革未偃 錢財罄竭 有軍功者 無以賞之 添設文官三品 武官五品以下官 以賞軍功."

위의 사료에서는 예종 4년 추밀원사 유인저柳仁著와 더불어 문하시중 윤관尹瓘을 창릉昌陵에 보내 출정에 앞서 전쟁에서의 승리를 빌게 한 조치(J-1), 인종 14년 추밀원부사 한유충韓惟忠이 국가의 안위는 돌보지 않고 오히려 빈번이 군사적 업무를 방해한다고 한 중군병마사中軍兵馬使의 보고(J-2)가 주목된다. 그리고 명종 17년 궁성 내에 도적이 들이닥쳐 당일 숙위를 담당한 자들마저 모두 달아나는 긴박한 상황 속에서 이에 대응하기 위해 군사를 불러 모은 승선 권절평權節平의 사례(J-3), 충렬왕 17년 지밀직사사知密直司事 유승柳陞과 판삼사사判三司事 한희유韓希愈에게 전쟁피해 지역인 주州와 군郡의 조세를 덜어주도록 명한 점(J-4), 충목왕 3년 동지밀직사사同知密直司事 전윤장全允臧을 교주도交州道 도순문사都巡問使로 임명하고 쌍성雙城 지역의 인구 감독과 관리를 명령한 점(J-5), 공민왕 20년 좌승선 김흥경金興慶에게 전쟁이 끊이지 않아 돈과 재화가 없어 군공이 있는 사람들에게 상을 주지 못하고 있으니, 문관 3품 및 무관 5품 이하의 관직을 더 설치하여 군공자에게 상을 주게 한 점(J-6) 등이 나타나는데, 이로 미루어보아 추밀원이 여러 가지 다양한 임무를 처리했음을 알 수 있다.

이상에서 살펴보았듯이 추밀원에 소속된 관원들은 다양한 군사업무를 수행했다. 이와 관련해서 다음의 자료는 특히 주목할 만하다.

> 평장사 최홍사, 김경용, 참지정사 임의, 추밀원사 이위가 선정전으로 들어가서 왕을 대면하고 (윤)관과 (오)연총이 (여진과의 교전에서) 패전한 책임을 물을 것을 강하게 주장했다. 이에 왕이 승선 심후를 파견하여 (그들이 돌아오는) 길 중간에서 부월을 회수하게 했다. (윤)관 등은 (출정한 이후의) 결과를 보고할 수 없어 집으로 돌아갔다.[68]

---

68 『고려사』 권96 열전 尹瓘. "…… 平章事崔弘嗣 · 金景庸 · 叅知政事任懿 · 樞密院使李瑋 入對宣政殿 極論 瓘 · 延寵敗軍之罪 王遣承宣沈侯於中路 收其鈇鉞 瓘等 不得復命 歸私第."

위의 자료는 예종대 거듭되는 여진과의 공방전 과정에서 여진을 정벌할 임무를 맡아 전장에 참여한 윤관과 오연총에 대해 몇몇 관료들이 패배에 대한 문책을 주장하자, 예종이 승선 심후沈侯를 파견하여 군령권의 최고 책임자인 국왕의 대행자로서의 자격부여를 상징하는 부월鈇鉞을 거두어 오게 한 사실을 보여준다. 이는 전시체제에 직면하여 부월을 받아 국왕을 대신해서 군에 대한 전면적인 지휘·통솔은 물론이고 그 소속 군사들의 생사여탈권을 책임지고 있는 야전군의 사령관의 군령권 자격을 박탈하는 조치로서 추밀원 소속의 관원이 행사한 전형적인 군기지정의 임무라는 점에서 주목을 끈다.

그런데 이상 추밀원에 속한 구성원들의 역할 가운데 군사업무와 관련한 내용을 살펴보면, 특히 추밀원과 그 소속 관원이 군대에 대한 지휘권자로 제수되어 단독으로 군사 관련 임무를 행사한 경우 또는 여타 관부에 속한 관원들과 더불어 파견된 사례를 찾아볼 수 있다. 이 중 후자에 해당하는 여러 사례들은 고려의 군사업무가 그 운용 과정에서 매우 다원적인 편제 방식에 따라 전개되었음을 보여준다. 그리고 이러한 운용방식은 전시의 출정체제가 대개 야전군에 대한 실질적인 군사적 지휘를 전담한 영병領兵 계열과 작전과 전략을 담당한 참모參謀 계열이 병렬적으로 짜여져 운영되고 있었음을 나타내주는 것이라 하겠다.[69]

지금까지 검토한 내용을 정리하면 백관지에 서술된 추밀원의 '군기지정'은 대체로 조병과 파병, 무관에 대한 인사개입, 군의 의식, 군정·군령권의 집행, 군의 포상, 군수와 군목 관장, 성지 구축 등 매우 포괄적인 업무

69 군사적 관점에서 추밀원의 직능이 제대로 밝혀지지 못한 이유로 추밀원이 고려초기부터 제도화되어 존재한 관사였음에도 그것의 임무가 체계적으로 기록되지 않은 점이 지적된다. 그러나 무엇보다도 가장 큰 원인은 추밀원이 다른 관부들과 결합되어 운용되었기 때문일 것이다. 이 결과 추밀원의 기능에 대해서는 대개 현상적인 분석에 머물 수밖에 없었다고 판단된다. 이 점에 대해서는 앞으로 군사조직의 운용과 연관해 더욱 세밀히 추적되어야 할 것이다.

를 의미한다.

한편, 앞서 지적했듯이 추밀원은 국왕직속의 친위 군사조직인 금군의 출병에도 일부 간여하였다. 이런 점에서 다음의 자료는 특히 주목할 만하다.

> K. (김)약선은 여러 관직을 거치면서 추밀(원)부사에 이르렀다. 원종이 그의 딸을 맞아들여 왕비로 삼고 충렬왕을 낳았다. 약선의 부인이 연등회 저녁에 궁궐로 들어가려 할 때 고종이 태자비의 어머니라고 하여 그 부에 명령을 내려 견룡행수, 중금, 도지 및 장군 등을 시켜 곁에서 모시게 했다. 여개(수레이용에 필요한 각종 장식기구)와 복식이 모두 왕비와 같았다.[70]

앞의 여러 가지 사료에서는 이제까지 국왕이 통치행위의 일환으로 금군을 지휘·통솔하는 방식, 즉 군령권 집행의 소재는 국왕으로부터 발동되었음을 확인할 수 있다. 그런데 사료 K는 금군에 대한 군령권을 위임받아 그것을 집행한 기구의 실체를 보여주는 것으로서 상당히 유의할 만하다. 이는 군령권의 대행자로서 국왕의 명령을 위임받아 이를 행사한 군사기구가 존재했음을 의미하는 것으로, 지금까지 이에 대한 견해를 논급한 연구는 거의 찾아볼 수 없다.[71] 그런데 이 사료에 나타난 내용으로는 '부府'의 실체가 구체적으로 어떠한 기구를 말하는지를 명확히 알 수 없다. 이때 우리가 언뜻 상정할 수 있는 것으로는 재부 또는 추밀원의 또 다른 명칭인 추

---

70 『고려사』 권101 열전 金台瑞 附 若先. "(金)若先 累官至樞密副使 元宗納其女爲妃 生忠烈王 若先妻 因燈夕入內 高宗以太子妃母 命其府牽龍行首·中禁·都知及將軍等爲僕從 輿蓋服飾一如王妃."

71 이런 점에서 최근 중추원이 수행한 직무와 중앙정치기구 내에서의 위상변화를 검토하는 과정에서 軍機의 실체와 의미를 살펴본 논고는 본장과 관련해 볼 때 주목된다(이정훈, 「고려전기 중추원의 설치와 職掌의 변화」, 『동방학지』 134, 2006). 이에 따르면 헌종대 이후 3省과 견줄 수 있는 위상을 지니며 부상한 중추원의 군기는 군정권을 행사한 병부와는 그 성격을 달리한 군사지휘 또는 군사동원 등과 같은 군령 문제였을 것이라고 한다. 중추원의 군기지정을 군령권과 연계해 그 의미를 부각했다는 점에서 시사하는 바가 크다.

부, 그리고 태자부이다.

이와 관련해서 다음의 사료는 본 장의 문제의식과 관련해서 주목을 끈다. 조선이 건국된 이후 정종 2년에 왕은 문하시랑찬성사門下侍郎贊成事 하륜河崙에게 관제개혁을 단행하게 하였는데 이 과정에서 하륜은 고려시대 군권의 운용실태와 관련해서 아래와 같은 중요한 언급을 하였다.

> 문하시랑찬성사 하륜에게 관제를 고쳐 정할 것을 명함에 …… "신 등이 삼가 살펴보건대, 옛날에 병법을 만들 때에는 발명, 발병, 장병에 차이가 있었습니다. 발명자는 재상이고, 발병자는 중간에 있는 총제이며, 장병자는 명을 받아 이를 행하는 자였습니다. 재상은 왕의 명을 받지 않으면 발명을 할 수 없었으며, 총제는 재상의 명이 없으면 (군사를) 파병하지 못하고, 장병자도 총제의 명이 없으면 집행할 수가 없었습니다. 상하가 서로 연결되고 틀과 짜임새가 문란하지 않아 변란을 도모하고자 하더라도 능히 스스로 (군사를) 움직일 수가 없었습니다. 이것이 정해진 법이었습니다. 조선 이전의 옛 제도는 당나라와 송나라의 법을 본받았는데 성재는 국가의 정치와 군국의 일을 맡아 통솔하지 않은 바가 없었으므로 곧 (이것이) 발명자입니다. 중추는 군기를 장악한, 즉 총제로 발병자입니다. 여러 위의 상 · 대장군 이하는 오로지 부병을 맡아 숙위를 수행하는데, 작은 변란이 있으면 낭중 · 낭장을 보내고, 변란이 크면 장군 이상을 보내어 출군한 후 적에 대응합니다. 이는 일찍이 패배한 적이 없었는데 이것이 곧 장병자입니다"[72]라고 하였다.

72 『정종실록』 권4, 정종 2년 4월 辛丑. "命門下侍郎贊成事河崙 更定官制 …… 臣等謹按 古者兵法之設 有發命發兵掌兵之差 發命者宰相也 發兵者居中摠制也 掌兵者受命以行者也 宰相非稟君上之命 不得發命 摠制非有宰相之命 不得發遣 掌兵者非有摠制之命 不得以行 上下相維 體統不亂 雖欲爲變 莫能自動 此定法也 前朝舊制 取法唐宋 省宰掌邦治軍國之事 無所不統 卽發命者也 中樞掌軍機 卽摠制發兵者也 諸衛上 · 大將軍已下 專掌府兵 以當宿衛 有變小則遣郎中郎將 大則遣將軍已上 出而應敵 未嘗敗衄 此則掌兵者也."

위의 사료에서 고려시대 군사통수체계는 최고의 군사통수권자인 국왕을 정점으로 발명發命, 발병發兵, 장병掌兵의 3계통이 서로 유기적으로 연결되어 있음을 알 수 있다. 이 가운데 특히 주목되는 것이 바로 군기軍機를 장악하면서 발병권을 행사한 중추(원)의 존재이다.[73] 그런데 앞서도 지적하였듯이 고려시대의 추밀원이 후기에 와서야 군사적으로 주된 역할을 수행한 기구로 부상하였다고 파악한 기왕의 견해들이[74] 있어 얼핏 위의 자료에 서술되어 있는 내용과는 배치되는 점이 있다.

이와 관련해 위의 사료에 나타난 "중추는 군기를 장악한, 즉 총제로서 발병자입니다〔中樞掌軍機 卽摠制發兵者也〕"라는 구절은 더 적극적으로 세밀히 음미될 필요성이 크다고 생각된다. 왜냐하면 종래의 논고들이 군령권과 군정권에 관한 모호한 문제의식 때문에 추밀원의 기능 중 왕명출납을 제외한 여타의 직임, 예를 들면 숙위나 '군기지정'에 대한 이해가 여전히 불명확한 상태로 남아 있다는 지적이 제기되고 있기 때문이다.[75] 결국 이를 통해 보면 고려시대 군기를 장악한 중추원이 바로 왕과 재상의 명을 받아 군대를 동원한 총제였음을 분명히 알 수 있다.

따라서 필자는 지금까지 논급한 추밀원의 '군기지정'을 분석한 결과에 입각해서 위의 사료를 더욱 긍정적으로 받아들이고자 한다. 즉 이상에서

---

73 종래 이 자료는 고려의 군사적 명령계통이 이원적으로 제도화되어 있었음을 보여주는 좋은 예로서 주목된 바 있다. 그래서 이에 근거해 경군의 출병 경로를 추적하는 데 활용된 바 있다(鄭景鉉, 앞의 글, 1991). 여기서 눈길을 끄는 사실은 국왕이 직접 행사한 발병권을 국초에는 순군부 혹은 순군부 소속의 관원들이 관장했다는 것이다. 후일 순군부가 폐지되어 그 연장선상에서 추밀원과 병부가 군정권과 군령권을 담당한 주무부서로 대두하였음을 고려할 때 추밀원이 발병권을 행사할 개연성이 매우 크다고 하겠다.

74 邊太燮, 앞의 글 ; 朴龍雲, 앞의 글.

75 왕의 비서기구 및 군사상의 지휘관계에도 깊이 관여한 중추원의 역할에 대한 연구가 있음에도 불구하고 여전히 군사 관계만은 불명확한 상태로 남아 있다는 지적은 유의할 만하다(閔賢九, 「朝鮮初期 軍令 · 軍政機關의 整備」, 『朝鮮初期의 軍事制度와 政治』, 韓國硏究院, 1983, 262쪽).

논의한 점들에 유의하면서 위의 기사에 서술된 추밀원의 발병권을 앞서 제시한 사료 K와 연결해 볼 때 '부'의 실체는 금군의 운용에 개입해서 왕에게서 발병권을 직접 위임받아 행사한 추밀원을 가리키는 것으로 파악할 수 있다. 그리고 이러한 이해가 허용된다고 할 때 금군은 최고의 군사통수권자인 국왕의 군령권 집행은 물론이고 이를 위임받은 추밀원에 의해서도 동원되었다고 할 수 있다. 그리하여 최종적으로는 금군을 구성한 개별부대들의 실질적 최고지휘관인 지유와 행수를 중심으로 그 실제적인 군사력이 운용되었던 것으로 볼 수 있다.

이상 금군에 대한 국왕의 군령권 집행과 관련된 사례를 토대로 발명권과 발병권의 행방에 대해서 살펴보고, 추밀원의 '군기지정'과 관련한 기사들을 유형별로 정리하여 군령 및 군정기구로서 복합적 성격을 지닌 추밀원의 군사적 역할을 검토하였다. 나아가 극히 편린적인 자료에 입각해서 국왕의 군령권을 위임받은 추밀원이 금군의 동원과 운용에도 관여하고 있었음을 밝혔다.[76]

76 하지만 한정적인 자료를 가지고 논지를 전개하는 과정에서 많은 비약을 되풀이한 점이나 구체적인 사실을 명확히 밝혀내지 못한 점도 있었을 것이라 생각한다. 대표적인 실례를 들면 고려 군사통수권 내에서 차지하는 추밀원의 지위 및 추밀원과 병부와의 관련성 문제를 밝히지 못한 점이 그러하다. 이는 군사업무를 다룬 여타 중앙 군사기구들과의 역학관계를 해명하는 데 있어 매우 중요한 과제라 생각된다. 그 밖에도 추밀원 소속관원들이 독자적으로 수행한 군사적 임무 외에 여타 관부 소속 관리들과 더불어 활동한 사료들에 대해서 좀더 적극적인 의미를 부여하지 못한 점도 아쉽다.

제5장 금군의 기능과 위상

1. 금군의 기능

금군이 수행한 기능과 성격을 이해하기 위해서는 무엇보다 전체 군사조직 가운데서 금군이 차지하는 위상을 올바르게 파악하는 작업이 필요하다. 그러나 앞서 몇 차례 언급하였듯이 금군과 관련된 사료가 절대적으로 부족하기에 이러한 접근은 쉽지 않다. 다만 중국의 각종 문헌자료에는 황제의 직속 군사조직이었던 금군의 임무와 기능이 비교적 잘 정리되어 있어 크게 참고할 만하다.

고려시대에 비해 역사적으로 잘 정비되었고 그 흔적 또한 각종 사서에 상당히 체계적으로 서술되어 있는 역대 중국의 금군은 황제권의 강화와 유지 또는 전제화專制化를 위한 무력기반으로서 성립된 군사조직의 하나였다. 즉, 성격상 황가의 권위의 상징이면서, 한편으로는 외부의 압력과 내부의 반란에 대비하는 상비군적인 역할을 수행한 중요한 정치적 · 군사적 기능을 지닌 전통시대 각 왕조의 특수한 군사조직이었다.[1] 요컨대 중국 역사에서 금군은 지방 세력이 황실 권위를 침해하는 것을 예방하고 정치·군사적 중앙 집중화를 실현하는 데 필수불가결한 군사조직으로 간주되었다. 이러한 점에서 토착왕조나 정복왕조는 금군을 끊임없이 정비하고 강화함으로써 체제 및 정권의 항구적인 안정을 보장하려고 하였다.

이상에서 언급한 점을 통해 외연을 확대해 볼 때 고려왕조의 금군 역시 기본적으로 이러한 기능을 어느 정도 지니고 있었던 것으로 추측할 수 있다. 먼저 외견상 금군의 일차적인 역할이 국왕의 시위였으므로 그 임무나 기능이 국왕의 신변경호에 있었음은 분명하다. 그리고 이를 더욱 세분하면 국왕이 거주하는 궁성의 시위와 국왕 및 왕실세력 행차 시의 호종扈從과 의장儀仗 등으로 구별할 수 있을 것이다. 이와 관련한 다음의 자료를 보자.

성종 원년(982) 6월 최승로가 정광행선관어사상주국에 임명되었을 때 왕이 자문을 요청하자 글을 올려 말하기를 "우리 조정을 시위하는 군졸은 태조 때에는 다만 궁성을 시위하는 데 충당해 그 수가 많지 않았지만, 광종이 참언을 믿고 장상(장수와 재상)들을 죽이고 책망하며 의혹이 생겨 그 수를 증가하였습니다. 주와 군에서 풍채가 있는 자를 선발해 (왕궁에) 불러들여 모두 내주(부엌)에서 식사하게 하였습니다. 당시의 여론이 (이러한 광종의 조치를) 번거롭고 무익하다고 여겨 경종 조에 이르러 비록 인원을 점차 감축하기는 하였지만 지금에 이르러서는 오히려 그 수가 많아졌습니다. 엎드려 바라건대 태조의 법에 따라 굳세고 용맹한 자들만 남겨 두고 나머지는 모두 (시위임무를) 중지시켜 돌려보내면 사람들의 탄식과 원망이 없어지고 국가에는 저축이 있을 것입니다"라고 하였다.[2]

---

1 HSIAO, *The Military Establishment of Yuan Dynasty*, Cambridge: Harvard University Press, 1978 ; 孫金銘, 『中國兵制史』, 臺北 : 國防研究院出版部, 1970 ; 張其凡, 『五代禁軍初探』, 廣洲 : 暨南大學出版社, 1993.

물론 시기변화에 따른 차이는 있었지만 그 기본적인 성격에는 변함이 없었다.

위의 사료는 고려 초기 성종대 최승로가 건의한 상서上書 가운데 하나로서 태조 당시 시위군졸의 상황을 전해준다. 여기서 보면 군졸들의 가장 일차적인 임무가 궁성의 경계를 책임진 이른바 숙위였음을 알 수 있다. 이들 국왕의 측근 군사력으로 보이는 국초의 시위군졸은 '모두 부엌에서 먹었다'라는 데서 알 수 있듯이 왕궁 내에 상주하면서 궐내의 치안과 경계를 담당하였다.[3]

또한 고려의 금군은 국왕 및 왕실세력의 행차 시에 그리고 각종의 국가적인 의례행사에 배치되어 이들 곁에서 호종과 의장의 역할을 수행하였다. 대표적인 관련 사료를 뽑아 열거하면 다음과 같다.

A-1. 목종이 최항을 시켜 강조에게 말을 요청하니 1필을 보냈다. 또 민가에서 (말) 1필을 취하여 목종과 태후가 그 말을 타고 선인문으로부터 나와 충주로 향했다. 적성현에 도착하니 강조가 상약직장 김광보를 보내 독을 올렸다. 그러나 목종이 마시기를 거부하였다. 김광보가 왕을 따르는 중금 안패 등에게 "강조가

---

2 『고려사』 권93 열전 崔承老. "成宗元年 爲正匡行選官御事上柱國 時王求言 承老上書曰 …… 我朝侍衛軍卒 在太祖時 但充宿衛宮城 其數不多 及光宗信讒 誅責將相 自生疑惑 增益軍數 簡選州郡有風彩者入侍 皆食內廚 時議以爲繁而無益 至景宗朝 雖稍減削 洎于今時 其數尙多 伏望遵太祖之法 但留驍勇者 餘悉罷遣則 人無嗟怨 國有儲積."

3 『고려사』 권99 열전 咸有一. "仁宗十三年 西京反 有一以胥吏 從軍有功 調爲選軍記事 夙夜刻苦 公耳忘私 家貧常衣弊履穿 時禁軍廚食不如式 軍士議曰 若得弊衣記事 必不如是 會兩府擧廉吏 樞密使王冲薦之 上素聞名 得之甚喜 召入內侍 勾當軍廚事." ; 金龍善 編著, 「咸有一墓誌銘」, 『高麗墓誌銘集成』, 한림대학교출판부, 1993, 250쪽. "其後 軍廚員吏給軍食 有不如法 禁軍相聚言其短 因請若得選軍記事之衣敝衣者 則必不當如是 其語浸淫聞於上 翼日 上命兩府各擧廉吏 王樞密冲以公應擧 公嘗爲選軍記事 家素貧寠 性又不喜紛華 常衣敝履空夙夜在公 故其云如是上得之甚喜 召入爲內侍 令句當軍廚事 ……."

강진철은 內廚라는 것이 어떠한 의미인지 알 수 없으나 시위군졸이 궁중의 內費로써 부양되었다는 것만은 수긍할 수 있다고 지적한 바 있다. 이를 통해 그는 당시의 시위군이 후일 군인전시과가 설립되어 거기에 財源을 두어 형성된 府兵과는 많은 차이가 있었을 것이라 한 바 있다(姜晋哲, 「高麗初期의 軍人田」, 『淑明女大論文集』 3, 1963, 137쪽 ; 『高麗土地制度史硏究』, 고려대학교 출판부, 1980). 결국 內廚는 위의 사료에 보이는 궁궐 내에 상주하고 있던 금군의 軍食을 책임지는 禁軍廚, 軍廚을 의미하는 것임을 알 수 있다.

말하기를 만약 독을 올리지 못하면 중금군사를 시켜 큰 일을 행하게 하고, 자결하였다고 보고하라고 하였다. 그렇게 하지 않으면 나와 너희들이 모두 죽는다" 라고 말하였다.[4]

A-2. (의종) 24년 왕이 화평재로 행차하였는데 그곳에서 가까이 행차한 문신들과 함께 술을 마시고 시를 읊으며 돌아갈 것을 잊었다. (이 와중에 이들을) 곁에서 수행한 장사들은 매우 굶주려 있었다. (이때) (정)중부가 소변을 보려고 나가니 견룡행수인 산원 이의방과 이고가 뒤따라 와서 비밀리에 중부에게 "문신은 의기양양하게 술에 취하고 배불리 먹고 있는데 무신들은 모두 굶주려 피곤해하니 이를 어찌 참을 수 있겠습니까?" 라고 말하였다. 그러자 중부도 일찍이 수염을 태운 감정이 있는지라 "그렇다" 라고 한 이후에 드디어 흉악한 계획을 꾸몄다.[5]

A-3. 임오 삭에 왕이 우타(라는) 하천 들판에 이르렀을 때 호랑이가 갑자기 나타나자 시봉군(왕의 측근에서 경계를 담당한 군사)에게 이를 물리치라고 명하였다. 견룡교위 송종소가 쫓아가 잡아 (호랑이를) 죽이자, 종소에게 옷 한 벌을 하사하였다.[6]

A-4. 기탁성은 행주 사람이다. 용모와 거동이 아름답고 활을 잘 쏘고 말을 잘 탔다. 처음 교위(하급군관)에 임명되었다가 의종이 말 달리는 것과 격구를 좋아해 견룡으로 발탁하여 편입시켜 항상 왕의 곁에 두었다. 권력자들을 잘 모셔 이른 시일 안에 위장군(6위 소속의 장군)에 올랐다.[7]

---

4 『고려사』 권127 열전 康兆. "穆宗 使沆請馬於兆 送一匹 又於人家 取一匹 穆宗及太后 乘之 出自宣仁門 向忠州 行至積城縣 兆遣尙藥直長金光甫進毒 穆宗不肯飮 光甫謂隨從中禁安覇等曰 兆言若不能進毒 可令中禁軍士 行大事 報以自刃 不爾吾與若等俱族矣 ……."

5 『고려사』 권128 열전 鄭仲夫. "二十四年 王 幸和平齋 又與近幸文臣 觴詠忘返 扈從壯士 飢甚 仲夫出旋 牽龍行首散員李義方 · 李高 從之 密語仲夫曰 文臣得意醉飽 武臣皆飢困 是可忍乎 仲夫曾有燃鬚之憾 乃曰然 遂構兇謀."

6 『고려사』 권11 세가, 숙종 7년 11월. "壬午朔 王次牛陁川野 有虎突出 命侍奉軍 逐之 牽韂 校尉宋宗紹 搏殺之 賜宗紹衣一襲."

7 『고려사』 권100 열전 奇卓誠. "奇卓誠 幸州人 美容儀善射御 初補校尉 毅宗好馳馬擊毬 擢爲牽龍 常在王側 善事權貴 驟遷衛將軍 ……."

A-5. (고종이) 묘통사에 행차하였다. 가마가 절의 문밖에 이르렀을 때 말이 놀라자 왕이 땅에 떨어졌다. 지어사대사 왕유는 견룡행수가 왕의 수레를 제대로 뒤따르지 못했다 하여 옥에 가두었고 어사대부 차주는 다만 견룡 2명을 탄핵 · 파직하였다.[8]

A-6. (김)약선은 여러 관직을 거치면서 추밀(원)부사에 이르렀다. 원종이 그의 딸을 맞아들여 왕비로 삼고 충렬왕을 낳았다. 약선의 부인이 연등회 저녁에 궁궐로 들어가려고 하자 고종이 태자비의 어머니라고 하여 그 부에 명령을 내려 견룡행수, 중금, 도지 및 장군 등에게 곁에서 모시게 했다. 여개(수레를 이용할 때 필요한 각종 장식기구)와 복식이 모두 왕비와 같았다.[9]

A-7. 최항은 일찍이 대경 최온의 딸을 아내로 맞아들였다가 병이 있다는 이유로 (아내를) 버리고 다시 승선 조계순의 딸에게 장가갔다. 이때 왕이 견룡, 중금, 도지, 순검, 백갑, 내시, 다방에 명령하여 호위해 보내게 하고 어좌견여(왕이 타는 가마)를 하사했다. 등불과 촛불 및 의물(의식에 수반한 물품)의 풍성함이 견줄 데가 없었다.[10]

A-8. …… 다음으로 중관이 나와 제사 지낼 준비가 되었다고 전하면 승선은 이를 받아 전달하고 중금을 시켜 나가 전달하게 한다. …… 왕이 신을 신고 웃옷을 입은 후 내전의 앞 기둥 밖에 나와 서면 상장군이 문후를 아뢰고 중금은 만세를 부르고 공손히 절하며 …… 승선이 촛불을 들고 앞에서 왕을 인도하여 뜰 아래 내려 남쪽 전으로 나가 (왕이) 교상(의자)에 앉으면 견룡과 도지가 만세를 부르고 공손히 절을 하며 …….[11]

---

8 『고려사』 권22 세가, 고종 17년 9월 戊申. "幸妙通寺 駕至寺門外 馬驚墮地 知御史臺事王猷以牽龍行首扈駕不謹 下獄 御史大夫車倜 但劾罷牽龍二人."

9 『고려사』 권101 열전 金台瑞 附 若先. "(金)若先 累官至樞密副使 元宗納其女爲妃 生忠烈王 若先妻因燈夕入內 高宗以太子妃母 命其府牽龍行首 · 中禁 · 都知及將軍等爲僕從 輿盖服飾一如王妃."

10 『고려사절요』 권16, 고종 37년 5월. "崔沆 嘗娶大卿崔昷女 以有疾棄之 改娶承宣趙季珣女 王命牽龍 · 中禁 · 都知 · 巡檢 · 白甲 · 內侍 · 茶房衛送 賜御座肩輿 燈燭儀物之盛 罕有其比."

11 『고려사』 권61 예지3 景靈殿. "…… 次中官出齊事傳 承宣承傳 令中禁出傳 …… 王靴袍 出內殿前楹外立 上將軍奏看 中禁奏山呼肅拜 …… 承宣秉燭 前引王 下庭出南殿 坐絞床 牽龍 · 都知奏山呼肅拜 ……."

A-9. 신주를 받들어 본래대로 함 안에 안치하고 문을 닫고 나오면 승선은 방문을 봉한다. 의장악부는 문 밖에 정렬한다. 상사는 대궐 뜰에 욕위를 설치한다. 지유와 견룡은 각각 비단옷을 입고 가마를 들고 와서 …… 내시 한 명이 영궤를 받들고 (다른) 한 명은 부궤를 받들며 태축과 궁위령이 신주함을 받들어 서쪽 계단에서 내려와 가마에 안치하면, 대궐을 (지키는) 시위 및 순검 등이 (함을) 모시고 선다. 다음으로 대궐을 (지키는) 중금이 지정된 복장을 하고 좌우로 나누어 서고 지유와 견룡은 자문의 계단 위에 모시고 선다. 다음으로 승선, 중방, 비신장군, 내시, 다방, 지유가 공손히 절한다. 대궐을 (지키는) 도지가 비단옷을 입고 둔자를 받들고 좌우로 나누어 서서 가마를 모시고 …….[12]

A-10. 왕이 평상시에 입는 옷을 입고 내전의 남쪽 행랑에 나와 앉으면 견룡, 도지가 공손히 절을 마치고 승선, 중방, 원방, 6국의 관원들이 차례대로 공손히 절을 한다.[13]

A-11. 당일 전위에 진설하는 것은 평소 의식과 같다. 왕이 은막으로 나가면 승선이 입직하며 중방은 평상시에 입는 옷을 입고 (대궐) 뜰에 들어와 공손히 절을 한다. 중관이 왕의 분부를 받아 (이들이) 전에 "올라갈 것을 허락한다"라고 하면 다시 공손히 절을 하고 전에 올라 발 앞의 지정된 자리에 앉는다. 내시, 다방, 참상 · 참외는 관복 차림으로 일시에 공손히 절을 하고 나누어 서며 견룡, 중금, 도지도 공손히 절을 하고 나누어 선다. 왕을 모시는 신하들은 관복을 입고 전에 들어가 옆으로 정렬하여 절을 재차 하고 행렬의 맨 앞 사람이 걸어 나가 본래의 자리에서 읍을 하고 좌우로 나누어 서는데 왕을 모시는 신하들은 앞에, 내시는 그 다음에, 견룡과 도지는 맨 뒤에 선다.[14]

---

12 『고려사』 권64 예지6 凶禮 祔太廟儀. "…… 奉神主 還安匱內 闔戶而出 承宣 封室戶 儀仗樂部列於門外 尙舍設褥位於殿庭 指諭 · 牽龍 各著錦衣 陪腰輿 …… 內侍一員 奉靈匱 一員奉趺几 太祝宮闈令 奉神主匱 降自西階 安於腰輿 殿侍衛及巡檢等陪立 次殿中禁 服其服 左右分立 指諭牽龍 陪立於紫門階上 次承宣 · 重房 · 備身將軍 · 內侍 · 茶房 · 指諭 肅拜訖 殿都知 着錦衣 奉鈍子 左右分立 陪腰輿 ……."

13 『고려사』 권64 예지6 凶禮 重刑奏對儀. "王 便服 出坐內殿南廊 牽龍 · 都知 肅拜訖 承宣 · 重房 · 院房六局員 次次肅拜."

14 『고려사』 권68 예지10 嘉禮 東堂監試放牓儀. "其日 殿上陳設 如儀 王御隱幕 承宣入直 重房

A-12. 당일 왕이 황색 의복을 입고 편차에 나아가면 견룡관, 중금, 도지, 전문 안팎을 지키는 경호원과 의장대가 산호만세를 부르며 공손히 다시 절한다.[15]

A-13. 왕이 편차에 나아가면 승제원, 근시관, 편전의 앞문에 있는 인원 및 여러 숙위, 중금, 도지, 견룡관, 전문의 안팎을 지키는 경호원과 의장대 등의 예식을 거행하는 인원 수 및 교방의 주악은 소회의 의식처럼 한다. …… 천우(위)상대장군, 비신장군, 견룡반, 중금, 도지 등의 여러 경호원과 의장대는 각각의 기구를 가지고 복장을 한다. 좌우승제와 천우(위)상대장군은 전의 동서쪽 계단 아래로 나아가고 비신장군, 중금과 도지의 지유는 각각 좌우로 나누어 부계 위에 올라가 서서 기다린다. 왕이 황색 의복을 입고 나아가 전에 앉으면 채찍을 쳐서 소리를 내고 금위가 산호만세를 부르며 다시 절을 한다.[16]

A-14. 왕이 편차에 나아가 잠시 있다가 좌우승제, 천우(위)상대장군, 비신장군, 내시, 다방, 왕이 먹는 음식을 담당한 사람, 협률랑, 수정술부장, 지절지정관, 견룡, 정편, 장선, 승지, 중금반 등 계단에 올라갈 이들은 각각 계단에 올라가고 …… 견룡관은 남쪽 추녀 안에서 가운데를 중심으로 삼고 좌우로 나누어 북쪽을 향해 선다. 중금 2명은 동서로 계단에 나누어 서서 계단에 올라가는 사람들을 검사하며 살핀다. 쌍룡과 봉선은 중간 계단의 좌우 쪽에 (있는) 악기 탁자 앞에 나누어 (서고) 그 앞에 배열한 중금 6명은 중간 계단으로 나아가 좌우로 나누어 북쪽을 향해 서며 나머지 중금은 나누어 각각 계단의 좌우에 나아가 왕의 앞을 검사하고 살핀다.[17]

便服 入庭肅拜 中官 承傳宣 許上殿 又再拜上殿 簾前賜坐 內侍・茶房・絫上・絫外 皀衫 一時肅拜分立 牽龍・中禁・都知 肅拜分立 侍臣皀衫 入庭橫拜再拜 行頭進步 復位揖 左右分立 侍臣在前 內侍次之 牽龍・都知 在後."

15 『고려사』 권69 예지11 嘉禮雜儀, 上元燃燈會儀, 小會日坐殿. "其日 王 服梔黃衣 出御便次 牽龍官・中禁・都知 殿門內外衛仗 奏山呼 再拜訖 ……."

16 『고려사』 권69 예지11 嘉禮雜儀, 上元燃燈會儀, 大會日坐殿. "王 出御便次 承制員・近侍官・閤門員及諸宿衛・中禁・都知・牽龍官 殿門內外衛仗等禮數 及教坊奏樂 並如 小會儀 …… 千牛上大將軍・備身將軍・牽龍班・中禁・都知等諸衛仗 各服其器服 左右承制千牛上大將軍就殿東西階下 備身將軍・中禁・都知指諭 各分左右 升立於浮階上以俟 王 服梔黃袍 出坐殿 鳴鞭 禁衛奏山呼再拜."

17 『고려사』 권69 예지11 嘉禮雜儀, 仲冬八關會儀, 坐殿受賀群臣獻壽. "王 御便次 有頃 左右承

위의 사료 가운데 A-1 · A-2 · A-3 · A-4 · A-5는 목종, 숙종, 의종, 고종대의 행차 시 국왕의 측근에서 경계근무를 담당한 중금과 견룡의 군사적 역할을 보여준다. 또한 앞서도 지적하였듯이 의장군 계열의 하나로 비정되는 도지가 고종의 태자비의 어머니인 추밀원부사 김약선金若先의 부인이 궁성으로 들어가려 할 때 견룡군과 중금이 이들의 곁에서 수행한 점과(A-6) 최항崔沆의 혼례 당시에도 백갑을 비롯한 금군의 개별부대들이 동원되었음(A-7)이 확인된다.

뿐만 아니라 정월 초하루, 단오, 추석 9월 9일에 왕이 친히 제향祭享하는 의식(A-8)을 비롯해 역대 왕들의 위패를 모신 사당, 즉 태묘太廟에서 국왕이 직접 합사하는 의식(A-9), 중대한 죄인을 처결하는 의식(A-10), 국가의 경사가 있을 때 보는 과거시험에 합격한 인물들을 발표하는 의식(A-11), 국가와 왕실의 다양한 의례, 특히 이 가운데 정월 보름날 실시하는 연등회 의식의 소회小會일과 대회大會일(A-12 · A-13) 및 11월의 팔관회 의식(A-14) 등 다양한 국가적인 의례행사 때마다 순검군, 견룡군, 중금군, 도지 등이 국왕의 측근 혹은 주변에 포진되어 안팎으로 시위 · 경계하거나 예식절차에 참여한 사례들도 보인다. 이상의 여러 사실은 금군이 국왕이나 왕실세력의 행차는 물론 국가의 중요한 여러 행사와 관련해 이루어지는 다양한 의례 · 의식에 동원되어 호종과 의장 등의 기능을 담당하였음을 잘 말해준다.

금군의 군사적 기능을 이렇게 정리한다면, 경군이 수행한 군사적 역할은 금군과 비교할 때 어떻게 다른가? 필자는 이 문제의 해답을 수도권 지역을 거점으로 한 내 · 외곽에 대한 총괄적 경계근무와 방어를 전담한 주

制 · 千牛上大將軍 · 備身將軍 · 內侍 · 茶房 · 御廚員寮 · 協律郎 · 水精鉞斧杖 · 持節持旌官 · 牽龍 · 靜鞭 · 掌扇 · 承旨 · 中禁班等 應上階者 各升階 …… 牽龍官 在南軒內 以中爲首 分左右 北向立 中禁二人 分在東西側階 檢督升者 雙龍鳳扇 分在中階左右樂卓前 先排中禁六人 就中階 分左右 北向立 其餘中禁分 就各階 左右 檢督御前 …….”

력 수도 전투군단이면서 유사시에는 야전군의 일부로 전투지원부대로서 활약한 경군이 지닌 군사적 위상을 검토함으로써 얻을 수 있다고 생각한다. 여타의 군사조직에 비해 『고려사』 병지와 백관지에 고려의 중앙군단인 2군 6위가 뚜렷하게 명기된 이유는 그들의 군사적 위상이 그만큼 높았기 때문으로 생각된다. 예컨대 현종 20년(1029) 국내의 도적 진압을 위해 용호군의 장교가 지방에 파견된 점,[18] 명종 4년(1174) 서경에서 기병起兵한 조위총趙位寵을 토벌할 때 용호군의 장군을 차출하여 파병한 점,[19] 원종 13년(1271) 삼별초가 고란도孤瀾島를 공격했다는 안찰사按察使의 보고를 접한 직후 원종의 왕륜사王輪寺 행차 중도에 근장장교近仗將校를 급파해 변란의 실상을 정탐하게 한 점[20] 등은 주력 전투부대로서 2군이 수행한 역할을 보여준다.[21]

뿐만 아니라 2군의 상 · 대장군으로서 6부의 상서직을 비롯한 여타의 관직을 겸직한 사례들도 주목된다.[22] 이 같은 겸직 관련 사례는 결국 고려 군관직의 이중적인 기능, 즉 정치적으로서의 고위직 유력자라는 측면과 본연의 기능인 최고 군사지휘관이라는 측면을 함께 담당했음을 말해준다. 이 가운데 2군의 상 · 대장군은 전자에 해당하는 속성을 띠었음이 분명하다. 더구나 응양군의 상장군이 군부전서軍簿典書를 겸직하면서 군부를 총괄적으로 장악하는 한편 친위군의 역할도 했다고 보는 것은 고려의 권력구조가 법제상 · 직능상 분립하여 제정되어 있었다는[23] 이제까지의 연구성

18 『고려사』 권5 세가, 현종 20년 6월 癸丑.

19 『고려사』 권99 玄德秀傳.

20 『고려사』 권27 세가, 원종 13년 9월 己巳.

21 고려중기에는 이미 중앙군이 그 기능을 상실하였는데도 여러 변란에 직면하여 개경의 수비는 물론 변방 지역의 경계를 담당한 경군의 핵심부대인 좌우위, 신호위, 흥위위를 동원하지 않은 점 또한 이런 측면에서 살펴보아야 한다.

22 이에 관해서는 宋寅州, 「高麗 二軍의 成立時期와 性格에 대한 再檢討」(『한국중세사연구』 4, 1997)가 참고된다.

23 邊太燮, 「高麗朝의 文班과 武班」, 『史學硏究』 11, 1961 ; 『高麗政治制度史硏究』, 일조각,

과를 고려할 때 수긍하기 어렵다. 이러한 몇몇 측면을 감안할 때 중앙군은 무엇보다 개경 안팎을 대상으로 한 작전과 전투임무의 지속적인 보장을 목적으로 편성된 부대였다고 여겨진다.

따라서 필자는 당시 문무 백관의 전체 회동이나 국가적 의례 또는 의식에서 2군이 수행한 기능을 근장과 친종이라고 지칭하였다고 추정한다. 병조兵曹에서 중금에 필요한 인물을 차출·배정하는 방식을 둘러싼 문제점을 지적하며 중금에 속한 자들 중 만 20세가 되면 근장으로 이속移屬할 것을 요청한 점, 그리고 중금의 임무가 근장에 비할 바가 아니라고 한 점[24]은 그래서 크게 눈길을 끈다. 그러나 병지2·3에 반영된 내용들은 군사조직에 관한 항목별 분류가 체계적으로 정리된 것이 아니라 참고하기가 어렵다. 특히 병지2 숙위 조는 기왕의 지적처럼 궁성의 숙위에 대한 구체적인 사례들을 보여주는 사료이긴 하지만,[25] 2군이 수행한 실제적인 기능에 대해서는 거의 알 수 없는 상황이다.[26]

2. 금군의 위상과 변화

지금까지의 검토 결과에 따르면 금군이 국왕의 직속부대였던 만큼 금군이라는 군사조직의 위상을 통해 특히 권력구조 내에서 국왕이 차지한 지

1971.

24 『세종실록』 권49, 세종 12년 7월 壬子. "…… 兵曹啓 中禁以年十五歲以下者 差定 數凡二十四人 每年一人八品去官 故十六歲以上者 未得供職閑遊待次 去官未便 請年滿二十歲 則移屬近仗 …… 左議政黃喜等 以爲中禁之任 御前通喝 其任匪輕 前此 必以容貌端正 聲音淸亮者 差定 非近仗比也 且其數止二十餘人 故去官最速 因此人多爭入 ……."

25 李基白, 「高麗史 兵志의 檢討」, 『震檀學報』 31, 1967, 35쪽 ; 宋寅州, 「高麗時代의 禁軍」, 『한국중세사연구』 3, 1996, 106~107쪽.

26 이 점을 보여주는 개별부대로는 공학군과 병지3에 서술되어 있는 간수군, 위숙군, 검점군을 들 수 있다.

위를 가늠해 볼 수 있다는 점에서 중요하다. 왜냐하면 금군은 국왕의 권력을 축으로 한 역학관계선상의 변동에 따라 왕권의 권위에 긍정 혹은 부정적인 영향을 미쳤기 때문이다. 이는 재론하겠지만 금군조직의 전반적인 작동이 정국 동향 속에서 왕권에 의한 병권의 운용 정도와 밀접하게 맞물려 있다는 점에서 알 수 있다.

더구나 금군은 국왕과 왕실세력의 행차 때 담당한 호종과 의장은 본연의 기능인 경호라는 실제적인 측면 외에도 위숙군圍宿軍의 경우에서 단적으로 드러나듯이, 그들의 존엄과 권위를 대내외에 과시하는 상징적인 의미도 아울러 지니고 있었다. 특히 금군의 군관직을 역임한 인물들의 신분 상승 과정을 들여다보면 금군이라는 군사조직이 그 자체의 특성상 고려왕조의 권력구조 내에서 빠른 정치적 진출을 보장받는 매우 비중 있는 정치적 위상을 띠었음을 알 수 있다.

그러면 이를 확인하기 위해 금군 혹은 금군 내의 여타 개별부대를 거친 인물들의 진출 경로를 정리하여 금군의 정치적 위상을 살펴보고, 여기에서 드러난 변화상에 유의하면서 금군의 위상 변화를 시기별로 더욱 자세하게 알아보도록 하자.

다음의 표는 중앙관계로 진출할 때 금군 내의 여타 개별부대에 임명되거나 혹은 이를 거치면서 고급관료로 진출한 인물들의 활동 시기, 출사 경로, 금군 내의 직위, 이후의 진출 경로 등을 시기별로 정리한 것이다. 특히 이 표에서 주목되는 점은 견룡군을 역임한 인물들의 주된 활동 시기가 대개 의종~명종 기간에 집중되어 있다는 사실이다.

이 가운데 이력이 비교적 확연하게 드러나는 차약송車若松, 기탁성奇卓誠, 두경승杜景升, 정중부鄭仲夫, 이의방李義方, 이고李高 등은 극히 미천한 신분이었음에도 불구하고, 그들이 지닌 용력이 출중하고 용모가 웅장하고 뛰어났기 때문에 견룡군에 발탁된 이후 고위관직으로 거듭 진출하였음을 확인

금군을 구성한 개별부대에 임명된 인물들의 역관

人物	活動時期	出身性分	禁軍內 職位	履歷
宋宗紹	肅宗	?	牽龍校尉	牽龍校尉
車若松	?～神宗	勇力	牽龍	郎將-牽龍-將軍-樞密院副使-守太尉中書平章事
崔世輔	?～明宗	微賤	禁軍隊正	禁軍隊正-上將軍-知密直院事-門下侍郎平章事判兵部事上將軍
石隣	?～明宗	微賤	禁軍	禁軍-郎將-上將軍-東西北面兵馬使
朴純弼	?～明宗	容貌雄偉	中禁軍	中禁軍-左中禁指諭-大將軍-兵部尙書-中書侍郎平章事-參知政事
白任至	仁宗～明宗	驍勇	內巡檢軍	內巡檢軍-隊正-刑部侍郎知樞密院事-大將軍兵馬副使-上將軍-兵部尙書
奇卓誠	?～明宗	勇力	牽龍	校尉-牽龍-將軍-知御史臺事-知樞密院事-參知政事
杜景升	?～明宗	勇力	厚德殿牽龍	控鶴軍-牽龍隊正-散員-郎將-內巡檢指諭-將軍-西北面兵馬使-樞密院副使-門下侍中
鄭仲夫	?～明宗	容貌雄偉	牽龍隊正	控鶴禁軍-牽龍隊正-校尉-大將軍-參知政事-門下平章事-門下侍中
李義方	?～明宗	?	牽龍行首	牽龍行首散員-郎將-龍虎軍中郎將-大將軍殿中監兼執奏
李高	?～明宗	?	牽龍行首	牽龍行首散員-鷹揚軍中郎將-大將軍衛尉卿兼執奏
文章弼	?～明宗	蔭敍	牽龍班	散員同正-借隊正-牽龍班-散員-郎將-中郎將-工部郎中-金吾衛精勇借將軍-承宣-樞密院使-參知政事上將軍-中書門下侍郎
吳光陟	?～明宗	蔭敍	牽龍隊正	牽龍隊正-牽龍行首別將-內侍將軍-千牛衛將軍-金吾衛將軍吏部侍郎
李光挺	?～明宗	行伍	牽龍行首	牽龍行首-大將軍-樞密院知奏事-樞密院使-參知政事-門下侍郎平章事
庾泰	明宗	?	牽龍散員	?
許升	明宗	?	牽龍	?
金子格	明宗	?	牽龍	牽龍-中郎將
李聃			牽龍	知御史臺事-承宣
朴公襲			牽龍	牽龍-將軍
金元義		?	右中禁	右中禁-隊校-別將-郎將-將軍-大將軍-上將軍刑部尙書-選軍別監-樞密院副使-同知院事-參知政事判禮部事-門下侍郎平章事判兵部事
李甫	高宗	?	牽龍行首	牽龍行首-將軍-守司空
鄭福綏	高宗	?	牽龍行首	?

金利生	高宗	軍功	紫門指諭	別將-紫門指諭-上將軍東南道指揮使
朴瑄	?~高宗	?	牽龍校尉	牽龍校尉-軍簿判書權授密直副使-知密直司事
兪甫	?~高宗	?	牽龍隊正	牽龍隊正-別將-中郎將-軍簿判書-同知密直司事
金就呂	?~高宗	蔭敍	牽龍指諭	隊正-牽龍行首-牽龍指諭-親從將軍-大將軍-金吾衛上將軍-兵馬使-樞密院使兵部尙書判三司事-守太尉中書侍郎平章事判兵部事
金興裔	忠烈	?	左中禁指諭	郎將-左中禁指諭-將軍
金富允	?~忠烈	?	左都知	左都知侍衛軍-校尉-中禁指諭-將軍-密直副使-西北面道指揮使-知密直司事軍簿判書-都僉議贊成事
裵廷芝	高宗~忠肅	蔭敍	都知	都知-隊正-別將-中郎將-護軍-鷹揚軍護軍-備巡衛大護軍-監門左右衛上護軍-密直副使
金方慶	康宗~忠烈	蔭敍	牽龍行首	牽龍行首-大將軍-知御史臺事-樞密院副使-守太尉中書侍郎平章事-門下侍郎平章事-門下侍中-僉議中贊
趙卞	?~忠烈	蔭敍	宿衛	郎將-將軍-大將軍-副知密直司事-知密直司事
崔文本	高宗~忠烈	蔭敍	牽龍行首	刪定都監判官-牽龍行首-親從將軍-承宣-密直副使-知密直司事
羅裕	?~忠烈	蔭敍	牽龍行首	慶仙店錄事-牽龍行首-將軍-大將軍-鷹揚軍大護軍-上將軍-知申事-同知密直司事
鄭仁卿	元宗~忠烈	行伍	牽龍行首	攝校尉-散員-牽龍行首-郎將-親從將軍-大將軍-鷹揚軍上將軍兼軍簿判書-同知密直司事-判三司事-都僉議中贊
洪奎	?~忠肅	蔭敍	牽龍行首	散員-牽龍行首-判三司司事-僉議侍郎贊成事判典理司事-僉議政丞上護軍
金恂	高宗~忠肅	蔭敍	牽龍行首	牽龍行首-郎將-尙州判官-同知貢擧-左副承旨-左承旨-密直副使-判三司事
閔宗儒	高宗~忠肅	蔭敍	牽龍行首	淸道監務-都兵馬錄事-興威衛別將-牽龍行首-左右衛郎將-借興威衛將軍-選軍別監使-知申事-密直副使刑曹判書-僉議贊成事
崔雲	?~忠肅	司馬試, 蔭敍	牽龍行首	神虎衛別將-牽龍行首-左右衛將軍-軍簿摠郎-左右衛大護軍-知密直司事右常侍上護軍
金倫	忠烈~忠穆	蔭敍	牽龍行首	鹵簿判官-牽龍行首-郎將-神虎衛護軍兼監察侍丞-右副承旨-贊成事-左政丞

* 이 표는 『고려사』, 『고려사절요』, 『한국금석문추보』, 『고려묘지명집성』, 『동문선』 등에 근거해서 금군의 개별부대에 임명된 인물들을 추출하여 그들의 대체적인 출사 경로를 정리한 것이다.

할 수 있다.[27] 그런데 위의 표를 보면 기왕의 연구에서 지적하였듯이 고려시대의 무관과 군인으로의 임용이 용모웅위 · 용력, 일반 병졸집단 내에서의 선발〔起自行伍〕, 사마시, 음서 등 다양한 입사 방법으로 이루어졌음을 재확인할 수 있다.[28] 특히 음서를 거쳐 견룡군으로 진출한 사례는 전기에 문장필文章弼과 오광척吳光陟 2명, 후기에 역관 출신으로 공신이 된 정인경鄭仁卿을 제외한 김취려金就呂, 김방경金方慶, 최문본崔文本, 나유羅裕, 홍규洪奎, 김순金恂, 민종유閔宗儒, 최운崔雲, 김윤金倫의 9명을 찾아볼 수 있다.

다만 이 가운데 특이한 점은 고려후기로 접어들면서 음서를 거쳐 견룡군의 최고 지휘관직인 견룡지유와 견룡행수에 임명된 인물들이 다수 등장한다는 것이다. 이는 견룡군이 본래의 군사적 기능을 제대로 발휘하지 못하게 되었음을 의미한다. 즉 이 시기의 금군인 견룡군은 사회변화에 따라 제 역할을 하지 못하고 서서히 정치적 성향을 띠게 된 것으로 판단된다. 또한 이러한 측면은 견룡군의 군관 직이 고려후기 권문세족을 형성하는 데에도 일정한 영향력을 미쳤을 것이라는 점을 시사해 준다.

더욱이 군관 직 임명 때 음서 출신인 민종유가 "곧 무관으로 바꾸어 홍위위의 별장으로서 국왕의 견룡행수로 차출되었다〔尋換武資 以興威衛別將差御牽龍行首〕"라든가,[29] 사마시에 합격한 후 음서로 진출한 최운이 "무관

27 이 시기에 비교적 견룡군과 관련된 사료들이 풍부한 이유 중 하나는 의종대의 경우에 왕권 강화를 위한 시도가 있었기 때문이다. 또 다른 이유는 명종대에 무인정권의 발생 직후 견룡군이라는 국왕직속의 최측근 군사조직을 장악해 다원화되어 있는 군정 · 군령권의 지휘계통을 단선화하면서 실질적인 군권의 집행을 도모했는데, 그 과정에서 국왕에 대한 직접적인 强制를 행사함으로써 무신정권의 권력기반을 안정적으로 구축하기 위해 제도적인 조치를 마련했기 때문이다.

28 음서 출신의 군인을 비롯한 무반직으로의 진출과 성격에 관해서는 다음의 논고들이 참고된다.

邊太燮, 앞의 글, 1961 ; 「高麗後期의 武班에 대하여」, 앞의 책 ; 許興植, 「高麗의 科擧와 門蔭과의 比較」, 『韓國史研究』 27, 1979 ; 『高麗科擧制度史研究』, 일조각, 1981 ; 金龍善, 『高麗蔭敍制度研究』, 일조각, 1991.

29 『拙藁千百』 권1, 「閔宗儒墓誌銘」.

으로 바꾸어 신호위의 별장으로서 견룡행수에 배속되었다〔換武資 以神虎衛 別將 別差牽龍行首〕"는 등의[30] 문관에서 무반의 직책으로 바뀐, 즉 무자武資(호직虎職 · 호관虎官)를 통해 홍위위와 신호위의 별장으로서 견룡행수에 배속된 사례들이 주목된다. 이러한 예는 다음의 사료에서도 찾아볼 수 있다.

> B. 공은 문하시랑평장사 판이부사 문의공 (최)선의 (딸인) 창원군 부인 최씨와 혼인하였다. 아들 3명을 낳았는데 큰 아들은 과거에 급제하여 발탁되어 거듭 승진해 고공원외랑이 되었으며, □□무반직으로 바꾸어 신호위보승□□□□□ 견룡행수가 되었다 …….[31]

사료 B 조충趙冲의 묘지명에 따르면 겸직의 여부는 불분명하지만 고종 때 조충의 큰 아들 또한 과거를 통해 입사한 후 '환자換資' 하여 무관이 되었고, 그 후 신호위 소속의 보승保勝을 거쳐 견룡군의 행수직에 임명되었음을 알 수 있다.[32] 종래의 연구에 따르면, 견룡군의 군관직 임명에 관한 이상의 사례들은 문반의 무반화 혹은 무반의 문반화를 법제적으로 방지한 고려왕조에서는 이례적인 현상이라 할 수 있다. 이런 현상의 주된 원인은 무신집권기로 말미암은 무신들의 집권과 이들의 지위상승에 따른 반열班列의 성격이 변했기 때문이다.[33] 그러나 무엇보다 근본적인 이유는 금군이 지닌 정치적 성격에서 찾을 수 있다. 즉 그리 많지는 않지만 음서 출신들

---

30 『拙藁千百』 권1, 「崔雲墓誌銘」.

31 金龍善 編著, 「趙冲墓誌銘」, 앞의 책, 336쪽. "公娶門下侍郎平章事判吏部事文懿公諱詵昌原郡夫人崔氏 生三子 長子擢第春官 累遷考功員外郎 □□換虎職 神虎衛保勝□□□□□牽龍行首 ……."

32 위의 사료 B에 따르면 趙冲의 夫人 崔氏는 生三子라 되어 있으나, 『고려사』 권103 열전 趙冲에는 叔昌과 季珣 2명만이 확인된다(" …… 子叔昌 · 季珣 叔昌 別有傳 季珣 官至門下侍郎平章事 謚光定 子抃").

33 邊太燮, 앞의 책, 282~304쪽 · 442~446쪽 ; 金龍善, 앞의 책, 1991, 158쪽.

이 견룡군으로 진출한 점이나, 역관에서 보여주는 군관직 운용의 실태는 금군이라는 군사조직이 고급관료로 나아가는 중요한 신분상승의 통로로 작용했음을 보여준다.[34]

그러면 이 같은 위상을 지닌 금군이 고려사회 속에서 어떠한 군사적 위상의 변화를 겪었는가 하는 점을 정국의 동향과 관련해 살펴보도록 하자.

앞서 지적했듯이 성종대 시위군에 대한 대대적인 정비작업이 단행되면서 조직된 금군은 그 직후 본연의 기능을 제대로 수행하지 못했던 것 같다. 목종 12년(1009) 및 숙종 7년(1102)에 이르러서야 중금군과 견룡군이 비로소 사료에 다시 등장하는 점이 이를 시사한다. 이는 중금군과 견룡군만에 국한된 문제가 아니라 금군조직 전반에 걸친 기능의 작동과 밀접한 관련을 맺고 있다. 왜냐하면 금군이라는 국왕 측근의 군사조직이 사료에 명확히 나타나는 때가 정국 동향의 추이 과정에서 진행된 왕권의 강화라는 정치적 목적과 비례하기 때문이다.

이 점은 고려전기 정국의 주도권을 둘러싸고 진행된 국왕과 정치세력 상호 간의 대립과 반목 과정에서 나타난 국왕의 친위군사력 강화조치를 통해서 확인할 수 있다. 그러면 이제부터 금군의 위상 변화를 알아보기 위해 먼저 금군이 성립된 이후 정국의 동향 속에서 어떠한 변화를 겪었는지 살펴보고, 고려군제가 완전히 형해화形骸化된 시기부터 그 대안으로 조직·운영된 군제의 실태가 등장하는 시기까지를 시기별로 나누어 살펴보기로 하자.

성종대 금군이 조직되기는 하였으나 목종의 즉위 이후 정국주도의 실세

---

34 견룡군을 포함한 여러 숙위군이 2군 6위 내의 保勝과 精勇 이외의 장교층을 중심으로 하여 軍官百姓이라 불리는 직업군인으로 구성된 것으로 파악한 견해가 있지만(權寧國, 「원간섭기 고려군제의 변화」, 14세기 고려사회 성격 연구반, 『14세기 고려의 정치와 사회』, 민음사, 1994, 138~139쪽), 위의 표에서 드러나듯 견룡군은 親選, 蔭敍, 司馬試, 行伍, 勇力, 容貌雄偉 등의 다양한 간선 경로를 통하여 충원되었다.

였던 천추태후千秋太后의 정치적 입지가 왕권을 압도함으로써[35] 목종 12년에는 앞의 사료 A-1에서 보았듯이 중금군이 강조康兆의 밀명을 받아 움직이는 일도 일어나게 되었다. 이러한 현상은 정국운영의 주도권 주체의 향방에 따라 운용될 수밖에 없는 금군의 정치적 성향을 단적으로 보여준다.

또한 강조가 자신의 군사력을 동원하여 김치양金致陽을 중심으로 한 정치세력을 제거하는 데 결정적인 역할을 담당한 직후 목종의 폐위와 현종의 즉위를 주도하면서 목종대 측근 내료정치의 토대였던 중추원과 은대銀臺를 혁파한[36] 사실은 이 시기 동안의 정국 동향에서 왕권의 지위를 극명하게 보여주는 것이라 생각된다. 이러한 정국 속에서 왕의 금군의 군사적 동향과 관련된 일체의 대응은 전혀 이루어질 수 없었던 것이다.

이뿐만 아니라 현종 원년 10월 거란의 침공에 직면하자 국왕이 위기상황에 놓여 있었음에도 불구하고 극히 적은 규모의 금군만이 현종을 따랐는데, 그들마저도 모두 도망한 상황에 대한 기록은[37] 금군조직의 기능이 제대로 운영되지 못하고 있던 당시의 상태를 잘 보여준다. 이러한 상황은 현종 5년(1014)까지도 지속되었다.

> 상장군 김훈과 최질 등이 여러 위의 군사를 데리고 난을 일으키니 …… 여러 위의 군사들을 선동해 북을 두드리고 소리치며 대궐 안으로 마구 들어가 (장)연우와 (황보)유의를 결박하여 매를 쳐서 거의 죽을 지경에 이르게 했다. 그리고

---

35 李泰鎭, 「金致陽亂의 性格」, 『韓國史硏究』 17, 1975, 96~98쪽.

36 정용숙, 「王室 族內婚의 强化와 變質」, 『高麗王室族內婚硏究』, 1988, 128쪽. 한편 정용숙은 이 글에서 현종의 즉위 이후 곧바로 단행된 일련의 관제개혁이 왕의 통치권 증대와 밀접한 관련이 있었을 것이라고 하면서 이때 발생한 강조의 정변을 목종이 지향한 측근정치의 강화로 말미암아 일어난 정치현실에 대한 불만의 결과로 본 논고가 있다. 그러나 국왕의 측근 부대였던 중금군의 동향을 살펴보면 이러한 견해는 좀더 검토할 필요성이 있다.

37 『고려사』 권94 열전 智蔡文. "王發廣州踰嶺 宿鼻腦驛 蔡文奏 扈從將士皆托尋妻子四散 昏夜恐有賊竊發 請爲幟揷將士冠以辨 從之."

왕이 정사를 보는 문에 이르러 왕을 보고 하소연하기를 …….[38]

위의 사료에 보이듯이 현종 5년 상장군 김훈金訓과 최질崔質이 여러 위衛의 군사를 동원해서 대궐 안으로 침입했을 때 이를 저지한 국왕 측근 군사력의 존재는 전혀 확인되지 않는다. 금군조직이 정상적으로 기능하지 못하고 있던 상황 속에서 발생한 이 사건은 왕권을 더욱 제약하는 결과를 가져왔다.[39] 그러나 한편으로는 금군조직을 재정비하는 계기가 되기도 하였다.[40]

현종 6년 서경으로 행차한 후 곧이어 여러 신하들과 가진 장락궁長樂宮에서 열린 연회석상에서 김훈과 최질을 비롯한 19명을 제거한 직후 정국의 주도권을 장악한 현종은 곧바로 일련의 왕권강화 조치를 실시하였다.[41] 특히 이 같은 정치적 분란을 계기로 정국 구도의 개편이 이루어진 후 과거 출신의 관료들을 중심으로 한 새로운 정치세력집단이 급부상했는데, 이들이 현종 측근의 세력집단으로 기능하여 왕권을 지지함으로써[42] 현종은 명

---

38 『고려사절요』 권3, 현종 5년 11월 癸未. "上將軍金訓 · 崔質等 率諸衛軍作亂 …… 誘諸衛軍士 鼓譟闌入禁中 縛延祐 · 兪義 極撻垂死 詣閤中面訴云 ……."

39 『고려사절요』 권3, 현종 5년 11월 乙酉. 이 사건 이후 무신들이 御史臺와 三司를 혁파하고 金吾臺와 都正署를 신설하였다.

40 李基白은 이 사건을 궁중의 시위를 전담하고 6위를 통제할 수 있는 특수부대 조직의 현실적 필요성이 제기된 것으로 보고(李基白, 「高麗 二軍 · 六衛의 形成過程에 대한 再論」, 『黃義敦先生古稀記念史學論叢』, 1960 ; 『高麗兵制史研究』, 1968, 80쪽), 이것이 2군조직의 형성으로 나타난 것이 아닌가 하는 추론을 한 바 있다. 그러나 이는 금군조직에 대한 또 한번의 정비를 위한 배경으로 이해하는 것이 좋을 듯하다.

41 대표적인 조치로는 현종 9년 전국의 87개 주현에 外官을 파견한 점, 주현의 丁 수를 기준으로 鄕職을 정비하면서 戶長 임명 시 外官의 천거와 중앙정부의 추인을 제도화한 점, 향리의 公服을 제정한 점 등을 들 수 있다(金鎔坤, 「高麗 顯宗代의 文廟從祀에 대하여—崔致遠의 경우를 中心으로」, 『高麗史의 諸問題』, 삼영사, 1986, 524~527쪽 ; 南仁國, 「高麗中期 政治勢力 研究」, 경북대학교 박사학위논문, 1993, 41쪽 ; 崔貞煥, 「高麗 地方制度의 整備와 道制」, 『慶北史學』 19, 1996, 12~20쪽).

42 金鎔坤, 위의 글, 526쪽.

실상부 왕권강화를 위한 입지를 확보하게 되었다.

그런데 현종 6년을 기점으로 진행된 이러한 일련의 제도적 작업들과 짝하여 크게 주목되는 것은 왕권의 무력적 기반, 즉 친위군의 강화이다. 김훈과 최질이 제거된 그 해에 송에 사신으로 갔던 곽원郭元이 송 왕조 군영軍營의 위용을 보고 돌아온 사실,[43] 같은 왕 8년의 열병閱兵, 9년의 열사閱射, 현종 10년 3월에 예사禮司의 건의에 따라 금군의 군사들로 보이는 금위사禁衛士들을 대상으로 철갑鐵甲을 착용하게 한 사례,[44] 같은 해 9월의 "6위 장교들의 활쏘기와 말타기를 사열하였다〔閱六衛將校射御〕"라든가, 11년 9월의 "여러 장수들의 활쏘기와 말타기를 사열하였다〔閱諸將射御〕"[45] 등의 여러 기사들은 왕권강화를 위해 이루어진 군사적 정비 조치를 보여주는 것으로서 주목된다. 즉 현종 6년 이후 왕이 열병을 위시한 활쏘기와 말타기 등에 직접 참관하여 사열한 점은 군사적 영향력을 강화해 왕권을 확립하고자 한 방법이었던 셈이다. 이 가운데 특히 현종 10년 3월의 사례는 금군 강화를 위한 시도의 일면을 잘 보여준다.

사료에서 금군조직에 대한 재정비 조치가 더욱 선명하게 보이는 때는 문종대이다. 이복형 정종의 선위禪位를 받아 왕위를 계승한 문종은 즉위초기부터 선왕의 유업을 받들면서 정국을 강력하게 주도하였다. 그러나 같은 왕 9년(1055) 10월부터 12년 8월간에 걸쳐서 시행된 흥왕사興王寺 창건과 시중 이자연李子淵의 1년 부역면제賦役免除 요청에 따른 2년 부역의 면제 조치 및 흥왕사 창건에 소요되는 철의 부담에 따른 문제점을 지적한 도

---

43 李基白, 앞의 글, 80쪽. 이기백은 현종 5년 상장군 김훈과 최질의 난이 일어난 다음 해 郭元이 宋에서 귀국한 후의 정황과 관련해 이 시기에 2군이 설치된 것이 아닌가 하는 추측을 한 바 있다. 이 같은 견해는 매우 시사적이지만 필자는 이 시기에 금군조직이 재정비된 것으로 생각한다.

44 『고려사』 권82 병지2 숙위. "顯宗十年三月 禮司奏請 禁衛士春月擐鐵甲 從之."

45 이상의 기사들은 『고려사』 권81 병지1 오군, 현종대에 수록되어 있다.

병마사의 비판, 철장鐵匠의 후예였던 경정상慶鼎相을 청요직清要職에 임명하는 데 대한 중서성의 반대, 불교계의 정화운동, 송과의 통교 재시도 등 몇몇 정치적 현안들의 재가를 둘러싸고 신료들의 만만찮은 반격을 받기도 하였다.[46]

이런 신료들의 반격은 왕권의 위상이 낮아졌음을 엿볼 수 있게 하는 징후로서 이를 통해 문종은 금군정비의 필요성을 절감했을 것이다. 문종 13년 이후 확인되는 다음의 사료는 그런 점에서 시사하는 바가 크다.

> C-1. 해당 관사에 명령하여 금위군사를 훈련하게 하였다.[47]
>
> C-2. 궁성사가 "궁궐을 지키는 군사들은 마땅히 자주색 옷을 입고 (허리에) 칼을 차고 있어야 하는데, 지금은 검은 옷을 입고 병장기를 지니지 못한 자들이 있으니, 청하건대 (궁궐을 지키는 군사 가운데 일부의) 직을 파면하소서"라고 아뢰어 이를 허락하였다.[48]

사료 C-1에는 문종 13년에 금위군사禁衛軍士를 훈련시킨 사실이 보이고 있고, 사료 C-2에서는 같은 왕 18년에는 다시 궁성사宮城使의 건의에 따라 궁궐을 지키며 경계를 담당하는 군사들의 복장과 병장기 보완 조치가 있었음이 확인된다. 이러한 조치는 문종 9년 이후 정치적 현안들을 둘러싸고 발생한 신료들과의 대립에서 약해진 왕권의 위상을 금군조직이라는 친위군사력을 강화함으로써 신료들을 견제 · 제압하여 재정립하기 위한 고도의 계산된 정치적 행위로 짐작된다. 그러나 더 이상의 뚜렷한 사료가 보이지 않아 그 실상을 제대로 파악할 수가 없다.

---

46 南仁國, 앞의 논문, 45 ~46쪽.

47 『고려사』 권81 병지1 오군, 문종13년 3월. "命有司 訓練禁衛軍士."

48 『고려사』 권82 병지2 숙위, 문종 18년 6월. "宮城使奏 宮闕守衛軍士 當衣紫帶劒 今有衣皀不持兵仗者 請罷職 從之."

하지만 앞서도 지적하였듯이 사료에서 전기 이후 나타나는 금군조직의 강화를 위한 몇몇 조치들은 친위군이라는 군사적 기반을 토대로 한 왕권의 위상을 높이기 위한 일환으로 진행되었다고 여겨진다. 이러한 측면은 왕위계승을 전후한 정국의 추이나 정국주도권을 둘러싼 대립 속에서 드러나는 국왕 측의 대응방식에서도 어느 정도 읽을 수 있다.

이후 순종, 선종, 헌종으로 이어지는 시기에는 금군의 존재가 거의 발견되지 않는다. 이는 이 기간 동안의 불안정한 왕위 계승과 극히 짧은 재위기간 그리고 그 과정에서 비롯된 수렴정치垂簾政治라는 비정상적인 통치형태가 행해졌던 점 등의 여러 정황 속에서 친위군의 정비에 주력할 틈이 없었기 때문일 것으로 판단된다. 특히 선종의 죽음 이후 불과 11살의 병약한 헌종이 즉위하여 전개된 정국 구도 속에서 병권이 무장에게 귀속되어 왕실세력의 정치적 위상이 미약해진 상태를 식자識者들이 개탄했다는[49] 사례는 당시 국왕의 위상을 그대로 보여준다.

한편 금군의 강화를 위한 또 한번의 조치가 이루어진 시기는 숙종대이다. 이는 금군의 핵심부대였던 견룡군과 관련된 자료들이 이 시기의 기록에 산발적으로 나타난다는 점에서 알 수 있다. 그런데 숙종이 앞의 국왕들 이후 왕권강화의 걸림돌로 크게 작용한 외척세력의 정치적 입지를 약화시킬 목적에서 당시 군권을 장악하고 있던 소태보邵台輔나 왕국모王國髦 등과 정치적으로 밀접한 관계를 맺고 문무양반의 지지하에 즉위하였다는 것은[50] 금군의 재정비와 관련해 볼 때 눈길을 끈다.

숙종은 이 시기 크게 발호한 외척인 이자의李資義를 제거한 후 헌종을 폐위하면서 변칙적인 방법으로 왕위에 올랐다. 그리고 그는 이 과정에서 왕

49 『고려사』 권95 열전 邵台輔 附 王國髦. "國髦 宣宗時 直門下省 獻宗卽位 權尙書兵部事 議者以爲 王室微弱 權歸武將 政將奈何 ……."

50 南仁國, 「高麗 肅宗의 卽位過程과 王權强化」, 『歷史教育論集』 5, 1993, 134~140쪽.

권이 열악할 때 일어날 수 있는 상황을 직접 체험하였기 때문에 왕권강화와 안정의 필요성을 절감하였다. 이는 결과적으로 국왕직속 부대인 금군의 재정비라는 후속조치로 연결되었다.[51] 예를 들어 숙종 원년(1095) 금군의 계열부대였던 중금군과 도지를 불러 활과 화살을 지급해 화살을 쏘게 하여 과녁에 적중한 자들에게 포상했는데,[52] 이는 숙종이 자신의 직속 군사력인 금군 소속의 몇몇 단위부대들과의 결속력을 도모하면서 유대와 친분을 돈독하게 하여 왕권을 강화하려는 정치적 행위였다.

숙종의 뒤를 이어 왕위를 계승한 예종도 부왕의 유업을 받들면서 그에 견줄 만한 몇몇 조치들을 취했다. 물론 다른 시기와 마찬가지로 여전히 정국의 향배를 둘러싸고 정치세력의 반목과 대립구도가 되풀이되고 있었지만 이 시기에는 대체적으로 예종에 의해 친정체제親政體制가 어느 정도 정립된 상태였다.[53] 이 시기 진행된 여진정벌, 유교적 문물제도의 정비, 무학제武學齋의 설립, 지방제도의 정비와 감무監務의 설치 등은 강화된 왕권의 기반 위에서야 추진될 수 있는 조치들이기 때문이다.

게다가 2군 6위체제의 붕괴로 인한 군사상의 한계 상황 속에서도 여진정벌을 위해 새로이 조직된 별무반別武班 예하의[54] 기병부대인 신기군을 대상으로 한 여러 차례의 사열은 군사통수권자로서 예종이 실질적으로 군권을 장악하고 있었음을 상징적으로 보여준다.[55] 그런데 이 시기 금군의 동

51 金洛珍, 「牽龍軍과 武臣亂」, 『高麗武人政權硏究』, 서강대학교 출판부, 1995, 15쪽.

52 『고려사』 권81 병지1 오군, 숙종 원년 8월. "御東池射亭 召左僕射黃仲寶等及近仗六衛上大將軍侍臣中禁·都知 賜弓矢令射侯 御史中丞金景庸 先中鵠心 賜銀楪五事·廐馬一匹 其餘中者皆有賜."

53 朴性鳳, 「高麗仁宗期의 兩亂과 貴族社會의 推移」, 『高麗史의 諸問題』, 1986, 162쪽 ; 南仁國, 「高麗 睿宗代 支配勢力의 構成과 動向」, 『歷史敎育論集』, 1990, 414~416쪽. 이외에도 과거실시에 왕권이 절대적이었다는 지적 또한 예종대 왕권의 위상을 잘 보여준다(許興植, 「高麗科擧制度의 成立과 發展」, 『高麗科擧制度史硏究』, 일조각, 1981, 36쪽).

54 李基白, 「高麗別武班考」, 『金載元博士回甲紀念論叢』, 1968 ; 『高麗貴族社會의 形成』, 일조각, 1990 ; 金塘澤, 「別武班의 設置와 軍制의 變化」, 『高麗軍制史』, 육군본부, 1983.

향을 보여주는 흔적들은 거의 찾아보기 어렵다. 이는 전시체제라는 특수한 정황이 진행되는 과정에서 야전전투부대가 아닌 금군에는 별도의 각별한 관심이 베풀어지지 않았기 때문으로 추측된다. 그렇지만 이때에도 금군은 여전히 기본적으로 궁궐을 숙위하고 국왕의 행차 시에 호위를 담당하였을 것으로 생각된다.

인종대는 고려전기의 역사상 정국주도권을 둘러싼 정치세력 간의 대립이 매우 극렬한 형태로 분출된 시기이다. 빈번하게 진행되는 정쟁으로 신·구정치세력들의 출현과 몰락이 거듭되는 과정에서 정국 구도의 복잡한 양상은 강력한 왕권을 정립하는 데 커다란 걸림돌이었다. 이는 결과적으로 측근의 절대적인 지지세력조차 인종이 신임하지 못하는[56] 양상으로까지 이어지게 되었다.

이러한 와중에 인종 4년(1125) 측근세력인 내시지후內侍祗侯 김찬金粲, 내시록사內侍錄事 안보린安甫麟을 비롯하여 동지추밀원사同知樞密院事 지녹연

55 별무반의 설치가 여진족에 대한 대비보다는 本貫制度의 이완에서 초래된 無賴·豪俠의 풍조 속에서 무뢰배나 호협의 무리들이 사병화될 가능성을 미리 차단함으로써 사회적 통제효과를 노린 징병이었다는 지적(蔡雄錫, 「高麗前期 貨幣流通의 기반」, 『韓國文化』 9, 서울대학교 한국문화연구소, 1988, 93쪽)도 숙종대 실시된 왕권강화의 성격을 잘 보여준다.

그런데 예종대에 이르러 견룡군을 대신하여 신기군이 국왕의 시위를 담당한 것으로 본 견해(金洛珍, 앞의 글, 16쪽)가 있다. 그러나 이는 별무반이 여진정벌에 직면하여 조직된 임시적인 부대로서 고려군제의 전통적 公兵組織이었던 2군 6위체제의 붕괴에 따른 대처방안으로 신설되었다는 점(李基白, 앞의 글, 1968, 35~37쪽)에서 재고되어야 할 것이다. 특히 그가 신기군이 수행한 국왕의 시위임무로서 파악한 논거 가운데 예종이 신기군에게 擊毬를 시킨 사실, 그리고 여러 殿과 門에 예종이 행차하여 이들을 사열한 점 등의 사례가 2군 6위에도 그대로 적용된다는 점에서 더욱 그러하다. 따라서 신기군에 보인 예종의 관심은 여진과의 전투에서 차지하는 군사적 비중, 곧 騎兵의 전술적 중요성(李基白, 앞의 글, 1968, 39쪽)으로 인해 별무반을 구성한 여러 軍號 중 신기군이 차지하는 군사조직 내의 위상과 관련해서 파악해야 할 것이다. 결국 고려전기의 군제붕괴에 따른 군사조직 운영상의 공백을 극복하기 위해 신설된 별무반의 신기군에 보인 예종의 관심은 최고 군사통수권자로서 자신의 지위를 과시하기 위한 상징적인 조치로서 이해할 수 있을 뿐, 신기군이 견룡군을 대신하여 국왕의 시위를 담당했다고 보기에는 무리가 있다.

56 南仁國, 「高麗 仁宗代 政治支配勢力의 性分과 動向」, 『歷史教育論集』 15, 1990, 88쪽.

智祿延, 상장군上將軍 최탁崔卓, 대장군大將軍 권수權秀, 장군將軍 고석高碩 등이 이자겸李資謙과 척준경拓俊京을 제거하려다가 실패한 사건이 발생하였다.[57] 이를 빌미로 이자겸과 척준경은 왕을 협박하여 강제로 남궁으로 거처를 옮기게 한 후 숙위하던 좌복야左僕射 홍관洪灌 등 17명을 살해하였다.

그런데 이 당시 이자겸과 척준경이 동원한 군사력이 궁궐을 침범하여 살해한 궁성 내의 군사는 "그 나머지 군사들 가운데 죽은 자를 이루 헤아릴 수 없었다〔其餘軍士 死者 不可勝計〕"라고 한 데서 알 수 있듯이 국왕 측근의 군사력으로서 숙직임무를 수행한 금군이었을 것으로 판단된다.

확고한 왕권유지의 토대인 국왕 측근의 세력, 그중 내시로 대표되는 근시집단近侍集團과 금군이 이렇듯 외척세력의 발호 앞에서 속수무책일 수밖에 없었던 현실은 인종대 정국하에서 왕권이 차지한 위상을 잘 보여준다. 한편 인종 4년 4월에는 앞서 언급한 정변에 대한 책임을 물어 이자겸세력이 내시 25명을 축출하는 사태도 일어났다.[58] 이 같은 조치에는 종전의 사건에 대한 책임을 추궁하려는 것 외에도 앞으로 다시 일어날지도 모를 또 다른 측근세력의 반이자겸투쟁을 사전에 방지하려는 정치적 의도가 있었을 것이다.

그러나 이자겸이 정치적으로 제거된 뒤에도 척준경, 묘청妙淸, 김부식金富軾 등을 중심으로 한 각 정치세력들의 반목과 대립은 되풀이되었고 국왕을 실질적인 정점으로 하는 정국 구도는 이루어지지 않았다.

이러한 경도傾倒된 정황 속에서 인종은 15개의 항목으로 구성된 '유신지교維新之敎'의 반포를 신호탄으로 하여 유교적 제도의 정비강화 등 일련

---

57 『고려사』 권15 세가, 인종 4년 2월 辛酉. "內侍祗候金粲 · 內侍錄事安甫鱗 與同知樞密院事智祿延 · 上將軍崔卓 · 吳卓 · 大將軍權秀 · 將軍高碩等 謀誅李資謙 · 拓俊京 不克 資謙 · 俊京擧兵犯闕 壬戌 焚宮闕 癸亥劫王 移御南宮 殺安甫鱗 · 崔卓 · 權秀 · 高碩 及宿衛左僕射洪灌等十七人 其餘軍士死者 不可勝計."

58 『고려사절요』 권9, 인종 4년 4월.

의 후속조치를 취함으로써 혁신적인 정치 기강을 수립하려고 하였다.[59] 그러나 이는 상징적인 의미를 지닌 조치였을 뿐 현실적으로는 거의 성과가 없었다.

이상에서 살펴보았듯이 여타의 시기와 비교할 때 인종대 정국의 가장 두드러진 특징은 국왕의 정치적 의지에 입각한 (혹은 따른) 왕권 중심의 통치질서가 수립되지 못하고 정치세력과의 제휴관계에 따른 정치운영의 방식이 전개되어 갔다는 점이다.[60] 따라서 이러한 정치상황 속에서는 금군이 비록 존재하고 있었더라도 본격적으로 가동되기 어려웠을 것이다.

사료에서 금군을 구성한 개별부대들의 존재가 다시 한번 빈번히 서술된 시기는 의종대를 포함한 무신집권기이다. 의종은 즉위 후 주변에 포진한 외척세력을 비롯한 귀족관료들의 정치적 견제를 억제하며 왕권을 강화하기 위한 조치를 몇 차례 시도하였다.[61] 그중의 하나가 금군인 견룡군의 강화였다. 견룡군을 지칭하는 부대명이나 인물들 그리고 금군의 활동을 보여주는 자료들이 여타 시기와 비교해 상당히 많이 나타나는 것은 이를 말해준다.[62] 이 점은 의종은 집권하면서 즉위 초기에 다른 기간에 비해 빈번하게 일련의 열병과 격구라는 군사활동을 통해 왕권의 강화를 지속적으로 추구하였다는 사실에서도 확인할 수 있다.[63]

---

59 이에 대해서는 다음의 논고가 참조된다.
南仁國, 앞의 글, 1990 ; 오영선, 「인종대 정치세력의 변동과 정책의 성격」, 『역사와 현실』 9, 1993.

60 이런 점에서 인종과 이자겸의 관계를 상호 호혜적이라고 한 지적은 적절하다고 본다(南仁國, 앞의 글, 1990, 85~86쪽).

61 의종대의 정치상황 전반에 관한 대표적인 연구는 다음과 같다.
金塘澤, 「高麗 毅宗代의 政治的 狀況과 武臣亂」, 『震檀學報』 75, 1993 ; 채웅석, 「의종대 정국의 추이와 정치운영」, 『역사와 현실』 9, 1993 ; 金洛珍, 앞의 글.

62 의종대의 정치상황에서 무신의 난을 원인으로 언급한 기존의 연구와는 달리 견룡군의 동향을 통해 이를 해명하고자 한 논고에서도 이 점은 잘 드러난다(金洛珍, 앞의 글, 15쪽 참조).

63 『고려사』 권17 세가, 의종 3년 정월 戊申 · 2월 丁巳의 "閱兵" 기사 ; 2월 庚午. "選驍勇騎士

의종대에는 국왕의 신변경호를 비롯한 궁성의 시위, 즉 숙위를 한때 부병府兵이 맡아본 적이 있다. 그러나 효용 면에서 취약하다고 판단되어 다시 날렵하고 용감한 인물들을 선발하고 이를 내순검內巡檢이라 지칭하는 등[64] 새로운 독립부대를 증치함으로써 금군조직을 강화하여 왕권의 안정을 도모하려 하였다. 견룡, 공학, 중금, 백갑, 도지, 순검, 간수군, 위숙군, 검점군 등 고려초기의 금군이 여전히 존재하는데도 이렇듯 의종 21년(1167) 내순검군을 새롭게 조직하여 국왕의 측근에서 시위 임무를 수행하게 한 점은 기존의 금군에 대한 경각심을 환기시키면서 동시에 금군조직 내부의 군사적 미비점들을 쇄신해 왕권을 강화하기 위한 정치적 조치로 여겨진다.

나아가 의종은 내순검군의 조직과 병행하여 '금위禁衛'가 근엄하지 못하다는 이유를 들어 견룡군과 순검군의 최고 지휘권자인 지유 14명을 유배하는 대대적인 문책성 인사조치를 실시하였다.[65] 그리하여 의종년간 줄곧 왕권강화를 위해 많은 임무를 수행했던 견룡군을 위시한 기존 국왕 측근의 금군 내 부대들에 소속되어 있던 군관과 병졸들은 크게 위축되었고 불만은 매우 높아졌다. 따라서 무신의 난은 필연적으로 발생할 수밖에 없었다.[66]

고려 금군의 역기능적인 변모는 특히 견룡군의 동향에서 알 수 있다. 예를 들면 무신의 난이 발생했을 때 견룡군은 정변을 주도한 상장군 정중부, 견룡행수 산원 이의방과 이고 등의 실질적인 군사력으로서 전면에서 활약했다.[67] 더구나 명종 11년(1181) 연등대회 직후 군신들과 가진 주연석상에

十八人 觀擊毬于後庭" ; 9월 庚子. "幸觀德亭 閱兵" ; 4년 10월 丙午. "閱兵于東郊" ; 5년 8월. "王 遊北園 命騎士擊毬" ; 8년 5월 癸丑. "閱兵于東郊" 등에서 잘 드러난다.

64 『고려사』 권82 병지2 숙위, 의종 21년 정월.

65 『고려사』 권98 열전 金富軾 附 敦中 .

66 金塘澤, 앞의 글, 1993, 48~49쪽.

서 견룡군이 술에 취한 군관들과 함께 동조함으로써 존비尊卑의 구분이 없게 될 정도로 위계질서가 매우 문란하였다는 사실,[68] 견룡군의 행수였던 김방경金方慶이 대궐에 들어와 금위가 앞을 다투어 권세가와 밀착하고 금군의 기강이 극도로 해이해져 있는 상태를 보고 개탄한 점[69] 등은 무신정권의 대두 이후 가속화된 금군의 역기능을 보여준다.

이와 더불어 명종 5년 무인집정자들이 조직한 '위국초맹반衛國抄猛班'[70] 역시 외형상으로는 국왕경호를 표방하였지만, 실제로는 숙위라는 본연의 기능보다는 오히려 무신들의 사적인 신변보호를 전담하였다는 기록도 있다.[71] 그런데 고려의 정규 군사조직에 대한 전면적인 장악력을 갖는 데 성공한 무신집정자들은 이후 '위국초맹반' 이외에도 자신들을 위해 독자적으로 사적인 성격을 띤 도방都房, 야별초夜別抄, 마별초馬別抄 등의 군사조직을 신설·강화하면서 그들의 정치·군사적 입지를 확립하였다.

결국 이러한 정국 동향 속에서 금군은 국왕 신변의 경호와 왕실세력의 호종이라는 본연의 기능을 제대로 수행하지 못한 채 오히려 집권무신세력의 무력적 기반을 유지해 주는 수단이 되거나 민간의 사찰査察에 이용되었다.[72] 무신정권하에서 국왕의 금군을 사적인 목적으로 동원하여 정치세력

---

67 견룡군의 행수였던 이고와 이의방을 비롯하여 인종대 공학금군에 충원된 정중부 등은 친위군으로서의 역할을 수행하는 과정에서 잦은 접촉을 하며 서로 긴밀한 관계를 유지하였다. 이런 까닭에 친위군에 대한 내적 결속력과 장악력을 갖는 것이 그리 어렵지 않았음이 분명하다.

68 『고려사』 권20 세가, 명종 11년 정월 辛酉. "燃燈 王如奉恩寺 翌日大會 御帳殿 夜與群臣酣飮 日晏未罷 軍校皆使酒鼓譟 牽龍爭高其榻 至與浮階相齊 尊卑無等 王 亦醉甚 欲起舞 左承宣文章弼諫止之."

69 『고려사』 권104 열전 金方慶. "…… 入爲牽龍行首 時禁衛爭附權門 宿衛甚懈 方慶憤其然 雖疾不請告 直廬湫隘 衛士皆寓宿于外."

70 『고려사』 권82 병지2 숙위, 명종 5년 11월. "時因西征 衛卒乏少 加發四百人 號衛國抄猛班 皆持劒戟 環衛毬庭."

71 위국초맹반을 금위병으로 파악한 논고도 있다(內藤雋輔, 「高麗兵制管見」, 『青丘學叢』 15·16합, 1934 ; 京都 : 『朝鮮史研究』, 1961, 81쪽).

72 『고려사절요』 권12, 명종 9년 12월. "重房 聞妖言歲杪有變 大懼 使禁軍 露刃環衛 其近侍閹宦

들 사이의 반목과 알력을 무마하는 데 이용한 것으로 보이는 사례로는 다음의 사료가 참조된다.

D-1. (이)고가 반역할 뜻이 있어 은밀히 악소들과 법운사의 승려 수혜, 개국사의 승려 현소 등과 결탁하여 밤낮으로 술자리를 벌여 (술을) 마셨는데, 술이 취한 까닭에 "큰 일이 성공하면 너희들은 모두 높은 관직에 오를 것이다"라고 말했다. …… (이)고가 선화사가 되어 연회에 참여하게 되자 비밀리에 현소를 시켜 악소들을 법운사 수혜의 방으로 불러들여서 말을 잡아 잔치를 베푼 후 각각 소매 안에 칼을 가지고 담장 사이에 숨게 하여 반란을 일으키려고 하였다. 교위 김대용의 아들로 (이)고의 사환이 된 인물이 있었는데, 그러한 모의를 듣고 (김)대용에게 알렸다. (김)대용이 내시장군 채원선과 함께 가서 (이의방에게) 이를 보고했다. (이)의방도 평소 (이)고가 자신을 위협해 그를 미워했는데, 이때에 와서 또 그의 음모를 알게 되자 (채)원선과 함께 (이)고 등이 궁문 밖에 도착하는 것을 기다렸다가 즉각 쇠방망이로 (이고를) 쳐서 죽였다. 그리고 순검군에게 명하여 그의 어머니와 일가친척들을 잡아다 모두 죽였다.[73]

D-2. 김보당이 군사를 일으켰을 때 이의방은 (윤)인첨이 함께 모의한 것으로 의심하고 또 그가 당시 문신들 가운데 윗사람이었기에 체포하여 해치려고 했다. 이에 순검군을 시켜 (윤)인첨을 체포하였으나 그는 유응규의 도움으로 풀려났다.[74]

D-3. 장군 경대승이 정중부와 그의 사위 송유인을 죽였다. (경)대승은 평소

逃匿者 過半." ;『고려사절요』 권13, 명종 16년 10월. "流讒人朴敦夫于遠島 時匿名書甚多 誣人罪過 有得罪者 莫知其由 人皆危懼 重房密令禁軍伺之 敦夫懷書將帖門 捕得流之 道死."

73 『고려사절요』 권12, 명종 원년 정월. "(李)高 有非望之志 陰結惡小 及法雲寺僧修惠 開國寺僧玄素等 日夜宴飮 因謂曰 大事若成 汝輩皆登峻班 …… 高 爲宣花使 當預宴 陰令玄素 招致惡小于法雲寺修惠房 斬馬饗之 使各袖刃 隱于墻屛間 將作亂 有校尉金大用之子爲高驅使 聞其謀 以告大用 大用與內侍將軍蔡元善 遂往告之 義方素惡高逼已 至是 亦知其謀 與元 候高等至宮門外 卽以鐵鎚 擊殺之 令巡檢軍 分捕其母及黨與 皆誅之."

74 『고려사』 권96 열전 尹瓘 附 鱗瞻. "金甫當起兵 李義方疑鱗瞻與知其謀 又以爲當時文臣之長 將逮捕害之 使巡檢軍執縛鱗瞻 賴庾應圭獲免."

(정)중부가 하는 행동을 분하게 여기고 있었다. …… (경)대승이 (명종에게) 금군을 나누어 출동시켜 (정)중부와 (송)유인 부자를 체포할 것을 청하였다.[75]

D-4. (최)충헌의 형제가 사람을 대궐에 들여보내 왕을 위협해서 (왕이) 홀로 말을 타고 성문으로 나오게 했다. 왕을 창락궁에 감금하고 중금지유 정윤후에게 지키도록 명하였다.[76]

위의 사료는 순검군, 금군, 중금군이 본연의 목적과는 다르게 동원된 사례를 보여준다. 먼저 사료 D-1에서 이고가 반역을 도모하고자 할 때 이 일을 사전에 알아차린 이의방이 이고를 격살한 후 순검군을 동원해서 이고의 어머니 및 그 추종세력을 체포하여 살해했음을 알 수 있다. 뿐만 아니라 김보당金甫當이 군대를 일으켰을 때 이의방이 윤인첨이 모의에 가담한 것이 아닌가를 의심하여 순검군에게 체포하게 한 점(D-2)이나, 경대승이 정중부와 송유인 부자를 체포할 목적에서 명종에게 금군의 동원을 요청한 점(D-3), 중금군이 최충헌 형제의 지시에 따라 명종을 창락궁昌樂宮에 감금하고 이를 지키게 한 사실(D-4) 등은 금군이 정치세력 상호 간의 대립과 반목 과정에서 무력수단으로 기능했음을 극명하게 보여준다.

그래서 후일에는 도적이 궁성 내의 창고인 내탕內帑에 침입해서 옥대玉帶를 훔쳐 갔을 때에도 궁궐의 경비가 이를 체포치 못하는 현상까지 발생하였다.[77] 결국 이상의 몇몇 사례들은 금군의 역기능이 심화되었음을 보여주는 것이다.

원종대에는 권세가들의 자제들이 금군이라는 명목하에 활과 화살을 지

75 『고려사절요』 권12, 명종 9년 9월. “將軍慶大升 誅鄭仲夫及壻宋有仁 大升素憤仲夫所爲 …… 大升因請發禁軍 分捕仲夫及有仁父子.”

76 『고려사절요』 권13, 명종 27년 9월 癸亥. “忠獻兄弟 遣人入闕 逼王 以單騎 出向城門 幽于昌樂宮 使中禁指諭鄭允候 守之.”

77 『고려사』 권23 세가, 고종 33년 정월 戊戌 .

니고 궁궐 안에서 '후벽장군後壁將軍'이라 불리며 금군조직의 이례적인 형태로 출현하였다.[78] 그러나 이 역시 금군의 기능이 약화됨에 따라 일시적으로 나타난 현상일 뿐 그들이 별다른 역할을 한 것은 아니다. 또한 원종 12년(1271) 5월에는 삼별초를 진압하기 위해 편성된 여·몽 연합군이 진도에 총공세를 펼친 이후, 같은 왕 14년 또 한번의 출군 논의 과정에서 친원세력이었던 홍다구洪茶丘를 위시한 다루가치達魯花赤 등이 이를 주도하면서 몽고군을 주력으로 하는 군사력으로써 삼별초의 봉기를 진압하였다. 이 결과 궁성의 숙위임무를 몽고군에게 의존하게 되었다.

이러한 의존성은 그동안 사적인 군사력을 조직·활용하여 공적인 군사조직의 기능을 대행해 왔던 무신정권이 몰락하면서 초래한 군사력의 공백상태에 따른 필연적인 결과였다. 금군의 역할을 대체할 만한 마땅한 물리력이 없다는 한계상황을 인식한 원종은 결국 궁성 안팎의 경계근무를 위해 직접 몽고군의 원수元帥 흔도忻都에게 군사력을 요청할 수밖에 없었다.[79]

한편 고려의 자주적인 군사조직 존립의 기반은 원이 고려 군사조직에 대한 영향력을 확대하면서 흔들리기 시작해 2차례에 걸친 일본정벌 과정을 거치면서 더욱 붕괴되었다. 일본정벌을 위한 동정군東征軍을 편성하는 과정에서 원은 고압적인 자세를 견지하며 고려에 막대한 인원과 물자를 부담할 것을 요구하였고 고려는 이에 부응하지 않을 수 없었다.

이처럼 무신정권 이후 진행되어 온 공적인 군사조직의 형해화가 몽고의 침입과 원의 고려에 대한 압제와 맞물리면서 그 폐단은 더욱 가속화되었다. 그리고 그 와중에 삼별초 항쟁의 진압, 두 차례에 걸친 일본정벌, 원나

78 『고려사』 권82 병지2 숙위, 원종 10년 2월. "時誅金俊 以勢家子弟 持弓矢 入衛殿內 稱後壁將軍 金保宜·林惟茂·趙允蕃·崔宗紹等 以後壁 賜紅改銜." 이때 나타난 '後壁將軍'을 홀치의 전신으로 보는 견해가 있다(白南雲, 『朝鮮封建社會經濟史』 上, 改造社, 1933, 679~680쪽).

79 『고려사』 권27 세가, 원종 13년 11월 戊寅. "三別抄 寇巨濟縣 焚戰艦三艘執縣令而去 賊船又來 泊靈興島 橫行近境 王 請五十騎于元帥忻忻都 宿衛宮禁."

라 반란군인 합단哈丹의 침입 및 몽고군이 고려 지역에 주둔하면서 발생한 폐해 등의 복합적인 이유 때문에 군제 전반을 재건하기 위한 정치·사회적 기반이 미약해질 수밖에 없었다. 따라서 전기와 같은 정상적인 군제의 운용이 이루어질 수 없었다.[80]

물론 원의 압제하에 편입된 직후인 원종대에는 부분적으로 김방경, 한희유韓希愈, 박구朴球, 나유 등의 뛰어난 무재武才와 경륜을 지닌 군관들이 삼별초의 진압과 합단의 침입에 직면하여 군대를 제대로 통솔한 적도 있었다. 그러나 이들 역시 몽고제국의 강한 영향력 아래에 있었기에 전기처럼 정상적인 기능을 발휘하기에는 일정한 제약이 따랐을 것이다.[81] 이러한 시대적 분위기에서 군사력의 실질적 운용주체인 하급군관직은 군사조직의 직접적인 지휘자로서의 역할보다는 일종의 정치적인 관직으로서의 기능만을 강하게 지니게 되었다. 그리고 이 결과로 군에 대한 효과적인 장악력은 전혀 기대할 수 없게 되었다.[82]

---

80 운용상에 한계가 있었으나 외형상 이 시기에도 전기의 군제는 그대로 유지되고 있었다. 예컨대 경군의 최고지휘관이었던 상장군과 대장군에 각 6명이 임명되어 이들 장군단이 구성한 중방이 부활했고, 특정 시기에 한정한 것이기는 하지만 충혜왕 복위 2년(1340)에도 40여 명의 護軍이 존재하였다.

81 원의 고려에 대한 전반적인 압제 실태에 관해서는 다음의 연구가 참고된다.
宋寅州, 「元壓制下 高麗王朝의 軍事組織과 그 性格」, 『歷史敎育論集』 16, 1991 ; 張東翼, 「元의 政治的 干涉과 高麗政府의 對應」, 『歷史敎育論集』 17, 1992 ; 『高麗後期外交史硏究』, 一潮閣, 1994, 110~129쪽.

82 고려의 무반체계는 장군 예하에 중낭장, 낭장, 별장, 산원, 교위, 대정 등이 서열화되어 있는데 문반의 官階인 文散階에서 정5품 이상을 大夫라고 한 점으로 미루어 무반 역시 정5품 이상은 상급군관, 낭장 이하부터 대정까지는 하급군관으로 간주해도 별다른 무리가 없을 것으로 생각된다. 그런데 하급군관직의 운용실태는 군사력의 실제적인 운영의 향방을 단적으로 보여준다는 점에서 중요하다. 그러나 원 압제하의 하급군관들은 그 본연의 기능보다 신분상승의 통로 혹은 구체적인 임무가 부여되지 않은 비실직으로서 운영되고 있었다는 점에서 폐해가 적지 않았음을 알 수 있다. 이 점은 먼저 충렬왕 원년(1275)에 부족한 국가재정을 충당하기 위한 수단으로 하급군관직을 매개로 실시된 納粟補官制(『고려사』 권80 식화지 3 賑恤, 納粟補官之制. "…… 軍人望隊正 隊正望校尉者三斤 校尉望散員者四斤 散員望別將者二斤 別將望郎將者四斤")에서 알 수 있다. 또한 이 시기 국왕의 측근세력이었던 舌人, 內僚, 鷹坊 등 본연의 군사

그러면 지금까지의 지적에 유의하면서 원 압제기 이후의 국왕 측근 군사력의 위상 변화에 대해서 살펴보도록 하자.[83]

먼저 고려에 대한 원의 강고한 지배력이 대두하는 시기에 이르러 국왕 측근 세력의 강화를 목적으로 그에 걸맞는 조치를 시도한 군주로는 충렬왕을 꼽을 수 있다. 충렬왕은 원나라에서 장기간 머물다가 왕위에 즉위하였기 때문에 국내에 자신만의 정치세력 기반을 가지고 있지 못하였다. 이러한 정치적 입지 속에서 충렬왕은 이 시기 정국운영을 뒷받침할 만한 정치세력의 확보와 충원을 모색하였다. 그 가운데서 주목되는 것은 '홀치忽赤'와 '응방鷹坊' 등 이른바 '겁설怯薛'로 일컬어지는 국왕 측근의 군사조직이다.[84]

력과는 관계없는 기구들에 하급군관직의 인물들이 집중적으로 배치되어 있었던 점도 시사하는 바가 적지 않다. 특히 고려말기 添設職은 이러한 현상을 더욱 확대하는 결과를 가져왔다. 원 압제하 하급군관직을 비롯한 상급군관과 병졸집단의 운용실태에 관해서는 다음의 글이 참고된다(宋寅州, 앞의 글, 1991, 109~115쪽).

83 고려전기 군사조직의 성격을 둘러싼 논의는 대개 관찬사서에 입각해서 그 외형적인 제도에 대한 구명에 치중된 경향이 없지 않다. 그래서 원의 압제기에 들어와서 변모를 거듭한 군사조직의 실태에 관해서는 아직 연구가 미진한 형편이다. 즉 12세기 이래 농민층을 적극적으로 포함시킨 별무반과 별초의 구성과 운영, 원 압제하의 원적인 군사제도의 도입과 성격, 공민왕 이후의 군사제도 재정비 등에 대한 특정 문제의 해명에 초점을 맞춘 소수의 연구업적만이 있을 뿐이다. 그리하여 정작 군사조직적 위상이라는 관점에서 이 시기의 보편적 현상으로 작용한 국왕 측근 군사력의 浮沈에 관한 접근은 최근에 와서야 그 해명을 위한 일련의 시도가 이뤄지고 있다. 그러나 아직까지는 만족할 만한 결론에 도달하지 못하고 있다. 따라서 여기서는 이 점을 참고하여 논지를 전개하고자 한다.

84 겁설(영어로는 Kesig)은 황실의 교대수비대로서 고려 군제에 영향을 미친 원대의 황실수비대 중 하나이다. 겁설은 공민왕 18년(1368) 나주목사 李進修가 언급한 견해에 따르면 4겁설로 구성되어 있었다. 원나라의 황실수비대는 크게 4개의 교대수비대인 4겁설과 여러 衛로 짜여져 이들의 병렬적 편제에 근거해 군사력을 운용하고 있었다. 본래 겁설의 의미는 몽고사회의 역사적 산물로서 13세기 초 몽고의 사회조직 단위인 씨족과 부족의 족장들의 동료들을 말한다. 이들은 처음 그들의 책임자가 자신들을 보호해 주는 데 대한 보답으로 주인의 경호원 역할은 물론 가사일을 하였다. 그러다 몽고가 세계제국으로 확대됨에 따라 점차 그들의 기능과 성격도 세분되면서 4명의 장군이 통솔한 부대 혹은 4개의 교대부대라고 하여 4겁설로 불렸다. 특히 전통적인 중국왕조를 모델로 하여 더욱 전문화된 각종 기구를 만든 원 世祖의 즉위와 더불어 원래의 군사적 역할과 황실의 내적 업무를 공유하였다. 그 후 몇 차례의 변화를

충렬왕이 고려전기부터 존속한 군사체제와는 다르게 별도의 군제로서 원대의 친위군사조직인 '겁설제怯薛制'를 수용하여 활용한 점은 무엇보다도 강력한 원의 정치·군사적 견제가 지속되고 있는 상황에서 기존의 금군조직을 정비하는 것이 용이하지 않았기 때문이다. 더욱이 겁설의 한 갈래인 홀치에 의관자제衣冠子弟들을 대거 발탁함으로써 고위관료들을 견제하는 한편 이들을 육성하여 국왕에 대한 충성을 강화하는 등의 정치적 효용성을 기대할 수 있었다.[85] 이들 기구는 충렬왕 집권기간 내내 국왕 측근의 친위군으로서 중심적인 역할을 수행하였다.

물론 이러한 동향 속에서도 고려전기의 금군은 외형상 존속하고 있었다. 그러나 실질적인 기능은 거의 하지 못하였던 것으로 판단된다. 이 점은 중금군의 최고 책임자인 중금지유 김부윤金富允이 원에 파견되어 수행한 임무의 성격[86]이나 견룡군의 충원에서 드러난 인적 구성분자의 특수성[87] 등에서 알 수 있다.

더구나 충렬왕의 재위기간 중 충선왕의 즉위를 둘러싸고 진행된 충렬왕파와 충선왕파의 대립이라는 정치적 형국 속에서 충렬왕의 측근인 한희유와 이영주李英柱가 제거된 상황이나, 곧이어 충선왕의 환국저지 책동을 주도한 인물 중 한 명인 오기吳祁를 충렬왕의 반대에도 불구하고 폐위된 충선왕파인 홍자번洪子藩이 주도하여 삼군장사三軍壯士가 궁성을 포위한 상

겪으며 독립적인 위상을 드러내는 한편, 권력의 통로로 작용하면서 각종 정치·사회적인 특권을 부여받았다. 이러한 겁설이 고려사회에 언제 어떠한 경로를 거쳐 설치·운영되었는지에 대해서는 정확히 알 수 없다(HSIAO, *The Military Establishment of Yuan Dynasty*, Cambridge: Harvard University Press, 1978).

85 權寧國,「高麗後期 軍事制度 硏究」, 서울대학교 박사학위논문, 1995, 52~53쪽.

86 『고려사』 권28 세가, 충렬왕 2년 11월 癸丑. "遣中禁指諭金富允 如元 進黃漆 且請明年入朝鋪馬及草料."

87 『고려사』 권82 병지2 숙위, 충렬왕 8년 5월. "以達達人 分屬忽赤三番 依中朝體制 令各番 三宿而代 牽龍等諸宿衛 亦然."

태에서 호군護軍 오현량吳賢良에게 체포하여 원으로 압송하게 한[88] 과정에서 금군을 위시한 겁설 등이 아무런 대응을 하지 못한 점 등은 국왕의 위상과 그 측근 군사력의 미약함을 단적으로 보여준다.

충렬왕의 뒤를 이어 다시 왕위에 오른 충선왕은 자신의 측근인 왕자와 종실들을 중심으로 군권을 장악·강화하려는 이례적인 조치를 실시하였다.[89] 충렬왕 24년(1297)에 충선왕은 일시 즉위하면서 개혁정치의 단행을 대대적으로 선포하였는데 여기에는 군사조직의 개편도 부분적으로 포함되어 있어 주목된다. 하지만 이때 이루어진 군제개혁은 정치조직의 변모와 마찬가지로 구체적으로 연대기에 반영되어 있지 않다. 그러나 군관직에 임명된 인물들의 관직을 살펴보면 2군의 한 구성부대인 응양군鷹揚軍과 6위 소속인 금오위金吾衛, 천우위千牛衛 등에 상장군의 존재가 확인되고 있어 중앙군의 기본적인 체제에는 변함이 없었던 것으로 추측할 수 있다. 다

88 宋寅州, 앞의 글, 1991, 122쪽.

89 충선왕대 이후 고려후기의 정국에 관해서는 주로 다음의 연구들이 참고된다.

李起男, 「忠宣王의 改革과 詞林院의 設置」, 『歷史學報』 52, 1971 ; 朴鍾進, 「忠宣王代의 財政改革策과 그 性格」, 『韓國史論』 9, 1983 ; 姜順吉, 「忠宣王의 鹽法改革과 鹽戶」, 『韓國史硏究』 48, 1985 ; 「忠肅王代의 察理辨違都監에 대하여」, 『湖南文化硏究』 15, 1985 ; 金光哲, 「高麗 忠宣王의 現實認識과 對元活動」, 『釜山史學』 11, 1986 ; 金光哲, 「高麗 忠肅王 12年의 改革案과 그 性格」, 『考古歷史學志』 5·6합, 1990 ; 鄭希仙, 「高麗 忠肅王代 政治勢力의 性格」, 『史學硏究』 42, 1990 ; 洪宇澤, 「14세기 중엽 고려 정치세력의 변동」, 서울대학교 석사학위논문, 1990 ; 金塘澤, 「高麗 忠肅王代의 瀋王 옹립 운동」, 『歷史學硏究』 12, 1993 ; 「高麗 忠惠王과 元의 갈등」, 『歷史學報』 142, 1994.

위의 연구에서 알 수 있듯이 최근 고려후기의 정치사에 관한 논고들은 주제 면에서 한층 세분되어 연구가 진행되고 있으며 그 결과 개혁추진세력의 성분과 구성, 개혁교서의 분석, 개혁정치의 성격, 정국의 동향 등을 파악하는 데 많은 이해를 제공하고 있다. 그런데 이들 논고는 막상 원 압제하의 전개와 함께 나타나는 이른바 국왕 측근세력의 浮沈이라는 보편적인 원리에 입각해서 논지를 펴고 있으면서도 정작 측근세력의 무력적 토대인 군사력의 운용과 실태라는 관점에서는 그 추이를 검토하지 못하고 있다. 이러한 관점에서의 검토는 특히 원 압제기 이후 치열하게 벌어지는 권력투쟁의 승패를 결정짓는 요인이 공적인 군사조직보다는 각종의 군관직에 고루 분산·임명되어 있는 근시집단을 포함한 사적인 군사력에 있었다는 관점에서 볼 때 더욱 유의할 필요성이 있다.

만 다음의 사료에 보이듯이 국왕 측근의 관료 2명이 과의군도지휘사果毅軍都指揮使에, 왕자 2명이 승선사承宣使에, 그리고 14명의 종실宗室이 관찰사觀察使에 임명된 점은 유념할 만하다.

> 교서에 이르기를 …… 최충소를 동지자정원사행중경유수 개원부윤 과의군도지휘사로 …… 원경을 중경유수 과의군도지휘사에 임명하고 …… 갑오에 왕자 의충을 영가군승선사, 의효를 강릉군승선사, 종실의 현을 평양군공에, 유를 함녕공에, 미를 광릉군후에, 원을 한산군후에, 제를 통의군관찰사에, 화를 단양군관찰사에, 관을 계양군관찰사에, 상을 임해군관찰사에, 구를 한남군관찰사에, 윤을 순정군관찰사에, 헌을 연평군관찰사에, 형을 시흥군관찰사에, 숙을 정산군관찰사에, 마를 영해군관찰사에, 광을 강음군관찰사에, 온을 진강군관찰사에, 기를 보령군관찰사에, 허경을 한양군관찰사 천우위상장군으로 임명하였다.[90]

위의 사료에 서술되어 있는 관직명의 유래를 살펴보면 과의군果毅軍은 원에서 시위호종儀衛扈從을 담당한 부대이며, 도지휘사都指揮使는 원 시위군의 최고지휘관이고, 승선사承宣使는 당·송 이후 절도류후節度留後의 다른 이름으로 지방군단의 관직명이다. 그리고 승선사와 관찰사에 나란히 함께 기록된 지명은 전국 각지의 대읍大邑을 나열한 것이며, 나머지는 연안 지역의 진鎭과 포浦의 이름이다.

이러한 관직의 유래와 그에 임명된 인물들을 보면 충선왕의 즉위와 더

90 『고려사』 권33 세가, 충선왕 즉위년 5월 辛卯·甲午. "教曰 …… 崔冲紹 同知資政院事行中京留守開元府尹果毅軍都指揮使 …… 元卿爲中京留守果毅軍都指揮使 …… 甲午 以王子 宜忠爲永嘉軍承宣使 宜孝爲江陵軍承宣使 以宗室昡爲平陽軍公 維爲咸寧公 亹爲廣陵郡侯 元爲漢山郡侯 禔爲通義軍觀察使 和爲丹陽軍觀察使 琯爲桂陽郡觀察使 祥爲臨海軍觀察使 玖爲漢南軍觀察使 贇爲順正軍觀察使 軒爲延平軍觀察使 珩爲始興軍觀察使 璹爲定山軍觀察使 庥爲寧海軍觀察使 侊爲江陰軍觀察使 溫爲晋江軍觀察使 琪爲保寧軍觀察使 許慶爲漢陽軍觀察使千牛衛上將軍."

불어 강행된 군제개혁이 금군을 비롯한 여타의 군사조직체제는 그대로 유지하면서 왕의 측근세력을 왕성 내의 시위군단의 지휘관으로 임명하는 한편, 왕자 및 종실들을 전국 각지의 대읍과 연안 지역의 진과 포의 지휘관으로 임명하여 지방군까지도 관할함으로써 사실상 중앙과 지방에 걸쳐 군권 전반을 장악하려는 목적에서 이루어진 것으로 이해된다.[91]

한편 충선왕대 시행된 또 다른 군제개혁과 관련한 기사 중 주목되는 것이 『고려사』 백관지 서반西班 조에 용호군 소속의 군관 구성과 품계를 서술하면서 그 말미에 세주 형식으로 "충선왕이 용호를 고쳐 호분을 삼고 후일 친어군으로 개편하고 다시 후일 용호군으로 개편하였다〔忠宣王 改龍虎 爲虎賁 後改親禦軍 後復改龍虎軍〕"라는 기록이다. 여기서 눈여겨볼 점은 충선왕대에 용호군을 호분虎賁이라고 한 점과 명확한 시기는 드러나 있지 않지만 후일 다시 이를 '친어군親禦軍'으로 개칭한 사실이다. 그런데 글 자체의 뜻만 보면 '용호군龍虎軍'을 친위군으로 볼 수 있는 개연성의 여지가 적지 않다.

그러나 앞서 살펴보았듯이 고려후기사상 충선왕대는 어떤 다른 시기보다도 군제개혁에 관한 조치가 이례적이라고 일컬어질 만큼 특이하게 나타나고 있기 때문에 이 역시 이러한 상황에서 나타난 한시적인 결과로 볼 수 있다.

정국의 상황에 유념하면서 위의 기사를 보면 용호군으로의 개편은 고려의 군권에 대한 전면적인 장악력 확립 시도와 짝하여 자신의 신변을 가장 측근에서 경호하는 이른바 친위군사력의 현실적 필요성에도 불구하고 이를 재정비하는 데 있어 별다른 방안을 강구하지 못한 충선왕이 비록 형해화되었지만 고려전기부터 최고의 군사적 위상을 지닌 용호군을 개혁의 대상으로 삼아 친위군사력의 강화를 도모하려 한 특단의 조치가 아니었나

91 宋寅州, 앞의 글, 1991, 102~103쪽.

여겨진다. 만약 용호군이 원래부터 수행한 기능이 친위임무였다면 이러한 명칭상의 변화는 있을 수 없는 일이기 때문이다.

결국 이런 관점에서 볼 때 충선왕대 이후 용호군의 명칭을 호분과 친어군 등으로 바꾸는 작업은 중앙군단의 명칭을 바꿈으로써 그 역할의 외연까지 확대하여 국왕의 시위역할을 도모하고자 한 시도로 이해할 수 있을 것이다. 그리고 더 나아가 이는 군권 전반에 걸친 직접적인 장악력을 대내외에 과시하기 위한 다목적의 효과를 노린 포석이었을 것이다.

이상에서 보았듯이 군사조직적 측면에서 충선왕대 군제의 특성은 기왕에 존속한 금군에 대한 정비보다는 세족, 신진관료, 부원세력 등 다양한 기성 정치세력 집단의 정치 · 군사적 영향력을 배제하면서 자신의 심복이나 혈연관계로 맺어진 근친들을 중앙군단 또는 진과 포의 지휘관으로 임명하여 전면에 포진시킴으로써 왕권을 뒷받침할 수 있는 군사상의 변모를 기도하였다는 점이다. 그러나 이런 시도 역시 원의 간섭으로 충선왕이 폐위됨으로써 실패하고 말았다.

한편 충숙왕이 왕위 계승을 해 잠시 집권한 뒤 폐위되었다가 충숙왕의 사망과 더불어 재차 왕위에 등극한 충혜왕대에는[92] 금군의 활동과 직접적으로 관련한 흔적은 전혀 찾아볼 수 없다. 그렇지만 이때는 금군을 대신해서 응방과 홀치라는 기구를 중심으로 악소惡小, 악소배惡少輩, 무뢰배無賴輩, 불량배不良輩, 군소群小의 무리들이 국왕의 최측근 정치세력집단으로 출현하면서 시위와 호종 등의 군사적 역할을 담당하였다. 이들은 무신집권기의 각종 사서史書에 '사사死士', '용사勇士', '장사壯士' 등 다양한 호칭으로 지칭된 존재들로서 무신들의 사병으로서 큰 역할을 하다가 국왕 측근세력이 정치적으로 부각되는 12세기의 파행적인 정치구조와 맞물리면

92 충혜왕의 왕위 계승을 둘러싸고 진행된 정국의 동향에 관해서는 최근 발표된 다음의 논고가 주목된다.

서 본격적인 왕의 측근세력으로 대거 편입되었다.[93] 그리고 계속되는 여론의 비난에도 불구하고 고려후기까지 그 명맥을 유지하면서 수많은 불법적인 폐단을 불러일으켰다.[94]

특히 이들의 동향이 주목되는 점은 충혜왕의 즉위 직후 국왕과 더불어 이루어진 여러 차례의 수렵狩獵 행위에 대거 참여한 흔적이 확인되기 때문이다. 이때 아쉬운 것은 사료에는 수렵을 한 사실만 서술되어 있을 뿐 그 목적과 성격이 명시적으로 드러나 있지 않다는 점이다. 따라서 연역적이고 우회적이지만 고대사회에서 수렵이 군사활동, 제사를 위한 희생犧牲의 획득獲得, 우익右翼을 양성하기 위한 정치적 목적 등 다양한 의미를 내포한 활동이었다는 견해가[95] 제시되어 있어 이를 통해 이해의 실마리를 추적해 볼 수 있다.

여기서는 국왕 측근의 군사력인 친위군을 양성함으로써 왕권의 강화를 모색했다는 관점에 입각하여 충혜왕대를 전후한 시기에 나타난 사료를 중심으로 친위군의 동향을 살펴보고자 한다.[96] 관련 사료를 모아보면 다음과 같다.

E-1. 왕이 강음에서 사냥하였다.[97]

金塘澤, 앞의 글, 1994 ; 金光哲, 「고려 충혜왕의 왕위계승」, 『釜山史學』 28, 1995.

93 朴宗基, 「12세기 高麗 政治史 研究論」, 『擇窩許善道先生停年紀念韓國史學論叢』, 1992, 169~172쪽.

94 고려시대의 無賴輩 · 不良輩 · 惡少 등의 행태와 이들의 성격에 관해서는 다음의 논고가 주목된다. 본 장을 작성하는 데에도 많은 시사를 주었다(金昌洙, 「麗代惡少考」, 『史學硏究』 12, 1961 ; 채웅석, 「고려 중 · 후기 '무뢰(無賴)'와 '호협(豪俠)'의 행태와 그 성격」, 『역사와 현실』 8, 1992).

95 金龍善, 「高句麗 琉璃王考」, 『歷史學報』 87, 1980, 57~58쪽 ; 李文基, 「新羅 侍衛府의 成立과 性格」, 『歷史教育論集』 9, 1986 ; 『高麗兵制史硏究』, 1997, 일조각, 151~152쪽 ; 金瑛河, 『한국고대사회의 군사와 정치』, 고려대민족문화연구원, 1988.

96 金塘澤, 앞의 글, 1994, 10쪽.

97 『고려사』 권36 세가, 충혜왕 원년 정월 壬辰. "王 獵于江陰."

E-2. 왕이 서쪽 교외에서 사냥하였다.[98]

E-3. 왕이 해주에서 사냥하였다.[99]

E-4. 왕이 강음에서 사냥하였다.[100]

E-5. 왕이 성 밖에서 사냥하였다.[101]

E-6. 왕이 마제산에서 사냥하였다.[102]

E-7. 왕이 서쪽 교외에서 사냥하였다.[103]

E-8. 왕이 서해도에서 사냥하였다.[104]

E-9. 왕이 동쪽 교외에서 사냥하였다.[105]

E-10. 왕이 동쪽 교외에서 사냥하였다.[106]

E-11. 왕이 강음에서 사냥하였다.[107]

E-12. 왕이 나가 사냥하고 기해에도 사냥을 이와 같이 하였다. 이때부터 날마다 돌아다니며 사냥을 일삼으며 출입에 법도가 없었다.[108]

E-14. 왕이 나가 사냥하였다.[109]

E-15. 왕이 강음현에서 사냥하였는데 왕을 뒤따르는 악소들이 매의 먹이를 준다는 구실로 다투어 마을의 닭과 개를 노략질하였다. 그러나 사람들은 감히 아무런 말도 하지 못하였다.[110]

---

98 『고려사』 권36 세가, 2월 甲寅. "王 畋于西郊."
99 『고려사』 권36 세가, 2월 乙丑. "王 獵于海州."
100 『고려사』 권36 세가, 3월 壬寅. "王 畋于江陰."
101 『고려사』 권36 세가, 4월 辛酉. "王 畋于郊."
102 『고려사』 권36 세가, 8월 丙寅. "王 畋于馬堤山."
103 『고려사』 권36 세가, 10월 癸亥. "王 畋于西郊."
104 『고려사』 권36 세가, 충혜왕 2년 2월 丁未. "王 畋于西海道."
105 『고려사』 권36 세가, 충혜왕 後 2년 8월 丁卯. "王 獵于東郊."
106 『고려사』 권36 세가, 충혜왕 後 2년 10월 乙巳. "王 畋于東郊."
107 『고려사』 권36 세가, 충혜왕 後 2년 12월 丙寅. "王 獵于江陰."
108 『고려사』 권36 세가, 충혜왕 後 3년 正月 丙申. "王 出畋 己亥 亦如之 自是 日以遊獵爲事 出入無度."
109 『고려사』 권36 세가, 충혜왕 後 3년 2월 丁未. "王 出畋."
110 『고려사』 권36 세가, 충혜왕 後 3년 2월 癸亥. "王 畋于江陰縣 扈從惡小 托餔鷹 爭掠里閭雞犬 人莫敢言."

E-16. 왕이 숭인문 밖에서 격구를 할 때 의장과 시위를 마다하고 나장을 시켜 길을 열게 하였다.[111]

E-17. 시전(상설 시장)에 행차하여 격구를 관람하였다.[112]

E-18. 상춘정에 행차하여 수박희(태견)를 관람하였다.[113]

E-19. 왕이 용사들을 데리고 각저희(씨름)를 관람하였다.[114]

E-20. 왕이 동쪽 교외에서 사냥하였다.[115]

E-21. 왕이 백안평에서 사냥하였는데 3일 만에 돌아왔다.[116]

위의 사료 E를 보면 충혜왕이 원년과 복위 후에 수도 인근의 교외나 특정 지역으로 나아가 수렵과 격구 및 수박희에 상당한 횟수 참여하거나 관람하였음을 알 수 있다. 필자는 여기서 충혜왕의 이러한 활동을 단순히 여가시간을 활용한 오락의 하나로서 파악하기보다는 다른 목적이 있는 군사활동으로 보고자 한다. 일반적으로 특정 시기마다 지배체제와 관련된 군사목표는 있었고 그 목표를 달성하기 위한 군사정책과 그에 따른 구체적인 군사활동 또한 존재하기 마련이다.

그런데 현대사회의 개념인 군사정책을 과거의 역사에 적용할 수 있는지에 관한 문제와 비록 적용할 수 있다 해도 그 자체를 그대로 보여주는 사료를 찾기 어렵다는 문제가 있으므로 앞으로 몇몇 기본적인 전제와 검토가 이루어져야 할 것이다. 그러나 군사정책의 구체화된 결과인 군사활동과 관련된 자료는 적지 않게 찾아 볼 수 있어 이를 검토해 보면 그 배후에 숨어 있는 국가의 군사정책이나 국왕의 군사적 목적과 의지를 읽을 수 있을

111 『고려사』 권36 세가, 충혜왕 후 3년 4월 戊辰. "王 擊毬于崇仁門外 去儀衛 止令螺匠 啓道."
112 『고려사』 권36 세가, 충혜왕 후 3년 5월 乙亥. "幸市廛 觀擊毬."
113 『고려사』 권36 세가, 충혜왕 후 3년 5월 癸巳. "幸賞春亭 觀手摶戲."
114 『고려사』 권36 세가, 충혜왕 후 4년 2월 甲辰. "王 率勇士 觀角觝戲."
115 『고려사』 권36 세가, 충혜왕 후 4년 9월 丙子. "王 獵于東郊."
116 『고려사』 권36 세가, 충혜왕 후 4년 10월 己亥. "王 畋于伯顔平 三日乃還."

것이다.[117] 이러한 입장에서 볼 때 비록 앞선 시기이지만 격구와 수박을 함으로써 시위부대 혹은 금위군이 강해지고 그 결과로 왕권이 강화된다는 점을 지적한 논고[118] 또한 본 장의 문제의식과 관련해 눈길을 끈다.

다만 문제는 사료 E-15를 제외한 대부분의 관계 기사에서는 충혜왕과 더불어 수렵을 한 집단의 실체가 무엇인지 명확히 드러나지 않는다는 점이다. 따라서 가장 주목할 만한 것은 사료 E-15이다. 여기서는 충혜왕이 수렵을 하면서 함께한 실체가 악소들로 대변되는 무뢰배집단이라는 점을 분명히 밝혔다. 따라서 다른 대부분의 사료에는 나타나 있지 않지만 충혜왕의 수렵행위에 참여한 인물들은 주로 악소배임이 분명하다고 보아도 무방하겠다. 이 점은 충혜왕 후 4년에 한 폐인嬖人이 맹인과 무녀를 대상으로 미녀를 선발할 것을 건의하자 충혜왕이 즉각 악소들에게 명령하여 이를 단행하게 했다는 사실에서도 추측할 수 있다.[119]

따라서 충혜왕의 즉위와 복위를 전후한 시기에 집중적으로 나타나는 위의 수렵 행위 등은 원 압제기 이후 계속된 왕권의 구조적 취약성을 극복하기 위해서 충혜왕이 자신의 측근 세력의 육성, 이른바 일종의 군사적 성격을 지닌 우익세력 확보를 통해 무력적 기반을 강화할 목적에서 비롯된 정치적 행위로 해석된다. 즉 수렵 같은 사적 활동을 빈번하게 함으로써 악소들과의 정신적 유대관계와 친분을 확고히 다지는 한편, 그들의 내적 결속

117 최근 현대의 군사정책에 내포된 개념과 범주 및 그 적용성 여부를 면밀히 검토하면서 신라 문무왕대의 군사정책 전반에 대해 살펴본 연구(이문기, 「신라 문무왕대의 군사정책에 대하여」, 『역사교육논집』 32, 162~166쪽)는 본 장의 문제의식과 관련하여 주목된다. 필자 또한 이 같은 시각에서 의종대의 군사활동에 관해 검토한 적이 있다(송인주, 「의종대 정국의 동향과 군사 활동의 목적」, 한국중세사학회 제55회 정기학술회 발표논문, 2005).

118 김당택, 「고려 의종대의 정치적 상황과 무신란」, 『진단학보』 75, 1993 ; 채웅석, 「의종대 정국의 추이와 정치운영」, 『역사와 현실』 9, 1993.

119 『고려사』 권36 세가, 충혜왕 후 4년 8월 戊申. "王 出內帑五綜布百匹 苛斂近侍左右番 宴中秋於新宮樓 有一嬖人 白王曰 知人 室家 莫若盲人巫女 上若求美女 當問此輩 王卽命惡小 侵虐盲巫."

력과 충성심을 이끌어내고자 했던 것이다.

그 결과 악소들은 충혜왕의 절대적인 신임을 받으면서 정상적인 군사조직과는 무관한 친왕적 성격을 띤 세력집단으로 대두하였다. 이들은 고려사회에 각종 폐단을 초래하였지만, 왕권을 유지하는 수단으로서 차지하는 비중이 컸기에 충혜왕은 그들에 대해 아무런 제재를 하지 않았다.

그러나 충혜왕의 복위에 대한 반발로 표출된 조적曹頔의 난과[120] 충혜왕의 측근세력 대 친원세력 사이의 대립국면[121] 과정과 같은 고려후기 정국의 주도권을 둘러싸고 빈번하게 전개된 권력투쟁의 길목에서 충혜왕이 체포되는 상황에 직면했을 때 이들은 제대로 왕을 호위하지 못하였다. 이는 친위군으로서의 근본적인 한계를 드러낸 것이다.

이러한 한계성 때문에 후일 일시적이지만 충숙왕의 측근들에 의해,[122] 그리고 조적의 난을 거치면서 충혜왕대의 악소를 제거하기 위한 조치가 이루어지기도 했다.[123] 이는 모두 실패로 돌아갔다. 이후 다시 충목왕대에 이르러 선왕대의 사회적 비행으로 지탄받던 악소들의 정치적 기반을 약화할 목적에서 감찰사를 시켜 충혜왕 때 악소들에게 수여된 고신告身을 모두 거두어들이려는 시도도 있었다.[124] 그러나 충목왕의 측근인 신예辛裔와 전숙몽田淑蒙 등의 세력이 형성되면서 다시 등장하기 시작한 측근정치의 폐단을 지적하면서 악소를 척결했음에도 그 악은 고쳐지지 않았다.[125] 이런 사

120 『고려사』 권131 열전, 曹頔.

121 『고려사』 권36 세가, 충혜왕 후 4년 11월 甲申.

122 『고려사』 권124 열전 申青. "忠肅每言 忠惠過失 從臣曹益清 · 尹桓謀去 忠惠所狎惡少輩 以上護軍吳子淳 · 大護軍洪瑞與青善 遣二人 與青共圖之 時青爲巡軍千戶 稱奉旨 執其惡少之尤者 宋八郎 · 洪莊等 囚之 …… ."

123 金龍善 編著, 「李齊賢墓誌銘」, 앞의 책, 589쪽. "己卯春二月 忠肅王薨 其秋 政丞曹頔 脅百官 屯兵永安宮 宣言逐去君側惡小 而陰爲瀋王地."

124 『고려사』 권37 세가, 충목왕 즉위년 閏二月 丁卯. "監察司 悉收先王時惡少告身."

125 『고려사』 권109 열전 李穀. "忠穆襲位還國 穀寓宰相書曰 …… 比聞諸公所以補正更化者 與

실에서 악소가 견제에 구애받지 않고 지속적으로 국왕의 현실적 필요성에 따라 왕의 측근세력으로 활약하였음을 확인할 수 있다.[126]

군사조직 전반에 대해 주목할 만한 새로운 조치는 공민왕 5년에 이르러서야 나타난다. 이는 다음의 몇 가지 방증사실에 잘 드러난다. 첫째, 고려 전기 이후의 선군도감選軍都監을 추가로 설치하여 전기와 동일한 형식의 군인선발을 모색하였다. 둘째, 충선왕대 용호군을 호분군-친어군-용호군으로, 금오위를 비순위備巡衛-금오위로, 공민왕대 장군을 호군으로 개칭하였다.

그러나 공민왕 원년에도 군사동원체제에 한계가 있었기 때문에 충정왕 이후 본격화되어 골칫거리로 작용한 왜구의 침입에 대항하기 위해 홀치나 금군을 동원하였을[127] 정도로 군사력의 역기능은 곳곳에서 노출되었다. 대표적인 사례로는 순군만호巡軍萬戶 김용金鏞이 무뢰배들을 순군巡軍에 소속시켜 자신의 측근경호를 맡아보게 하던 중 팔관회 행사 때 호위를 둘러싼 사소한 의전상의 문제로 홀치와 다툼을 벌인 사건을 들 수 있다.

그런데 공민왕은 홀치를 지휘한 장군이 순군에게 몽둥이로 맞고 나서 그러한 사실을 보고하였음에도 이를 불문에 붙일 수밖에 없었다.[128] 그리고 조일신趙日新의 추종세력인 정천기鄭天起와 최화상崔和尙 등이 병장기로 무장하고 왕의 거처에 진입하여 주변에 있던 위사衛士들을 죽인 후 함부로 어보御寶를 열어 관직의 임명권을 행사한 사례[129]나 곧이어 공민왕이 별궁

前日甚不相遠 名雖尙老而少者實主其柄 名雖尙廉而貪者實執其權 旣斥惡小而大者不悛其惡 旣改舊臣而新者反附其舊 知人不難 用人甚易 似非國王委任之意 朝廷聞之 得無不可乎……"

126 金昌洙, 앞의 글 ; 채웅석, 앞의 글, 1992 ; 李益柱, 「고려후기 정치체제의 변동과 정치세력의 추이」, 『한국사』 4, 한길사, 1993.

127 『고려사』 권38 세가, 공민왕 원년 3월 己未 · 8월 丁卯.

128 『고려사』 권131 열전 金鏞. "…… 鏞爲巡軍萬戶 招集無賴 隷巡軍 近千人 常以自隨 八關會忽赤 · 巡軍 分隊扈衛 巡軍與忽赤爭路 梃擊忽赤將軍 忽赤訴于王 置不問 …… ."

129 『고려사』 권131 열전 趙日新.

으로 자리를 옮길 때 몇몇 소수의 위사만이 뒤를 따른 점[130] 등은 고려후기의 역사상 가장 자주적이라고 평가되는 공민왕대 초기 금군의 군사적 위상 및 왕권의 지위를 명백히 가늠할 수 있는 척도이다. 이는 특히 원에서 장사성張士誠이 군사를 동원해 반란을 꾀했을 때, 원의 즉각적인 파병 요청에 공민왕이 정예의 고려 군사들을 파견한 후 그 대체 군사력으로 직접 서해도에서 궁수를 모집하여 왕궁의 경비 강화에 대비하였다는 점에서도[131] 읽을 수 있다.

이처럼 공민왕 원년 이후 발발한 일련의 사태 속에서 아무런 조치를 취하지 못하고 이를 감내해야만 했던 공민왕은 원적元的인 숙위의 영향에서 벗어나는 한편 실질적인 왕권강화를 위한 발판 마련을 모색하였다. 바로 그러한 목적에 따라 '충용사위忠勇四衛'와 '자제위子弟衛' 등의 새로운 개별부대들을 조직하고 나아가 두 차례의 열병을 실시하였다.[132]

『고려사』 병지1 오군 조에 충용사위는 제도상 각 위衛에 장군 1명, 중낭장 2명, 낭장 2명, 별장 5명, 산원 5명, 위장 20명, 대장 40명 등 장군 예하의 하급군관으로 편제되어 있는 것으로 서술되어 있다. 특이한 점은 앞서 살펴보았듯이 금군의 개별부대들의 최고 지휘관들이 대개 정6품 낭장에서 지유라는 직책에 임명되고 있었던 데 비해 충용사위의 최고 책임자는 장군에서 임명되었다는 것이다. 그러면 왜 상급군관 가운데 하나인 장군이 최고 지휘권자로 등장했을까? 현재 이 점을 추적해 볼 수 있는 자료가

130 『고려사』 권38 세가, 공민왕 원년 9월 己亥. "趙日新 聚其黨鄭天起・崔和尙・張升亮 殺奇轅 圍時御宮 …… 王與公主 移御別宮 衛士稀少 導從皆賊黨 國人爲王危之 …… ."

131 『고려사』 권38 세가, 공민왕 3년 7월 癸亥.

132 『고려사』 권39 세가, 공민왕 5년 10월 甲寅. 눈길을 끄는 것은 충용사위가 신설된 해와 그 이듬해 공민왕이 열병을 한 점이다. 결국 이러한 열병은 종전부터 지속된 왜구의 대규모 공세와 원과의 정치・군사적 관계가 절정에 도달한 국면 속에서 외부의 압력에 대한 군사적 대비태세의 중요성을 전면에 부각함으로써 朝野의 사회적 여론조성을 통해 정국을 장악하려는 계획된 군사활동이었다. 바로 이러한 시점에 충용사위와 자제위가 창설된 셈이다.

없어 정확한 이유는 알 수 없다. 다만 친위군의 최고 책임자를 장군으로 승격해 이들에게 강력한 지휘권을 부여함으로써 이 시기 신설된 충용사위의 위상을 높이고, 이를 통해 국왕 측근 시위부대의 군사적 지위를 보장하려는 목적을 이루기 위한 것으로 추측할 수 있을 뿐이다. 반면 여기에서는 병졸집단의 구성에 관한 언급은 찾아볼 수 없다.[133] 그러나 충용사위의 설치 목적과 그에 소속된 상·하급 군관직의 편제 실태 등을 보면 충용사위는 병졸집단을 제외한 군관조직만으로 구성된 국왕의 핵심적인 친위세력이 아닌가 생각된다.

한편 자제위는 종래 중앙군이 수행한 군사적 기능의 한계를 극복하기 위한 방편의 일환으로 왕의 신변을 호위했던 '우달적迂達赤', '내속고적內速古赤' 출신인 김흥경金興慶을 중심으로 조직되었는데 이는 차세대의 군사지도자 양성과 세족세력의 견제 그리고 원·명교체기에 나타난 중원의 격변기를 이용하여 잃어버린 옛 영토를 회복하고자 하는 등의 복합적인 목적이 작용한 결과였다. 곧 충용사위와 자제위는 공민왕대 개혁기간에서 왕권의 무력적 기반을 구축하는 한편 반원적 개혁정치의 한 수단으로 대두한 셈이다.

---

133 공민왕대 신설된 충용사위의 설치 시기와 그 소속 군관의 수에 관해서는 약간의 차이가 있다. 『고려사』 권81 병지1 五軍, 공민왕 5년 11월에서는 "置忠勇四衛 衛各置將軍 一人·中郎將郎將 各二人·別將散員 各五人·尉長 二十人·隊長 四十人"이라고 한 데 반해, 『고려사』 권39 세가, 공민왕 5년 7월 乙酉에는 "置忠勇四衛"라고 서술되어 있다. 그리고 여기에 소속된 군관의 수 역시 『고려사』 권77 백관지2 서반 조에는 "忠勇四衛 恭愍王5年 始置之 每衛 置將軍各一人 中郎將 各三人 郎將 各三人 別將 各五人 散員 各五人 尉長 各二十人 隊長 各四十人"이라 하여 앞의 기사와 다르게 기록되어 있다.

한편 충용사위는 反元的인 사상을 지닌 귀족들의 자제와 신흥사대부계층의 자제 그리고 助征軍으로 파견된 일부의 장병들로 구성되었다고 한 논고도 있다(李永東, 「忠勇衛考」, 『제3사관학교논문집』 13, 1981). 그러나 성균시의 급제자가 이에 충원된 사례도 찾을 수 있다(金龍善 編著, 「金台鉉妻王氏墓誌銘」, 앞의 책, 1993, 558~559쪽. "…… 長女適政堂文學藝文館大提學安牧 次適密直司右代言左司議大夫朴允文 孫男三人 長承祖千牛衛海領別將 次興左右衛保勝郎將 次懷祖中成試忠勇衛虎賁別將 …… ").

이들 개별 친위군사력이 차지하는 의미는 무엇보다도 상징적인 측면에서 원 압제 시기에 원의 영향을 받지 않은 고려의 독자적인 군사조직이었다는 점이 주목된다. 그러나 실제로 국왕 측근의 군사력으로 역할을 수행했는지에 대해서는 명확히 알 수 없다.[134]

이후 우왕대에 이르러 '성중애마成衆愛馬' 및 '익위군翼衛軍'으로 하여금 숙위하게 하거나 4차례로 교대근무를 한 홀치를 '근시좌우전후위近侍左右前後衛'로 명칭을 바꾸는 등의 후속 조치가 시도되었으나, 별다른 효과를 거두지는 못하였다.

이상에서 논급한 점을 살펴볼 때 무신정권 이후 원 압제하 동안 전개된 이른바 국왕 측근의 군사력 강화를 위한 다양한 조치들은 금군이라는 정규 군사조직이 본래의 역할을 다하지 못한 데서 비롯된 것으로 파악할 수 있다.

---

134 공민왕대 신설된 독립부대인 충용사위와 자제위에 관해서는 李用桂와 李永東의 논고가 있다. 이들 연구에서 당시의 정국 과정에서 등장한 새로운 군사조직의 성격의 일면이 밝혀졌다. 두 사람은 모두 충용사위와 자제위가 개혁정치의 실현 과정에서 설치되어 왕권강화를 무력적으로 뒷받침하였을 뿐만 아니라 고려 말 군사조직의 공백을 메우는 주된 기능을 담당했다고 보았다. 그러나 이 시기 군사상의 성격을 통해서 볼 때 신설된 두 조직은 왕권강화라는 목적을 위한 군사적 조치로서 그 상징적인 의미는 컸으나 실질적인 역할은 제대로 수행하지 못했다고 생각된다. 이는 예컨대 공민왕 11년 6월 감찰사의 건의, 곧 "충용위 소속의 장사들에게 祿을 지급한 이유는 예기치 못한 변고에 대비하기 위함인데, 공민왕의 남행에 호가하는 이들이 없었으니, 그 설치가 헛된 것"이라고 한 점에서(『고려사』 권81 병지1 오군. "監察司上言 國家寇盜連年 兵不團結 每至危急 徵兵於農 非惟擾民 亦無救於倉卒 自今 選揀丁壯 以備緩急 初置忠勇衛 祿其壯士 同於八衛者 盖欲効民於倉卒也 南幸之際 未有一人扈駕者 誠爲虛設 徒費廩祿 請罷之 分屬諸衛 收其俸祿 以補國用") 여실히 드러난다. 또 자제위에 관해서도 기왕의 연구에서 그 군사적 기능의 부정적인 측면이 여러 차례 지적된 바 있다(李丙燾, 『高麗時代의 研究』, 아세아문화사, 1980 ; 金庠基, 『高麗時代史』, 동국문화사, 1966). 결국 군제상의 변화라는 시각에서 볼 때 이 시기는 원 압제하의 연장선상에서 특정 개별 군사조직들이 추가로 조직된 실례도 있었지만, 대부분 圖上計劃의 차원에만 머물고 만 것으로 판단된다.

제6장 결론

최근 고려 병제에 관한 연구는 비교적 활발한 편이다. 논의의 주된 초점은 거의 중앙군인 2군 6위에 차출되는 병졸집단의 구성과 사회적 성격 문제에 맞춰져 있다. 그리하여 이를 둘러싸고 부병제설과 군반씨족제설, 이원적 구성론 등에 이르기까지 여러 학설이 대립하고 있다.

그런데 이들은 여전히 입론과 시각에 현격한 차이가 있어 아직까지 서로 간에 비판될 수 있는 문제의 소지를 지니고 있다. 즉 중앙군의 성분과 관련하여 지금까지 제출된 대부분의 연구들은 그 초점이 병졸집단이라는 구성분자의 성격에만 크게 편향되어 있어 실제 2군의 군사적 기능과 관련한 논의는 거의 없다. 특히 2군과 관련한 논의로 범위를 한정하면 2군을 후대의 연구자들이 자의적으로 친위군이라는 용어로 규정하고 표현하였을 뿐 더 이상의 구체적인 임무와 기능은 적시되지 않았다. 그리고 친위군이라 규정했을 때 사료적 근거를 제시한 것도 아니었다. 하지만 대체로 연구자들은 이러한 견해를 그대로 수용하였고 통설로 자리 잡게 되었다.

최근에는 2군과 성격을 달리하는 금군의 존재를 지적하고 이를 입증하려는 연구들이 속출하고 있어 고려 군제사 연구가 새로운 국면으로 접어들고 있다. 이에 이 책에서는 기왕에 나온 연구사상의 문제점을 지적하고 그에 대한 대안으로 금군이라는 군사조직의 범주와 성격을 확립하고자 했다. 지금까지 살펴본 내용을 요약하여 결론으로 삼고자 한다.

금군이라는 군사조직의 명칭은 일찍이 중국의 한대 사료에서 처음으로 확인할 수 있다. 역대 중국 병제에 있어 금군은 황제의 측근에서 경호하는 근위부대로서 금위군이나 근위군으로, 혹은 천자의 친병과 위병이라는 의미에서의 친군이나 금군 또는 금위로, 그리고 숙위업무를 장악했다는 점에서 친위군 등으로 다양하게 일컬어졌다. 그리고 그 성격이나 소속부대의 범주 등은 시대적 변천에 따라 상당한 변모를 거듭하였다.

고려 금군의 기원은 국초 이래 존재한 시위군졸, 내군장군, 복갑 등의 존재로써 확인된다. 이들은 외형상 비교적 왕권의 권위가 잘 유지된 태조대에 그 측근과 궁궐 내에서 상주하면서 경호임무를 수행하였다. 그러나 태조의 죽음과 더불어 나타난 급격한 정국의 변동 과정에서 그들은 친위군으로서의 역할을 다하지 못하였다.

이러한 정국 속에서 왕위에 오른 광종은 취임 후 왕권강화를 위한 일련의 주목되는 조치들을 단행하였는데 그중의 하나가 친위군의 정비였다. 그러나 이때 단행된 시위군의 확충작업 실태에 관해서는 구체적으로 그 전모를 파악할 수 없다. 다만 상당한 정도의 친위군이 확보되었다는 것 정도만 알 수 있다. 이후 금군의 제도적인 성립은 고려의 문물제도와 군사제도가 전반적으로 정비된 성종대에 이르러 이루어진 것으로 추측된다. 왜냐하면 성종대에 집권체제의 확립을 위한 중앙관제 정비가 다각적으로 취해졌는데 이러한 체제 정비의 목적이 군사조직의 설치와 강화에도 그대로 반영된 것으로 보이기 때문이다.

한편 고려왕조의 금군은 시위군, 근위, 숙위군, 시봉군 등의 다양한 명칭으로 지칭되었으며 그 내부에는 각종의 임무에 따른 개별부대들이 존재했다. 먼저 금군에 포함되는 부대로는 견룡군이 있다. 숙종대에 견룡군의 군관이 국왕의 명령에 따라 활을 쏘았던 점, 의종대에 기탁성이 견룡군에 선발되어 항시로 그 측근에서 보위했다는 점 등의 사례는 견룡군이 국왕 측근의 무력부대임을 말해준다. 공학군도 금군의 한 부대였다. 공학군은 봉련공학군, 어련공학, 공학군控鶴軍, 공학군拱鶴軍 등의 여러 명칭으로 일컬어지고 있었으며 그 부대의 표식인 공학군 기旗도 있었다. 이들 공학군은 자주색 문양의 비단 옷을 입고 양 날개가 없는 두건을 한 채 국왕이나 내방한 사신이 왕래할 때 측근에서 의전儀典과 관련된 역할을 수행하였다. 더욱이 공학군은 송·금 등의 병제 속에서도 금군의 한 계열군호를 형성하고 있었다.

중금군 역시 금군의 한 계열부대였다. 고종대 김원의가 우중금의 자격으로 왕의 가마를 수행한 점 외에 각종의 국가의식에 중금이 왕의 앞에 좌우로 나누어 서서 검독한 점 등은 금군으로서 중금군이 수행한 의장임무를 보여주는 것이다. 도지 역시 도지반이라 하여 금군을 형성하고 있었다. 이는 고종대 도지가 견룡을 위시한 중금과 더불어 왕실 외척세력을 측근에서 호위한 점이나 배정지가 금위에 속해 도지가 된 사실, 태묘의식에서 도지가 어전에서 금의를 착용하고 내외의 의장업무를 맡아본 점 등에서 알 수 있다.

한편 금군의 한 개별부대인 도지는 송대의 군정기구인 전전사 및 시위보군사 예하의 부대들을 통솔하는 군관이었으며, 이들은 군의 감찰기구인 황성사皇城司에도 배속되어 있었다. 뿐만 아니라 원대의 도지는 조회朝會, 즉위卽位, 책후册后, 건저建儲, 봉상존호奉上尊號, 외국조근外國朝覲의 예를 수행한 시의사侍儀司 예하의 관원으로서 임무를 맡아보았다. 이는 고려의 도지가 금군을 구성한 군사조직의 한 갈래라는 점과 비교할 때 발견되는 두드러진 차이라 판단된다.

금군의 또 다른 부대로는 백갑이 있다. 백갑은 백갑군, 백갑대, 백갑장 등의 여러 이름으로 지칭되었다. 조회의장 의식 시에 백갑이 여타의 의장 부대들과 함께 배치된 점, 앞서 논급한 바와 같이 고종대 백갑이 여타의 금군을 구성한 부대들과 더불어 의장임무를 수행한 점 등에서 백갑이 금군의 한 부대였음을 알 수 있다. 순검군 역시 금군의 한 부대였다. 의종대 이고와 이의방 등이 국왕의 교지를 거짓으로 작성하여 순검군을 동원한 점이나 태묘의식에서 순검군이 배립陪立하고 경호를 수행한 점 등은 순검군이 금군의 한 부대임을 말해준다. 순검군과 관련하여 내순검군의 존재도 주목된다. 내순검군은 의종대 왕권의 강화를 위한 목적에서 신설된 부대인데 여기에 백임지가 충원되어 국왕 곁에서 떨어지지 않고 의장 역할을 수행한 점은 내순검군의 금군으로서의 성격을 보여준다.

그 밖에 금군으로 지적될 수 있는 군사조직으로는 간수군, 위숙군, 검점군 등이 있다. 위숙군은 개경과 경기 지역에 위치한 여러 문, 능, 궁을 지키는 장교와 군인층이 배속되었으며, 간수군은 왕궁의 내탕을 비롯하여 여러 관서를 지켰다. 또한 검점군은 도성 내의 치안을 담당하였다. 더욱이 검점군에는 도성부근에 인접해 있는 사방의 외곽에 장상(8명), 장교(4명), 군인(28명)이 배속되어 첩보임무를 수행하였다. 특히 검점군이 군의 동향과 관련된 정보를 수집하고 사찰함으로써 도성 인근에 포진해 있던 시위군단에 의해 돌발할지도 모를 모반을 사전에 탐지하여 이를 방지하는 역할을 담당했던 점은 금군으로서의 특수한 성격을 잘 드러내준다. 이들은 원대 천자의 직속군인 금병을 구성한 부대에도 그 명칭이 보인다.

이상의 검토는 금군이라는 군사조직의 내부에 견룡군, 공학군, 중금, 도지, 백갑, 순검군, 내순검군 등과 더불어 간수군, 위숙군, 검점군 등이 포함되어 있었음을 보여준다. 따라서 금군은 숙위군, 시위군, 시봉군, 금위, 근위 등으로 그 군사들은 시기와 성격에 따라 약간의 차이는 있지만 금위군사, 금위군인, 금위사, 수위군사, 시위군사, 시위군졸, 시종군인, 호종장사 등으로 다양하게 지칭되었다. 또한 금군의 기능과 관련해서는 숙위, 시위, 수종, 호종, 호가, 수가, 시봉, 의장, 의위, 장위 등의 여러 가지 용어로 표현되었기 때문에 종래에 그 개념을 명확하게 규정하기에는 많은 어려움이 있었다.

한편 금군이라는 군사조직이 제대로 기능을 발휘할 수 있었던 것은 체계적인 지휘체계, 곧 군관의 조직과 그 예하에 소속된 병졸집단이 갖추어져 있었기 때문이다. 더욱이 이들 금군은 다양한 방식에 따라 선발되어 구성되었으며, 특히 군관들은 대개 하급무관들로 조직되어 있는 특징이 있었다.

금군의 구성부대 가운데 비교적 군관직체계가 분명히 드러나는 것은 견룡군이다. 견룡군의 구성은 최고 지휘권자인 견룡지유와 견룡행수를 위시하여 견룡산원, 견룡교위, 견룡대정 등의 품계에 따라 짜여 있었다. 한편 견룡군을 제외한 다른 군관조직을 확인할 수 있는 것으로는 중금군이 있다. 중금군의 군관조직은 크게 좌우체제로 나뉘어 있었다. 즉 좌중금지유와 좌중금행수나 우중금지유와 우중금행수 등의 지휘권자로 구성되어 있었다. 도지 역시 중금군과 거의 동일한 군관조직으로 구성되어 있었다. 좌도지 예하에 영지유와 좌도지행수 및 우도지 아래에 영지유와 우도지행수 등의 좌우체제로 나뉘어 있었다. 백갑도 좌우체제로 구분되어 있었는데, 즉 백갑군은 좌백갑지유, 영도장, 장교 및 우백갑지유, 영도장, 장교 등으로 이루어져 있었다.

순검군은 순검좌우부로 나뉘고 각 부에는 영도장과 지유라는 군관직이 있었다. 더욱이 순검군의 지유는 다른 부대들의 군관조직과 달리 영도장 아래에 위치한 점이 특이하다. 따라서 순검군은 순검좌부 예하는 영도장,

순검군지유로, 순검우부 예하는 영도장, 순검군지유 등으로 구성되어 있었다. 그러나 내순검군은 내순검군의 지유라는 지휘관직을 제외한 다른 군관직에 대한 자료가 없어 잘 알 수 없다. 다만 의종대 백임지가 내순검군에 발탁된 후 대정에 임명된 사례로 보아 내순검군에도 대정직이 존재했음을 알 수 있다. 이로써 추정하면 내순검군은 내순검군지유, 내순검군 대정 등으로 서열이 위계화되어 있었던 것 같다. 그리고 간수군, 위숙군, 검점군 등은 전·현직 장상을 비롯하여 장교, 산직장교, 군인, 감문위군, 나장, 도전 등이 다양한 형태로 편성되어 있어 그 조직체계를 분명하게 확인하기 어렵다.

지금까지 금군을 구성한 개별부대들의 군관조직에 대해서 살펴보았다. 일반적으로 고려시대의 무반체계는 상장군과 대장군, 그리고 장군 예하에 중낭장(정5품), 낭장(정6품), 별장(정7품), 산원(정8품), 교위(정9품), 대정(품외) 등의 품계에 의거한 지휘계선에 따라 위계화되어 있었다. 이러한 체계는 두말할 나위없이 2군 6위의 상·하급군관직 구성을 의미한다. 그에 비해 공학군, 간수군, 위숙군, 검점군을 제외한 여타 금군의 계열부대들의 군관조직은 대개 지유와 행수 등의 최고 지휘권자를 축으로 한 하급군관만으로 구성되어 있었다.

이와 같이 금군의 군관구성이 대개 하급군관조직으로 지휘체계가 짜여진 것은 다름아닌 국왕 측근의 군사력이라는 특수성 때문이라 생각된다. 일반적으로 상급군관직은 병마권 전반을 장악한 최고 군사지휘관이라는 본연의 기능 외에도 정치적인 의미에서 고위직, 유력자라는 측면도 더불어 지니고 있었다. 이에 반해 하급군관직은 군사조직의 정상적인 운용이 보장된다면 일반 군인에 대한 실질적인 장악력을 행사하는 직접적인 지휘자들로서 군사력의 실질적인 운용을 보장하는 존재들이었다. 그러므로 국왕 측근의 군사력으로 기능한 금군은 정치적 성격을 지닌 상급군관직보다는 자신들의 군사적 자질을 토대로 직접 일반 군인들에 대한 장병권을 행사할 수 있는 하급군관직만을 두어 지휘의 효율성을 강화하려 했던 것으로 생각된다. 이것이 바로 금군의 군관조직이 하급군관직만으로 구성된 근본적인 이유이다. 더구나 군관직 구성에서 보이는 최고 직책인 지유와 행수 직은 경군인 2군 6위 내의 군관직 및 금군이 가장 보편화된 중국의 군제에서도 전혀 찾아볼 수 없다는 점에서 고려 군제의 독자성을 여실히 보여주는 것이라 하겠다.

한편 금군의 군관조직 아래에는 실제적인 군사력으로 기능한 병졸집단이 있었다. 이 점은 각종의 대내외 의식에서 국왕을 수종한 금군의 구성부대들, 즉 반사, 군사, 군인, 중금군사, 공군사, 공학군사 등의 다양한 표현으로 사료에 나타난 존재들에서 알 수 있다. 특히 금군은 국왕 측근의 군사력이었고, 때로는 의장부대로 활동하기도 했다. 그러므로 병졸집단의 선발에는 그에 걸맞는 일정한 자격이 요구되었을 것이다.

이는 먼저 광종대의 시위군을 구성하면서 풍채 있는 자를 선발했다는 데서 짐작할 수 있고, 성종대에 시위군을 강화하는 과정에서도 빠르고 용감한 자를 제외한 나머지를 향리로 방환한 조치에서도 알 수 있다. 즉 뛰어난 신체조건이 자격의 하나였다. 그런데 이런 선발 과정에서 또 하나 주목되는 것이 정치적 진출의 지름길로 금군이 이용되었을 가능성이다. 금군이라는 군사조직은 그 자체의 특성상 고려왕조의 권력구조 내에서 빠른 정치적 진출을 보장받는 매우 비중 있는 정치적 위상을 지니고 있었다. 이 점은 권귀의 자제들이 견룡군에 대한 선호도가 높았다는 사실로도 확인할 수 있다. 따라서 견룡군을 포함한 금군의 여타 개별부대에 속한 병졸 직도 유력자의 자제들이 선호했을 개연성이 있다.

다음으로 금군의 운용에 대해서 살펴보자. 금군을 포함한 고려시대의 여타 군사조직의 최고 책임자는 국왕이었다. 고려왕조에서 국왕은 군사통수권을 장악한 책임자로서의 역할을 행사하면서 군사상 최고의 지위에 있었다. 국왕 측근의 친위군사조직이었던 금군도 예외는 아니었다. 이는 숙종대 금군의 개별부대인 견룡군의 교위였던 송종소가 국왕의 명으로 갑자기 나타난 호랑이를 물리친 예, 최충수의 거병에 놀란 국왕이 금군에게 무기고에 있던 병장기를 사용해서 대응하게 한 점, 무신의 난 발생 직후 이고와 이의방이 국왕의 교지를 거짓으로 꾸며 순검군을 동원할 수밖에 없었던 점 등의 몇몇 사례에서 확인할 수 있었다.

그리고 금군의 동원에 추밀원이 관여한 흔적을 찾을 수 있다. 따라서 이 책에서는 추밀원의 직임인 숙위와 군기지정에 대해 검토함으로써 군정기구로서의 위상을 알아본 후 추밀원이 금군의 동원에 실제로 관여하였는지를 추적해 보았다. 그 결과 추밀원이 국왕의 통치행위의 일환으로 금군을 지휘·통솔하는 방식, 즉 군령권의 집행방식에 개입했음을 어느 정도 밝힐 수 있었다.

마지막으로 금군이 수행한 기능과 위상에 대해서 살펴보았다. 그러나 금군과 관련된 사료의 절대적인 부족으로 이러한 접근은 쉽지 않았다. 중국의 정사에 나타나는 황제의 직속 군사조직이었던 금군의 임무와 기능을 살펴봄으로써 이를 짐작해 볼 수 있을 뿐이었다. 고려시대에 비해 금군이 역사적으로 잘 정비되었고 그 흔적 또한 각종의 사서에 체계적으로 서술되어 있는 역대 중국의 각종 정사에 나타난 금군은 왕권의 강화와 유지 또는 전제화를 위한 무력기반으로 성립된 군사조직 중 하나였다. 그 성격상 황가 권위의 상징이면서, 한편으로는 외부의 압력과 내부의 반란에 대비하는 상비군적인 역할을 수행한 중요한 정치적·군사적 기능을 지닌 전통시대 각 왕조의 특수한 군사조직이었다.

고려의 금군 역시 기본적으로 이러한 위상을 어느 정도 지니고 있었던 것으로 보인다. 먼저 국왕의 시위를 위한 군사조직이었으며 그 임무나 기능 역시 국왕의 시위였음이 분명하다. 그리고 이는 국왕이 거주하는 궁성의 시위와 국왕 및 왕실세력이 행차할 때의 호종 · 의장 등으로 세분할 수 있다.

한편 이처럼 금군이 국왕과 왕실세력이 행차할 때 수행한 호종 · 의장은 경호라는 실제적인 측면 이외에도 왕실의 존엄과 권위를 과시하는 상징적인 기능도 아울러 가지고 있었다. 게다가 금군은 고려사회의 추이 속에서 끊임없는 변화를 겪었다. 이에 따른 금군의 위상변화에 대해서는 먼저 금군이 성립된 이후 정국의 동향 속에서 어떠한 변화를 겪었는지 살펴보고, 고려군제가 완전히 형해화된 시기부터 그 대안으로 조직된 군제의 실태를 군사조직의 위상변화라는 측면에서 구분하여 알아보았다.

성종대 금군이 조직되었으나 목종의 즉위 이후에는 정국주도의 실세였던 천추태후의 정치적 입지가 왕권을 압도하면서 중금군이 강조의 밀명을 받아 움직이는 경우도 일어나게 되었다. 이러한 현상은 정국운영의 주도권 주체의 향방에 따라 운용될 수밖에 없는 금군의 정치적 성향을 단적으로 보여주는 것이라 생각된다.

뿐만 아니라 현종 원년 10월 거란의 침공에 직면해 국왕이 위기상황에 처했을 때 극히 적은 규모의 금군만이 수종했으며, 그들마저도 이후에 모두 도망친 상황은 금군조직의 기능이 제대로 운영되지 못한 실태를 잘 보여준다. 이러한 상황은 현종 5년(1014)까지도 지속되었다. 즉 현종 5년에 상장군 김훈과 최질이 여러 위의 군사를 동원해서 궁궐 내로 침입했는데, 이를 저지하려는 국왕 측근의 군사력의 존재는 확인할 수 없다. 금군조직의 기능이 정상적으로 가동되지 못하고 있던 상황 속에서 발생한 이 사건은 더욱 왕권을 제약하였다. 그러나 한편으로는 이 정변이 금군조직을 재정비하는 전기가 되었다.

현종 6년 왕이 서경으로 행차하고 곧이어 군신들과 가진 장락궁에서의 연회석상에서 김훈과 최질을 비롯한 19명을 제거한 직후 정국의 주도권을 장악한 현종은 일련의 왕권강화조치를 실시하였다. 그중의 하나가 바로 국왕이 해마다 열병을 하는 것으로, 이 외에도 일년의 군사적 조치들이 취해졌다. 이는 다름 아닌 군사적 영향력을 강화함으로써 왕권을 확립하려는 의도에서 시행된 것이었다.

금군조직에 대한 재정비조치가 더욱 선명하게 보이는 것은 문종대이다. 이복형 정종의 선위를 받아 왕위를 계승한 문종은 즉위 초기부터 선왕의 유업을 받들면서 정국을 강력하게 주도하였다. 특히 문종 13년 금위군사를 훈련하고 같은 왕 18년 궁성사의 건의에 따라 궁궐 수위군사의 복장과 병장기 보완조치 등을 시행함으로써 금군조직의 강화를 이루고자 하였다. 그런데 이후 순종, 선종, 헌종으로 이어지는 시기 동안에는 금군의 존재가 거의 발견되지 않는다. 이는 이 기간에 걸친 불안정한 왕위 계승과 극히 짧은 재위기간 그리고 그 과정에서 비롯된 수렴정치라는 비정상적인 통치 형태 때문에 왕권강화를 위한 친위군의 정비라는 내부적인 목적에 주력할 틈이 없었기 때문인 것으로 판단된다.

한편 금군의 강화를 위한 조치가 다시 집중적으로 발견되는 때는 숙종대이다. 숙종은 당대의 막강한 외척인 이자의를 제거한 후 헌종을 폐위시키면서 변칙적인 방법으로 왕위에 등극하였다. 그리고 이 과정에서 왕권이 미약할 때 나타날 수 있는 현실을 겪으면서 왕권강화와 안정의 현실적인 필요성을 절감하였고 이에 금군의 재정비조치를 취하였다.

인종대는 고려전기의 역사에서 정국주도권을 둘러싼 정치세력 간의 대립이 가장 극한 형태로 노출된 시기였다. 빈번하게 진행되는 정치세력들의 부침에 따른 정국 구도의 복잡한 양상은 강력한 왕권을 정립하는 데 커다란 걸림돌이었다. 이는 결과적으로 국왕 측근의 절대적인 지지세력에 대한 인종의 불확신으로까지 이어지게 되었다.

그러던 중 인종 4년(1126) 측근세력인 내시지후 김찬, 내시녹사 안보린을 비롯하여 동지추밀원사 지녹연, 상장군 최탁, 대장군 권수, 장군 고석 등이 이자겸과 척준경을 제거하려다가 실패한 사건이 발생하였다. 그 결과 이자겸과 척준경은 왕을 협박하여 강제로 남궁으로 옮기고 나서 숙위하던 좌복야 홍관 등 17명을 살해하였다. 이때 이자겸과 척준경이 궁궐을 침범하여 죽인 궁성 내의 군사는 국왕 측근의 군사력으로 숙직임무를 수행하고 있던 금군이었을 것으로 판단된다.

확고한 왕권유지의 토대인 국왕 측근의 세력, 그중 내시로 대표되는 근시집단과 금군이 이렇듯 외척세력의 발호 앞에서 속수무책일 수밖에 없었던 현실은 인종대 정국에서 왕권이 차지하던 위상을 잘 보여준다. 더구나 이자겸을 제거한 이후에도 끊임없이 한안인, 척준경, 묘청, 김부식 등을 중심으로 각 정치세력들의 반목과 대립이 거듭되었기에 국왕을 실질적인 정점으로 하는 정국 구도는 이루어지지 않았다. 따라서 이러한 정치상황 속에서 금군은 비록 존재하기는 했지만 본격적으로 가동되기 어려웠을 것으로 판단된다.

사료에서 금군을 구성한 개별부대들의 존재가 또 한 차례 빈번히 서술된 시기는 의종대를 포함한 무신정권기이다. 의종은 즉위 후 주변에 포진한 외척세력을 비롯한 귀족관료들의 정치적 발호를 억제하여 왕권강화를 이루기 위한 몇 차례의 시도를 단행하였다. 그중의 하나가 견룡군을 강화하는 것과 내순검군이라는 새로운 독립부대를 조직하는 것이었다. 더구나 의종은 내순검군의 조직과 더불어 금위가 근엄하지 못하다는 이유로 금군 조직의 전반에 걸친 기강 쇄신을 위해 견룡군과 순검군의 최고 책임자인 지유 14명을 유배하는 인사 조치를 내리기도 하였다.

고려 금군의 역기능적 변화는 견룡군을 살펴봄으로써 알 수 있다. 명종 11년(1180) 연등대회 후 군신들과의 주연석상에서 견룡이 술에 취한 군교와 함께 동조함으로써 존비의 구분이 없게 될 정도로 위계질서가 문란하였다는 사실이나, 김방경이 입궐한 후 견룡행수가 되었을 때 금위가 다투어 권세가에 붙어 금군의 기강이 극도로 해이해져 있는 모습을 보고 개탄한 점 등은 무신정권의 대두 이후 가속화된 금군의 역기능을 보여주는 것이라 하겠다.

금군의 변질을 보여주는 또 다른 증거로는 명종 5년 조직된 위국초맹반의 존재를 들 수 있다. 무신정권기에 조직된 위국초맹반은 외형상의 임무는 비록 국왕의 경호였으나 정상적인 숙위로서의 기능보다는 오히려 무신들의 사적인 신변 보호를 전담하였다. 이러한 정치적 상황 속에서 금군은 국왕신변의 경호와 왕실세력의 호종이라는 본연의 기능을 완전히 상실하였음은 물론이고 나아가 무신정권의 무력적 기반을 유지하는 수단으로 활용되었다.

한편 원 압제 시기에 이르러 금군의 군사적 변화로 주목할 만한 것은 국왕 측근세력의 부침현상과 맞물리면서 친위군적 기능을 수행한 집단과 조직들이 대두하였다는 점이다. 충렬왕은 원나라에서의 오랜 생활로 말미암은 정치적 공백을 회복하고 자신이 추구하는 정국운영을 뒷받침할 만한 정치세력을 확보하기 위해 홀치나 응방 등 금군과는 무관한 별도의 기구들을 조직하였다. 이들 기구는 원의 군제를 본따 조직된 것으로 충렬왕년간 줄곧 측근에서 금군 역할을 수행하였는데 그 폐단은 이루 말할 수 없었다. 그리고 이러한 정국의 동향 속에서도 금군은 외형상 존속하고 있었으나 실질적인 영향력은 거의 발휘하지 못하였던 것으로 판단된다. 이 점은 중금군의 지유인 김부윤이 원에 파견되어 수행한 임무의 성격과 견룡군의 충원에서 드러난 인적 구성분자의 특수성 등을 통해 알 수 있다.

더욱이 충렬왕의 재위 중 충선왕의 즉위를 둘러싸고 진행된 충렬왕파와 충선왕파의 대립이라는 정쟁에서 충렬왕의 측근인 한희유와 이영주가 제거되었을 때 아무런 대응을 하지 못한 점이나, 곧이어 충선왕의 환국저지 책동을 주도한 인물 중의 하나인 오기를 충렬왕이 반대했음에도 폐위된 충선왕파인 홍자번이 주도하여 3군 장사가 궁성을 포위한 상태에서 호군 오현량에게 체포하여 원으로 압송하게 한 점 등의 사례는 국왕 측근 군사력의 실태를 단적으로 보여준다.

충렬왕의 뒤를 이어 왕위에 오른 충선왕은 자신의 측근인 왕자와 종실들을 중심으로 군권을 장악·강화하려는 변용적 조치를 취했다. 충렬왕 24년(1297) 5월 충선왕은 일시 즉위하면서 개혁정치의 단행을 대대적으로 선포하였는데 여기에는 군사조직의 개편도 부분적으로 나타나고 있어 주목된다. 이때 이루어진 군제개혁은 정치조직의 변모처럼 구체적으로 연대기에 반영되어 있지는 않으나 군관직에 임명된 인물들의 관직을 살펴보면 응양군, 금오위, 천우위 등의 편성에 상장군의 존재가 확인된다는 점에서 경군의 체제에는 변함이 없었던 것 같다. 다만 국왕 측근의 관료 2명이 과의군도지휘사에, 왕자 2명이 승선사에, 그리고 14명의 종실이 관찰사에 임명되었다. 이들이 임명된 관직명의 유래를 살펴보면 과의군은 원에서의 의위호종의 부대이며, 도지휘사는 원 시위군의 최고 지휘관이고, 승선사는 당·송 이래 절도유후의 다른 이름으로 지방군단의 관직명이다. 그리고 승선사와 관찰사에 병기된 지명은 전국 각지의 대읍을 나열한 것이며 나머지는 연안 지역의 진과 포의 이름이다.

이러한 관직의 유래와 그에 임명된 인물들을 살펴보면 충선왕 즉위와 더불어 나타난 군제개혁은 금군을 비롯한 여타의 군사조직체제는 그대로 유지한 채, 새로운 군제를 설치하여 왕의 측근세력을 왕성 내의 시위군단의 지휘관으로 임명하고, 왕자 및 종실들을 전국 각지의 대읍과 연안 지역의 진과 포의 지휘관으로 임명함으로써 군권 전반을 장악하려고 한 것으로 이해할 수 있다.

충선왕의 이러한 시도는 세족, 신진관료, 부원세력 등 다양한 기성 정치세력집단의 정치 · 군사적 영향력을 배제하면서 자신의 심복 및 혈연관계로 맺어진 근친들을 시위군단 및 각 지역 진과 포의 지휘관으로 임명하여 일선에 포진시킴으로써 왕권을 뒷받침할 수 있는 군사조직의 변모를 도모했다는 점과 이를 발판으로 고려 군제전반에 대한 전면적인 장악력을 확립하려고 했다는 점에서 유의할 만하다. 그러나 원의 간섭으로 이러한 시도는 2개월 만에 무산되었고 그 자신도 다음 달에 폐위되고 말았다.

한편 충숙왕의 전위에 따라 일시 집권한 후 폐위되었다가 충숙왕이 죽자 다시 왕위를 승계한 충혜왕대에는 금군의 활동과 관련된 흔적을 전혀 찾아볼 수 없다. 그렇지만 이때는 이를 대신해서 응방과 홀치를 위시한 악소, 악소배, 무뢰배, 불량배, 군소로 지칭되는 무리들이 국왕의 측근에서 두드러지게 정치세력화되면서 시위 및 호종 등의 군사적 역할을 담당했다. 이는 충혜왕의 즉위 직후 이루어진 수차례의 수렵행위를 왕권강화라는 정치 · 군사적 목적에서 실시된 것으로 볼 때 그러하다. 결국 충혜왕대 정국 동향 속에서 발견되는 수렵과 격구 등은 원 압제기 이후 일관되게 나타나는 왕권의 구조적 취약성을 극복하기 위한 조치의 하나로 볼 수 있다. 즉 그것은 충혜왕이 자신만의 사적인 측근 세력, 이른바 일종의 군사적 성격을 지닌 우익세력을 양성할 필요성에서 비롯된 정치적 행위로 해석할 수 있다. 충혜왕은 이를 통해 악소들과의 친분적 유대관계를 확고히 다지면서 그들의 결속력과 충성심을 이끌어내려고 했던 것이다.

하지만 충혜왕의 의지와는 달리 이들은 고려후기 정국의 주도권을 둘러싸고 빈번하게 전개되는 권력투쟁의 길목에서 본연의 역할을 수행하지 못한 채 정치세력의 하나로 기능하면서 각종의 사회적 폐단을 일으켰다. 그런데도 충혜왕은 이들이 정국 속에서 차지하는 비중 때문에 아무런 제재를 가할 수 없었다.

새로운 군제정비에 대한 주목할 만한 조치는 공민왕 5년(1355)에 이르러서야 시도되었다. 공민왕 원년에는 군사동원체제의 한계로 인하여 충정왕 이후 본격화된 왜구의 침입에 대항하기 위해 홀치와 금군을 동원할 정도로 군사력의 역기능이 심각하게 노출되고 있었다. 또한 순군만호 김용이 무뢰배들을 순군에 소속시켜 자신의 측근경호를 맡아보게 하던 중 팔관회 행사 때 호위하는 과정에서 미미한 의전상의 문제로 홀치와 다툼을 벌인 사건도 발생하였다. 이때 친위군인 홀치의 장군이 순군에게 구타를 당한 후 공민왕에게 보고하였음에도 공민왕은 이를 불문에 붙일 수밖에 없었다. 이러한 사실은 고려후기의 역사상 가장 자주적이라는 공민왕대 금군의 성격을 상징적으로 가늠할 수 있는 척도이다.

그래서 공민왕은 원의 압제를 벗어나는 한편 내적으로는 왕권강화를 위한 군사적 모색을 강구하려 하였다. 이러한 목적에 따라 단행된 군사적 조치는 충용사위와 자제위를 조직하는 것으로 나타났다. 충용사위의 설치 목적과 그에 소속된 상 · 하급 군관직의 편제 실태 등을 보면, 충용사위는 병졸집단을 제외한 군관조직만으로 구성된 국왕의 핵심적인 친위세력으로 보여진다. 또한 왕권의 강화와 반원적 개혁정치의 수립이라는 명분하에 자제위도 조직되었다. 신설된 이들 두 조직은 원의 압제기 원의 영향을 받지 않은 고려의 독자적인 군사조직으로서 군제 쇄신을 위한 상징적인 의미라는 측면에서는 주목된다. 그러나 실상 국왕 측근의 군사력으로서는 제대로 기능하지 못한 것으로 생각된다. 이후 우왕대 성중애마 및 익위군으로 하여금 숙위임무를 수행하게 하거나, 4교대로 경계근무를 수행한 홀치를 근시좌우전후위로 개칭하는 등의 추가조치도 시도되었으나 이 역시 별다른 효과를 거두지는 못하였다.

이상에서 살펴본 금군의 실체에 대한 접근은 권력구조와 불가분의 관련을 갖는 군사조직의 중요성, 특히 친위군인 금군이 담당한 군사적 역할의 비중이 상당함에도 2군 6위가 대내외적으로 다양한 군사적 업무를 수행하면서 동시에 국왕의 지근에서 경호임무를 맡아보았다고 파악한 종래의 논지를 어느 정도 보완할 수 있다는 점에서 의의가 있다. 또한 금군을 구성한 개별 부대들을 범주화함으로써 그 편제상을 정리한 점과 금군이 왕권과 매우 밀접한 친위군사조직이었음을 여러 자료와 경로를 통해 실증적으로 검토한 점도 주목할 만하다. 앞으로 이 책의 연장선상에서 중앙군과 금군과의 관계가 더욱 밝혀짐으로써 전체 군사조직 내에서 양자의 군사적 위상이 더욱 뚜렷히 밝혀질 수 있기를 기대한다.

A Study of the Royal Guards in Koryeo

Although relatively active, studies in the military system of the Koryeo kingdom have been focused mainly on the issues of the composition and nature of soldier groups conscripted to Yi-Gun(二軍) and Yuk-Wi(六衛), the central army. Among them, the former has been known vaguely as guards to the king without detailed examinations of its military functions.

As a result, there has not been a full-scale study on the individual military units themselves which were on guard for the king, the mutual relationship among them, and their military aspects.

Now, the intent of this study is to critically analyze existing studies and to reexamine the category and nature of the central military system of Koryeo through the research of Kum-gun(禁軍).

the name of Kŭm-gun appeared in the Chinese Han empire for the first time. In the ancient China, it had been called Kumwi-gun(禁衛軍), Geunwi-gun(近衛軍), and Kum-byeong(禁兵) as the court guards to escort the emperors or Chin-gun(親軍), Kum-gum, and Kum-wi(禁衛) in the meaning of the Heavenly Son's soldiers and guard sentinels.

In the Koryo period, Kum-gum was permanently stationed in the royal palace and performed the escort duty for the king from the beginning. It was formally established in the reign of King Seong-jong(成宗) when the Koryo institutions and military system were fixed out in earnest.

It was called Siwi-gun(侍衛軍), Kum-wi(禁衛), Sukwi-gun(宿衛軍), Sibong-gun(侍俸軍) and there were individual troops according to various missions. They included not only Gyeonryong-gun(牽龍軍), Gonghak-gun(控鶴軍), Junggum(中禁), Doji(都知), Baekgap(白甲), Sun-geom-gun(巡檢軍), Gansu-gun(看守軍), Wisuk-gun(圍宿軍), Geomjeom-gun(檢點軍), but Naesungeom-gun(內巡檢軍) newly added in the 21th year of the reign of King Ui-Jong(毅宗). Among them, Gyeonryong-gun, Doji and Baekgap were confirmed as the titles of commander of individual military units who directed Geum-gun in the relatively systemized Chinese military system.

Geum-gun was fully functioned due to the organization of officers and the complete equipment of solder groups under them. In the case of Gyeonryong-gun which demonstrated obviously the officer system, there were ranks of Gyeonryong-jiyu(牽龍指諭), the highest commander, Gyeonryong-haengsu(牽龍行首), Gyeonryong-sanwon(牽龍散員), Gyeon-ryong-gyowi(牽龍校尉), Gyeonryong-daejung(牽龍隊正) and so forth.

Although those of other troops were not fully known, it seems that there were officer organization similar to Gyeonryong-gun. And in Gansu-gun, Wisuk-gun, and Geomjeom-gun, there were not only ex-Jeonjangsang(前將相) and incumbents but Gammun-wigun(監門衛軍), Najang(螺匠), and Dojeon(都典). However, the officer system is not obviously confirmed. The positions of Jiyu(指諭), the highest rank, and

Haengsu(行首), the second highest rank, are never seen in the officialdom of Yi-Gun and Yuk-Wi as well as in the ancient Chinese military system and, therefore, show the uniqueness of the Koryeo system.

There were soldier groups as the virtual military forces under the officer organization. Because Geum-gun was the royal guards and sometimes functioned as the honor guards, excellent looks were required in the selection of the soldier groups.

And because it was royal guards, the actual leader of the forces was the king himself. Accordingly, when the troops were mobilized, Chumil-won(樞密院) was entrusted with full powers from the king.

Geum-gum played various roles including escort of the king, protection of the king and the royal family, and a guard of honor. Moreover, thanks to its own nature, it had a symbolic status to display the king's dignity and authority and a very important political status to guarantee a rapid rise in the power structure for its members.

Geum-gun, which was made in the process of profound reorganization of Siwi-gun in the reign of King Seong-jong, had undergone continuous changes proportioned to the status of royal of power and finally lost its original functions since the rise of the military regime. Under the oppressive rule of the Chinese Yuan Empire, many groups are organizations rose to function as Geum-gun. But, in the course of frequent power struggle to vie for the leadership, they failed to play their original roles and produced various social abuses.

In the fifth year of the reign of King Gongmin(恭愍), Chungyong-sawi(忠勇四衛) and Jajae-wi(子弟衛) were created as the new military organizations. Although they had remarkable symbolic aspects, however, they could not function as the very royal guards.

later, King wu(禑) attempted additional measures to entrust Seong-jung-aema(成衆愛馬) and Ikwi-gun(翼衛軍) with the duty of escort for the king and to change the name of Holchi-sabeon(忽赤四番) to Geunsijwawujeonhu-wi(近侍左右前後衛) without any noticeable results.

참고문헌

1. 사료

『高麗史』, 『高麗史節要』, 『高麗墓誌銘集成』, 『高麗圖經』, 『高麗名賢集』, 『東國李相國集』, 『拙藁千百』, 『韓國金石文追補』, 『韓國金石全文』, 『東文選』, 『錦城日記』, 『三峯集』, 『朝鮮王朝實錄』(太祖~世祖), 『海東繹史』, 『東史綱目』, 『磻溪隨錄』, 『增補文獻備考』, 『韓國中世社會史資料集』, 『元高麗紀事』, 『新唐書』, 『舊唐書』, 『宋史』, 『遼史』, 『金史』, 『元史』, 『新元史』

2. 저서 · 박사학위논문

(1) 국내편

姜晋哲, 『高麗土地制度史研究』, 고려대학교 출판부, 1980.
———, 『韓國中世土地所有研究』, 一潮閣, 1989.
高柄翊, 『東亞交涉史의 研究』, 서울대학교 출판부, 1970.
具山祐, 『高麗前期鄕村支配體制研究』, 혜안, 2003.
權寧國, 「高麗後期軍事制度 研究」, 서울대학교 박사학위논문, 1995.
김갑동, 『고려전기 정치사』, 일지사, 2005.
金光哲, 『高麗後期世族層研究』, 동아대학교 출판부, 1991.
金南奎, 『高麗兩界地方史研究』, 새문사, 1989.
金塘澤, 『高麗武人政權研究』, 새문사, 1987.
金庠基, 『東方文化交流史論攷』, 을유문화사, 1947.
———, 『新編 高麗時代史』 서울대학교 출판부, 1985.

金瑛河, 『韓國古代社會의 軍事와 政治』, 고려대학교 민족문화연구원, 2003.
金龍善, 『高麗蔭敍制度硏究』, 韓國硏究院, 1987.
金昌賢, 『高麗後期 政房硏究』, 고려대학교 민족문화연구원, 1998.
金翰奎, 『古代東亞細亞幕府體制硏究』, 一潮閣, 1997.
羅滿洙, 「高麗武人執權期 王權에 대한 硏究」, 인하대 박사학위논문, 1990.
南仁國, 『高麗中期 政治勢力 硏究』, 신서원, 1999.
류영철, 『高麗의 後三國 統一過程 硏究』, 景仁文化社, 2004.
文暻鉉, 『高麗太祖의 後三國統一硏究』, 螢雪出版社, 1987.
閔丙河, 『高麗武臣政權硏究』, 성균관대학교 출판부, 1990.
閔賢九, 『朝鮮初期의 軍事制度와 政治』, 韓國硏究院, 1983.
朴龍雲, 『高麗時代 蔭敍制와 科擧制 硏究』, 一志社, 1990.
———, 『고려시대 開京 연구』, 一志社, 1996.
———, 『高麗時代 官階·官職 硏究』, 고려대학교 출판부, 1997.
———, 『高麗時代 中樞院 硏究』, 고려대학교 민족문화연구원, 2001.
白南雲, 『朝鮮封建社會經濟史』, 改造社, 1937.
白仁鎬, 『고려후기 부원세력 연구』, 세종출판사, 2003.
邊太燮, 『高麗政治制度史硏究』, 一潮閣, 1971.
———, 『『高麗史』의 硏究』, 三英社, 1982.
邊太燮 編, 『高麗史의 諸問題』, 三英社, 1986.
申採湜, 『宋代官僚制硏究』, 三英社, 1981.
安俊光, 「北宋軍事制度硏究」, 경북대학교 박사학위논문, 1990.
吳宗祿, 「朝鮮初期 兩界의 軍事制度와 國防體制」, 고려대 박사학위논문, 1992.
尹薰杓, 『麗末鮮初 軍制改革硏究』, 혜안, 2000.
李基白, 『高麗兵制史硏究』, 一潮閣, 1968.
李基白 編, 『高麗光宗硏究』, 一潮閣, 1981.
李基白 외, 『崔承老上書文硏究』, 一潮閣, 1993.
李文基, 『新羅兵制史硏究』, 一潮閣, 1997.
李丙燾, 『高麗時代의 硏究』, 亞細亞文化社, 1980.
李樹健, 『韓國中世社會史硏究』, 一潮閣, 1984.
李佑成, 『韓國中世社會硏究』, 一潮閣, 1991.
李益柱, 「高麗·元關係의 構造와 高麗後期 政治體制」, 서울대학교 박사학위논문, 1996.
李周鉉, 「六朝時代의 軍府에 대한 硏究」, 서강대학교 박사학위논문, 1990.
張東翼, 『高麗後期外交史硏究』, 一潮閣, 1994.
———, 『元代麗史資料集錄』, 서울대학교 출판부, 1997.
———, 『宋代麗史資料集錄』, 서울대학교 출판부, 2000.
———, 『日本古中世高麗資料硏究』, 서울대학교 출판부, 2004.
鄭景鉉, 「高麗前期 二軍六衛制 硏究」, 서울대학교 박사학위논문, 1992.

車文燮,『朝鮮時代 軍制硏究』, 단국대학교 출판부, 1979.
崔貞煥,『高麗・朝鮮時代 祿俸制硏究』, 경북대학교 출판부, 1991.
한국역사연구회,『14세기 고려의 정치와 사회』, 민음사, 1994.
洪承基 編,『高麗武人政權硏究』, 서강대학교 출판부, 1995.
洪榮義,『高麗末 政治史 硏究』, 혜안, 2005.
洪元基,『高麗前期軍制硏究』, 혜안, 2001.
許興植,『高麗科擧制度史硏究』, 一潮閣, 1981.
―――,『高麗社會史硏究』, 亞細亞文化社, 1981.
―――,『高麗佛敎史硏究』, 一潮閣, 1986.
安秉佑,『高麗前期의 財政構造』, 서울대학교 출판부, 2002.
오일순,『高麗時代 役制와 身分制 變動』, 혜안, 2000.

(2) 국외편

旗田巍,『朝鮮中世社會の硏究』, 東京 : 法政大學校 出版局, 1972.
內藤雋輔,『朝鮮史硏究』, 京都 : 東洋史硏究會, 1961.
本田實信,『モソコル時代史硏究』, 東京 : 東京大學出版會, 1991.
蕭啓慶,『元代史新探』, 臺北 : 新文豊出版公司, 1983.
孫金銘,『中國兵制史』, 臺北 : 國防硏究院出版部, 1970.
安部健夫,『元代史の硏究』, 東京 : 創文社, 1972.
張其凡,『五代禁軍初探』, 廣州 : 暨南大學出版社, 1993.
周藤吉之,『高麗朝官僚制の硏究』, 東京 : 法政大學校 出版局, 1980.
韓儒林 主編,『元朝史』 上・下, 北京 : 人民出版社, 1986.
HSIAO, *The Military Establishment of Yuan Dynasty*, Cambridge, Massachusetts and London, England: Harvard University press, 1978.

3. 연구논문

(1) 국내편

姜萬吉,「軍制改革案으로 본 實學의 性格」,『東方學志』 22, 1984.
강성원,「원종대의 권력구조와 정국의 변화」,『역사와 현실』 17, 1995.
姜順吉,「忠宣王의 鹽法改革과 鹽戶」,『韓國史硏究』 48, 1985.
―――,「忠肅王代의 察理辨違都監에 대하여」,『湖南文化硏究』 15, 1985.
姜之嫣,「위화도회군과 그 추진세력에 대한 검토」,『梨花史學硏究』 20・21합, 1993.
姜晋哲,「高麗初期의 軍人田」,『淑明女子大學校論文集』 3, 1963.
姜喜雄,「高麗 惠宗朝 王位繼承亂의 新解釋」,『韓國學報』 7, 1977.
高柄翊,「高麗 忠宣王의 元 武宗 擁立」,『歷史學報』 17・18합, 1962.

高柄翊,「蒙古 · 高麗의 兄弟盟約의 性格」,『白山學報』 6, 1969.
高惠玲,「李仁任 政權에 대한 一考察」,『歷史學報』 91, 1981.
具山祐,「高麗 成宗代 對外關係의 展開와 그 政治的 性格」,『韓國史硏究』 78, 1992 .
———,「高麗 成宗代 정치세력의 성격과 동향」,『한국중세사연구』 14, 2003.
權寧國,「무신집권기 지방군제의 변화」,『國史館論叢』 31, 1992.
———,「원간섭기의 고려군제」,『14세기 고려의 정치와 사회』, 민음사, 1994.
權寧國,「고려말 中央軍制의 변화」,『史學硏究』 48, 1994.
權兌遠,「『高麗史』 輿服志의 輿輅制 검토」,『중재장충식박사화갑기념논총』, 1992.
김갑동,「고려시대의 都領」,『한국중세사연구』 3, 1996.
김광식,「고려 숙종대의 왕권과 사원세력」,『白山學報』 36, 1989.
金光哲,「洪子藩硏究—忠烈王代 政治와 社會의 一側面」,『慶南史學』 1, 1984.
———,「高麗 忠烈王代 政治勢力의 動向」,『昌原大論文集』 7-1, 1985.
———,「高麗 忠宣王의 現實認識과 對元活動」,『釜山史學』 12, 1986.
———,「高麗 忠肅王 12年의 改革案과 그 性格」,『考古歷史學志』 5 · 6합, 1990.
———,「충렬왕대 측근세력의 분화와 그 정치적 귀결」,『考古歷史學志』 9, 1993.
———,「고려 충혜왕의 왕위계승」,『釜山史學』 28, 1995.
———,「14세기초 元의 政局동향과 忠宣王의 吐藩 유배」,『한국중세사연구』 3, 1996.
———,「高麗後期 都評議使司 硏究」,『한국중세사연구』 5, 1998.
金基德,「14세기 후반 개혁정치의 내용과 그 성격」,『14세기 고려의 정치와 사회』, 민음사, 1994.
金洛珍,「牽龍軍과 武人亂」,『高麗武人政權硏究』, 서강대학교 출판부, 1995 .
———,「高麗時代 牽龍軍의 設置와 任務」,『歷史學報』 165, 2000.
———,「高麗初期의 內軍과 禁軍」,『歷史學報』 176, 2002.
金塘澤,「武臣政權時代의 軍制」,『高麗軍制史』, 육군본부, 1983.
———,「別武班의 設置와 軍制의 變化」,『高麗軍制史』, 육군본부, 1983.
———,「高麗 忠肅王代의 瀋王 擁立 運動」,『歷史學硏究』 12, 1993 .
———,「高麗 忠惠王과 元의 갈등」,『歷史學報』 142, 1995.
金大中,「崔竩政權의 武力基盤 解體와 沒落」,『朴性鳳敎授回甲記念論叢』, 1987.
———,「高麗 恭愍王代 京軍의 再建試圖」,『軍史』 21, 1990.
———,「高麗 武人執權期의 兵制運用」,『學藝志』 2, 1991.
———,「高麗前期 重房體制의 成立」,『國史館論叢』 61, 1995.
金杜珍,「高麗 光宗代의 專制王權과 豪族」,『韓國學報』 15, 1979.
金潤坤,「별초군의 조직」,『한국사』 18, 국사편찬위원회, 1993.
金鍾國,「高麗の府兵について」,『立正史學』 23, 1959.
金鍾鉉,「高麗社會의 軍戶에 대한 小考」,『慶大史論』 1, 1985.
金昌洙,「成衆愛馬考」,『東國史學』 9 · 10합, 1966.
김창현,「정중부 정권의 성립과 운영」,『한국중세사연구』 15, 2003.

金翰奎,「高麗崔氏政權의 晋陽府」,『東亞硏究』 17, 1989.
金晧東,「李義旼政權의 再照明」,『慶大史論』 7, 1994.
金海榮,「『詳定古今禮』와 高麗朝의 祀典」,『國史館論叢』 55, 1994.
金炯秀,「忠宣王의 復位와 復位敎書의 性格」,『大丘史學』 56, 1998.
―――,「忠肅王 後 8年(1339) 監察司 榜과 忠肅王의 復位」,『한국중세사연구』 11, 2001.
―――,「恭愍王 廢立과 文益漸의 使行」,『한국중세사연구』 19, 2005.
羅滿洙,「高麗 明宗代 武人政權과 國王」,『成大史林』 6, 1990.
―――,「高麗 明宗代 重房政治와 國王」,『國史館論叢』 31, 1992.
南仁國,「崔氏政權下 文臣地位의 變化」,『大丘史學』 22, 1982.
―――,「高麗 肅宗의 卽位過程과 王權强化」,『歷史敎育論集』 5, 1983.
柳昌圭,「崔氏武人政權下의 都房의 設置와 그 向方」,『東亞硏究』 6, 1985.
―――,「高麗末 崔瑩勢力의 形成과 遼東攻略」,『歷史學報』 143, 1994.
馬宗樂,「高麗時代의 軍人과 軍人田」,『白山學報』 36, 1989.
―――,「高麗前期 政治權力과 儒學」,『震檀學報』 80, 1995.
문병우,「고려시기 지방군의 지휘체계」,『력사과학』 1987-1, 1987.
閔賢九,「近世朝鮮前期 軍事制度의 成立」,『韓國軍制史』(근세조선전기편), 육군본부, 1968.
―――,「高麗後期의 軍制」,『高麗軍制史』, 육군본부, 1983.
―――,「朝鮮初期의 私兵」,『東洋學』 14, 1984.
―――,「高麗後期의 班主制」,『千寬宇先生還曆紀念韓國史學論叢』, 1985.
―――,「高麗 恭愍王代 反元的 改革政治의 展開過程」,『擇窩許善道先生停年紀念 韓國史學論叢』, 1992.
―――,「高麗 恭愍王代의「誅奇轍功臣」에 대한 檢討」,『李基白先生古稀紀念韓國史學論叢』 上, 1994.
朴京安,「高麗時期 田丁連立의 構造와 存在形態」,『韓國史硏究』 75, 1991.
―――,「高麗後期의 田丁連立에 대하여」,『國史館論叢』 59, 1994.
朴玉杰,「高麗의 軍事力 擴充에 관한 硏究」,『軍史』 21, 1990.
朴龍雲,「高麗의 中樞院 硏究」,『韓國史硏究』 12, 1976.
―――,「高麗前期 文班과 武班의 身分問題」,『韓國史硏究』 21·22합, 1978.
朴宰佑,「高麗 忠宣王代 政治運營과 政治勢力 動向」,『韓國史論』 29, 1993.
朴宗基,「12세기 高麗 政治史 硏究論」,『擇窩許善道先生停年紀念韓國史學論叢』, 1992.
邊東明,「高麗 忠烈王代의 萬戶」,『歷史學報』 121, 1989.
邊太燮,「高麗의 中樞院」,『震檀學報』 41, 1976.
宋寅州,「元壓制下 高麗王朝의 軍事組織과 그 性格」,『歷史敎育論集』 16, 1991.
―――,「高麗時代의 牽龍軍」,『大丘史學』 49, 1995.
―――,「高麗時代의 禁軍」,『한국중세사연구』 3, 1996.
―――,「高麗 二軍의 成立時期와 性格에 대한 再檢討」,『한국중세사연구』 4, 1997.
―――,「恭愍王代 軍制改革의 實態와 그 限界」,『한국중세사연구』 5, 1998.

宋寅州,「高麗時代의 禁軍과 樞密院」,『한국중세사연구』 7, 1999.
———,「『高麗圖經』에 서술된 군제관련 記事의 검토」,『한국중세사연구』 12, 2002.
———,「고려초기 侍衛軍의 樣相과 禁軍의 성립」,『大丘史學』 76, 2004.
———,「고려시대 친위군 연구의 현황과 문제점」,『한국중세사연구』 16, 2004.
———,「의종대 정국의 동향과 군사 활동의 목적」, 한국중세사학회 발표논문, 2005.
申安湜,「高麗中期의 別抄軍」,『建大史學』 7, 1989.
申天湜,「高麗時代 武科와 武學」,『軍史』 7, 1983.
申瀅植,「三國時代 戰爭의 政治的 意味」,『韓國古代史의 新硏究』, 1984.
梁義淑,「麗・元 宿衛考—新羅의 對唐 宿衛外交와의 比較 중심으로」,『東國史學』 27, 1992.
———,「高麗 禿魯花에 대한 硏究」,『素軒南都泳博士古稀紀念歷史學論叢』, 1993.
吳一純,「高麗時代의 役制構造와 雜色役」,『國史館論叢』 46, 1993.
吳宗祿,「高麗末의 都巡問使」,『震檀學報』 62, 1986.
———,「高麗後期의 軍事指揮體系」,『國史館論叢』 24, 1991.
尹薰杓,「朝鮮初期 別侍衛 硏究」,『國史館論叢』 43, 1993.
———,「高麗 軍制史 硏究의 現況과 課題」,『軍史』 34, 1997.
李起南,「忠宣王의 改革과 詞林院의 設置」,『歷史學報』 52, 1971.
李基白,「高麗兵馬使考」,『東洋學報』 39-1, 1956.
———,「韓國의 傳統社會와 兵制」,『韓國學報』 6, 1966.
———,「高麗末期의 翼軍」,『李弘稙博士回甲紀念韓國史學論叢』, 1969.
———,「高麗 別武班考」,『金載元博士回甲記念論叢』, 1969.
———,「軍事組織」,『韓國史』 5, 국사편찬위원회, 1975.
李文基,「新羅時代의 兼職制」,『大丘史學』 24, 1984.
———,「新羅 中古期 軍令體系의 檢討」,『新羅文化』 9, 1992.
李範稷,「『高麗史』 禮志 「軍禮・賓禮」의 검토」,『明知史論』 1, 1983.
李愚喆,「高麗時代의 宦官에 대하여」,『史學硏究』 1, 1958.
李益柱,「高麗 忠烈王代의 政治狀況과 政治勢力의 性格」,『韓國史論』 18, 1988.
———,「충선왕 즉위년(1298) '개혁정치' 의 성격」,『역사와 현실』 7, 1992 .
———,「高麗後期 蒙古侵入과 民衆抗爭의 性格」,『歷史批評』 24, 1994.
———,「14세기 전반 高麗・元關係와 政治勢力 동향」,『한국중세사연구』 9, 2000.
이인재,「고려후기 응방의 설치와 운영」,『하현강교수정년기념논총』 2000.
李仁哲,「高麗時代 足丁・半丁의 新解釋」,『東方學志』 85, 1994.
이정훈,「고려전기 중추원의 설치와 職掌의 변화」,『동방학지』 134, 2006.
李載龒,「朝鮮初期의 翼軍」,『崇田大學校論文集』 12, 1982.
李載浩,「中樞院 機能考」,『韓國史學』 13, 1993.
李泰鎭,「고려후기의 인구증가요인 생성과 향약의술발달」,『韓國史論』 19, 1988.
이홍두,「高麗의 軍制와 僧軍」,『白山學報』 72, 2005.
이혜옥,「고려전기의 軍役制—保勝・精勇을 중심으로」,『國史館論叢』 46, 1993.

林英正,「麗末鮮初의 私兵」上,『韓國史論』7, 1980.
張東翼,「高麗前期의 兼職制에 대하여」上,『大丘史學』11, 1976.
———,「高麗前期의 兼職制에 대하여」下,『大丘史學』17, 1979.
———,「高麗前期의 選軍—京軍 構成의 이해를 위한 一試論」,『高麗史의 諸問題』, 三英社, 1986.
———,「元의 政治的 干涉과 高麗政府의 對應」,『歷史教育論集』17, 1992.
전경숙,「高麗初의 徇軍部」,『한국중세사연구』12, 2002.
전병무,「고려 충혜왕의 상업활동과 재정정책」,『역사와 현실』10, 1993.
鄭敬淑,「新羅時代의 將軍의 成立과 變遷」,『韓國史研究』48, 1985.
鄭景鉉,「高麗前期 京軍의 軍營」,『韓國史論』23, 1990.
———,「高麗太祖의 一利川 戰役」,『韓國史研究』68, 1990.
———,「韓國 軍事史 研究의 方法論的 反省」,『軍史』23, 1990.
———,「高麗初期 京軍의 統帥體系」,『韓國學報』62, 1991.
———,「高麗前期 中央軍의 軍役制度 小論」,『學藝誌』3, 1993.
———,「高麗前期의 保勝軍과 精勇軍」,『韓國史研究』81, 1993.
鄭杜熙,「高麗 武臣執權期의 武士集團」,『韓國學報』8, 1977.
———,「高麗末 新興武裝勢力의 成長과 添設職의 設置」,『李載龒博士還曆紀念韓國史學論叢』, 1990.
鄭龍範,「高麗前期 選軍制의 運營과 變質」,『釜大史學』17, 1993.
鄭容淑,「元간섭기 高麗 政局分裂의 원인에 대한 일고찰」,『西巖趙恒來教授華甲紀念韓國史學論叢』, 1992.
鄭希仙,「高麗 忠肅王代 政治勢力의 性格」,『史學研究』42, 1990.
趙珖,「朝鮮後期 實學者의 軍制改革論」,『東洋學報』18, 1988.
陳元英,「高麗前期 校尉·隊正에 관한 一考察」,『史學志』27, 1994.
蔡雄錫,「高麗前期 貨幣流通의 기반」,『韓國文化』9, 1988.
———,「고려 중·후기 '무뢰(無賴)'와 '호협(豪俠)'의 행태와 그 성격」,『역사와 현실』8, 1992.
———,「의종대 정국의 추이와 정치운영」,『역사와 현실』9, 1993.
———,「명종대 권력구조와 정치운영」,『역사와 현실』17, 1995.
千寬宇,「閑人考—高麗初期 地方統制에 관한 一考察」,『社會科學』2, 1958.
崔圭成,「徇軍府考」,『祥明史學』1, 1993.
崔根成,「高麗 萬戶府制에 관한 研究」,『關東史學』3, 1988.
최연식,「공민왕의 정치적 지향과 정치운영」,『역사와 현실』5, 1995.
崔壹聖,「高麗의 萬戶」,『清大史林』4·5합, 1985.
崔在晋,「高麗末 東北面의 統治와 李成桂 勢力 成長」,『史學志』26, 1993.
———,「高麗末 軍制의 運用에 관하여」,『東西史學』1, 1995.
秋萬鎬,「高麗僧軍考」,『藍史鄭在覺博士古稀記念東洋學論叢』, 1984.

河炫綱,「高麗 惠宗代의 政變」,『史學硏究』 20, 1968.
———,「書評·李基白 著『高麗兵制史硏究』」,『韓國史硏究』 3, 1969.
韓沽劤,「麗末鮮初 巡軍硏究」,『震檀學報』 22, 1961.
韓嬉淑,「朝鮮初期의 雜色軍」,『韓國學硏究』 1, 1991.
洪承基,「高麗 太祖 王建의 執權」,『震檀學報』 71·72합, 1991.
洪榮義,「恭愍王의 反元政策과 廉悌臣의 軍事活動」,『軍史』 23, 1991.
———,「高麗末 昌王代 '改革派' 新興儒臣의 結集과 分岐過程」,『한국중세사연구』 16, 2004.
洪元基,「高麗 二軍·六衛制의 性格」,『韓國史硏究』 68, 1990.
———,「高麗 軍班氏族制說의 學說的 意義와 限界」,『軍史』 24, 1992.
———,「高麗 京軍內 上層軍人의 檢討」,『東方學志』 77·78·79합, 1993.
黃秉晟,「高麗 毅宗代의 政治實態와 武人亂」,『朴性鳳敎授回甲記念論叢』, 1987.

(2) 국외편

江原正昭,「高麗の州縣軍に關する一考察」,『朝鮮學報』 28, 1963.
菊池英夫,「五代禁軍にわける侍衛親軍の成立」,『史淵』 70, 1956 .
掘敏一,「五代宋初における禁軍の發展」,『東洋文化硏究所紀要』 4, 1953.
內藤雋輔,「高麗兵制管見」,『靑丘學叢』 15·16합, 1934.
瀨野馬態,「高麗惠宗朝の內亂」,『史學雜誌』 37-10, 1926.
末松保和,「高麗兵馬使考」,『東洋學報』 39-1, 1956 .
————,「高麗 四十二都府考略」,『朝鮮學報』 14, 1959.
北村秀人,「高麗時代の貢戶について」,『人文硏究』 32-9, 1980.
濱口重國,「府兵制より新兵制へ」,『秦漢隋唐史の硏究』, 東京：東京大學出版部, 1980.
蕭啓慶,「元代的宿衛制度」,『元代史新探』, 1983.
辻正博,「宋初の配流と配軍」,『東洋史硏究』 52-3, 1993.
溫水三男,「北宋政權樹立考」,『待兼山論叢』 5, 1972.
日野開三郞,「五代史の基調」,『東洋史學論集』 2, 1980.
張德宗,「北宋的禁軍」,『宋史論集』, 1983.
箭內亙,「元朝怯薛考」,『蒙古史硏究』, 1930.
會我部靜雄,「唐宋の軍隊の編成名」,『宋代經濟史の硏究』, 東京：吉川弘文館, 1974.

찾아보기

ㄱ

ㅅ

ㅇ

ㅈ

ㅊ

ㅌ

ㅍ

ㅎ

고려시대 친위군 연구

1판 1쇄 펴낸날 2007년 1월 2일

지은이 | 송인주
펴낸이 | 김시연

펴낸곳 | (주) 일조각
등록 | 1953년 9월 3일 제300-1953-1호(구 : 제1-298호)
주소 | 110-062 서울시 종로구 신문로 2가 1-335
전화 | 734-3545 / 733-8811(편집부)
733-5430 / 733-5431(영업부)
팩스 | 735-9994(편집부) / 738-5857(영업부)
이메일 | ilchokak@hanmail.net
홈페이지 | www.ilchokak.co.kr

ISBN 89-337-0508-2 93910

값 18,000원

* 지은이와 협의하여 인지를 생략합니다.
* 이 도서의 국립중앙도서관 출판시도서목록(CIP)은 e-CIP홈페이지
(http://www.nl.go.kr/cip.php)에서 이용하실 수 있습니다.
(CIP제어번호 : CIP2006002821)